EDUCAR

GÉRARD FOUREZ

EDUCAR

Professores, alunos, escolas,
éticas, sociedades

DIRETOR EDITORIAL:
Marcelo C. Araújo

EDITORES:
Avelino Grassi
Márcio F. dos Anjos

TRADUÇÃO:
José Augusto da Silva

COORDENAÇÃO EDITORIAL:
Ana Lúcia de Castro Leite

COPIDESQUE:
Leila Cristina Dinis Fernandes

REVISÃO:
Bruna Marzullo

DIAGRAMAÇÃO:
Juliano de Sousa Cervelin

CAPA:
Tamara Pereira Souza

Título original: *Éduquer – Enseignants, eleves, écoles, éthiques, sociétés*
© De Boeck & Larcier, S.A., 2006, 3ª ed.
Éditions De Boeck Université
Rue dês Minimes, 39 – B-1000 Bruxelles
ISBN 2-8041-5046-1

Todos os direitos em língua portuguesa, para o Brasil, reservados à Editora Idéias & Letras, 2008.

Editora Idéias & Letras
Rua Pe. Claro Monteiro, 342 – Centro
12570-000 Aparecida-SP
Tel. (12) 3104-2000 – Fax (12) 3104-2036
Televendas: 0800 16 00 04
vendas@ideiaseletras.com.br
www.ideiaseletras.com.br

Dados Internacionais de Catalogação na Publicação (CIP)
(Câmara Brasileira do Livro, SP, Brasil)

Fourez, Gérard
Educar: professores, alunos, éticas, sociedades: Gérard Fourez; [tradução José Augusto da Silva].
– Aparecida, SP: Idéias & Letras, 2008.

Título original: Éduquer: Enseignants, élèves, écoles, éthiques, sociétés.
Bibliografia.

ISBN 978-85-7698-013-1

1. Educação - Filosofia 2. Pedagogia 3. Prática de ensino
4. Professores 5. Sistemas de ensino 6. Valores sociais I. Título.

08-07303   CDD-370.1

Índices para catálogo sistemático:
1. Educação: Filosofia 370.1

Prefácio

Quinze anos após a primeira edição, o mundo docente amadureceu. Tornava-se indispensável rever a obra em profundidade. Não porque as análises propostas tenham envelhecido muito, mas porque a maneira de falar e de ver as situações se modificou. Para o melhor e para o pior, os professores se sentiram dentro de uma tempestade social. Pontos de vista que mal se articulavam tornaram lugares comuns, ao passo que outras problemáticas praticamente desapareceram. No mundo em que vivemos, os valores estão em mutação. Não só a Religião perdeu sua credibilidade, mas a própria Razão e a Ciência perderam sua fiabilidade. Certamente, não foram abandonadas estas abordagens muito pertinentes de nosso mundo e de nossa história, mas se lhes recusa o caráter de um universal que supera todo pensamento racional. Hoje, muitos estimam que cada ponto de vista é singular e que é preciso abandonar a idéia de uma ciência ou de uma religião que seriam verdades últimas. Toda representação, por mais válida que seja, traz os traços de seu lugar de origem e dos projetos humanos que ela representa e esclarece. Isso muda rudemente o papel dos professores que, aliás, aprenderam a navegar nos altos mares da História.

Entre outras mudanças significativas, notemos o individualismo crescente que às vezes dificulta uma socialização das pessoas e dos conhecimentos. Ao mesmo tempo, correntes tecnocráticas fariam crer facilmente que as "verdades científico-técnicas" são capazes de resolver todos os problemas, deixando de lado os debates ético ou político. Nessa situação, diversas perspectivas mudam radicalmente. Muitos pensam o "verdadeiro" e o "justo" no plural e não mais no singular como antes. Esse caminho, contudo, leva muitas vezes a uma perda de sentido e uma mercantilização da escola. Esta é, então, despojada de seu ideal de serviço público e funcional sem projeto para a sociedade.

Estas modificações do horizonte das práticas docentes transformaram profundamente a vida dos professores. Se alguns se sentem sempre mais apaixonados por seu trabalho, outros têm o sentimento de terem sido traídos, têm saudades da época em que as coisas eram mais claras e não se via despontar uma nova reforma a cada quatro anos. É nesta sociedade que os jovens docentes procuram seu caminho, que não será o de seus antepassados, mas poderia ser ainda mais apaixonante. É para este mundo ainda a ser descoberto que esta obra gostaria de colocar algumas balizas, mesmo que sejam as novas gerações a traçar os caminhos.

Em todos os países industrializados, e principalmente na França, na Espanha e na comunidade francesa da Bélgica, diversos movimentos sociais mostraram que não se decidem as injunções do ensino e da educação só no recinto da escola, mas em toda a sociedade. Eles mostraram também a dificuldade de articular as práticas educativas com outras injunções sociais. Esta obra quer ser um instrumento para ajudar os professores e o público interessado a analisar a educação ao mesmo tempo como relação humana e como relação social. Ela quer também ser a expressão de uma confiança nos docentes e nas gerações futuras: é possível construir em nosso mundo personalidades, instituições e visões que fazem sentido.

Prefácio

Os professores em início de carreira estão muitas vezes ocupados com a preparação de seus cursos e com as correções de trabalhos que dão a seus alunos – e isso numa época em que, geralmente, fundam um lar e pensam em construir uma casa. Só mais tarde poderão ter tempo de situar sua prática em um quadro social mais amplo. Uma dificuldade, então, aparece muitas vezes: como lidar com as questões que se apresentam? Esta obra propõe uma reflexão sobre as práticas docentes de um ponto de vista ao mesmo tempo societário e ético. Está destinada principalmente a professores que desejam alargar suas perspectivas, mas também a futuros docentes que seguiriam uma formação que lhes propõe instrumentos para discernir as injunções sociais de sua profissão.

Esta obra apresenta minha visão da escola; não pretendo apresentar uma visão neutra. Apresento-a como uma maneira de ver tanto a vida em sociedade como a vida pessoal. Em coerência com a filosofia apresentada nestas páginas, convido o leitor a se situar diante desta posição particular.

Muitos professores se sentem estranhos às questões sociais ligadas à sua profissão. "Tudo isso" lhes parece complicado e longe da formação em ciências, em línguas ou em outras matérias recebida na universidade, num IUFM ou numa Alta Escola. Daí uma tendência a se confinar em práticas de ensino às vezes muito judiciosas, deixando a outros o cuidado de pensar e de pôr em prática as políticas de educação nacionais ou regionais (além de se reservar, como se arroga, o direito de se queixar amargamente depois! Ou de proclamar respostas do tipo "abobrinha"). Esta dificuldade não provém do fato de esses docentes raramente receberem uma formação em ciências sociais que lhes permita analisar as questões sociais ligadas à sua experiência profissional? Ora, é só com essa condição que a leitura de um artigo de jornal ou um incidente acontecido na escola permitem compreender melhor as complexidades da sociedade.

Sem algumas noções de base e chaves de análise, os artigos da imprensa ou os acontecimentos cotidianos permanecem como fatos anedóticos. Eles não ensinam nada que possa ser sistematizado. E os que se envolveram nisso guardam a impressão de estar mergulhados em um universo social muito complexo para que possam participar em sua prática. Daí uma apatia diante da "grande sociedade" para se voltar para aquilo que os sociólogos chamam de relações curtas e interpessoais: a família, os amigos – e, para os docentes, a classe.

Se, ao contrário, alguém possui suficientes elementos teóricos para situar sua experiência cotidiana, neste caso é diferente: o que não era senão um agregado esparso de incidentes e de anedotas organiza-se num corpo de conhecimentos.

Esta obra é destinada a fornecer uma base que se permita instruir "lendo" os acontecimentos da vida escolar cotidiana. Pode-se esperar que a compreensão da complexidade das situações institucionais e sociopolíticas da escola ajude os professores a melhor situar o "possível" e a evitar lançar-se em tarefas impossíveis que, após alguns meses ou alguns anos, só geram desânimo e apatia.

O corpo deste livro consiste em certo número de proposições ou de "teses" que exprimem situações filosóficas, éticas, sociais, políticas, às vezes religiosas, da educação e das práticas escolares.

Esta obra apresenta duas bibliografias. A primeira, curta, retoma um ou outro livro que foram importantes na elaboração deste trabalho. A segunda propõe obras que permitem abrir-se a uma literatura mais vasta. Esses textos são de dificuldades variáveis.

Algumas tomadas de posição nesta obra estão ligadas a minhas raízes e meus engajamentos pessoais, mesmo que estas posições sejam o fruto de uma reflexão racional autônoma, como devem ser, numa sociedade que se quer laica e pluralista. Algumas proposições concernem especificamente ao ensino católico, como fenômeno de sociedade; eu as marco com um asterisco. Creio, contudo, que a maior parte delas pode ser debatida numa perspectiva pluralista. E aliás constatei que, em relação a escolhas de valores ou de ideologias, acontece muitas vezes que as linhas de demarcação não seguem de modo algum as linhas tradicionais belgas ou francesas: católica e laica. Existem diferenças enormes de valores e de ideologias[1] no meio dos católicos, bem como no meio dos leigos entre eles.

Estrutura da obra

O primeiro grupo de proposições, uma introdução, situa certo número de coações sociais, econômicas, políticas e culturais que marcam os sistemas de ensino e, por conseguinte, os docentes. A questão das possibilidades de ação dos docentes sobre o sistema escolar é aí evocada.

A primeira série de teses que segue considera, sobretudo, as relações interpessoais e psicológicas entre os professores e os estudantes. Essas teses se referem primeiramente ao desejo de influenciar e ao "desejo", em geral, na relação educativa. Elas insistem nos impasses dos que não veriam como, nas relações educativas, os projetos dos educadores e os dos jovens podem interferir e, em certo número de casos, confrontar-se. A dimensão necessariamente afetiva de uma relação educativa é aí considerada,

---

[1] Serão diferenças *ideológicas* (em sentido estrito) dos discursos cuja função principal ou essencial é mobilizar as pessoas, motivá-las, legitimar certas práticas ou aumentar a coesão de um grupo, mais que descrever. Como esse termo é compreendido aqui, as ideologias podem ter um papel positivo, embora seja preciso sublinhar que, geralmente, esses discursos ocultam suas origens e os interesses que promovem.

levando em conta elementos que a psicanálise nos ensinou. Ainda mais, pondo em evidência o sujeito humano que é o professor, esta perspectiva abre horizontes em vista de uma análise sociopolítica da relação docente.

A seguir, a obra examina a educação, e sobretudo a escola, como lugar social em que diferentes grupos e classes sociais estão muitas vezes em competição pelo poder cultural, social e econômico. Os laços entre os sistemas escolares e as estratificações sociais são examinados, bem como a importância da escola para a mobilidade social tanto individual como coletiva (as duas estando muitas vezes em conflito). A instituição educativa é analisada como lugar em que se jogam estratégias sociais, com todas as questões que isso pode pôr diante dos alunos: até que ponto se aceita deixar os grandes conflitos sociais penetrar no recinto estofado e sempre um pouco artificial da escola? E como encontrar, numa sociedade individualista como a nossa, um equilíbrio entre a serenidade necessária ao desenvolvimento humano e o aprendizado para enfrentar situações sociais complexas e muitas vezes injustas?

A terceira série de proposições examina uma questão histórica incontornável em países em que existe certo número de escolas confessionais (geralmente católicas, como na Holanda, na França, nos Estados Unidos, no Canadá e na Bélgica). Como considerar esse fenômeno, com todo o seu peso histórico? Como analisar a maneira como a problemática da escola confessional cruza também com a escola privada, com todas as questões sociais que isso acarreta? Este capítulo levanta também as questões às vezes difíceis que apresenta um ensino ideologicamente engajado numa sociedade que tende a considerar as crenças pessoais como assuntos privados, distintos da vida profissional. Esses temas tornaram-se particularmente inflamados com o choque do Islã e do Ocidente, notadamente simbolizado pela questão do véu.

O capítulo seguinte introduz uma outra dimensão histórica que esclarece a compreensão dos capítulos precedentes. Como e quando a escola contemporânea veio a ser como a escola que conhecemos hoje? Que semelhança pode-se discernir entre a escola e a empresa? Como a escola retoma funções antes reservadas à Igreja, às corporações, à família? Trata-se de recolocar a evolução da instituição escolar num contexto mais amplo, ligado à industrialização, à separação dos lugares de trabalho, de habitação e de aprendizagem. Esta visão histórica permite colocar em perspectiva a escola enquanto instituição, mostrando especialmente a necessidade e a relatividade de estruturas institucionais particulares. Ela distingue também as instituições das funções que desempenham, mostrando que todas essas funções não são necessariamente desejadas nem explicitamente declaradas. Estas análises igualmente ressaltam a maneira como estas duas concepções opostas da escola fazem parte de nosso universo mental atual: uma percebe a escola como uma instituição social perseguindo um serviço público, um bem comum para o conjunto da sociedade; a outra, como uma instituição integrada no sistema econômico e produtora – até mesmo vendedora – de serviços de educação utilizados por indivíduos em vista de perseguir seus interesses e sua carreira. Esta dualidade de concepção estará no plano de fundo no exame das renovações pedagógicas surgidas nestes últimos decênios em muitos países ocidentais. Considerando como uma sociedade fundamentalmente individualista e tecnocrata produz seu sistema educativo, este capítulo esclarecerá opções éticas, sociais e políticas subjacentes aos conflitos que agitam atualmente o ensino, tanto em suas pedagogias como em seus objetivos sociais. Ele examinará também a maneira como nascem certas articulações entre as mutações da sociedade e os sistemas escolares. Introduzir-se-á especialmente a questão de saber o que pode significar para a escola a passagem de uma visão de modernidade à de uma pós-modernidade. A famosa questão da evolução do nível dos estudos será também examinada.

O quinto capítulo estuda uma série de injunções relativas às ideologias veiculadas no ensino. Ele mostra que os valores não estão unicamente presentes nos cursos considerados tradicionalmente como ideológicos (religião, moral, história, francês etc.), mas também – e talvez de uma maneira mais significativa – nos ensinamentos ditos "científicos", como a matemática, a física, a química etc. As teses apresentadas nesta seção insistem nas significações de uma série de opções institucionais e intelectuais. Elas mostram, entre outras, as conseqüências do fato de que todo discurso se situa num contexto fora do qual sua interpretação perde uma parte de seu sentido. Trata-se, neste capítulo, de mostrar que os programas e os conteúdos de ensino não têm seu sentido unicamente devido às disciplinas científicas tradicionais, mas que eles se ligam também a projetos humanos que os estruturam. São estes últimos que fornecem os critérios de escolha do que é preciso ensinar e da maneira de avaliar. E, nessa perspectiva, a distinção entre conteúdos de ensino e competências a adquirir perde seu sentido.

As ciências da educação podem ser situadas neste contexto: elas desenvolvem uma maneira precisa de se apresentar o ensino em vista de projetos implicitamente aceitos pelas disciplinas. Algumas teses evocam, então, a seu propósito, o que os epistemólogos e os sociólogos sabem bem: as ciências são eficazes até certo ponto, mas são apenas representações neutras e isentas de ideologia.

O último capítulo desenvolve uma análise da noção de pluralismo, ligada aos conceitos e às ideologias relativos à tolerância. Ele propõe considerar o pluralismo como uma invenção cultural ligada ao desenvolvimento da sociedade burguesa. Mostra que é sem razão que se assimila o pluralismo a estas idéias de indiferença com os valores ou ao mínimo denominador que ele evoca em alguns. Contudo, ele constata também que uma invenção cultural não resolve automaticamente as questões relativas aos valores e às opções veiculados na educação. Uma instituição pluralista pode colocar-se essas questões tão claramente como outras instituições cujas opções podem ser mais ou menos mascaradas pela impressão de unanimidade ligada à adoção de uma religião ou da ideologia da cientificidade. Mas acontece também que uma imagem da tolerância e certa maneira de ver o pluralismo geram uma filosofia individualista que reduziria a escola a ser apenas uma indústria de produção econômica como as outras, indiferente a todo valor e a toda busca de sentido. Enfim, uma última tese sublinha que essas considerações colocam – certamente para os crentes, mas também para os que querem estar atentos às representações que uma sociedade se faz de si mesma – a questão das imagens que se fazem da morte ou de Deus.

Esta nova edição foi inteiramente revista. Além de esclarecimentos visando os conteúdos e o estilo, nesta obra foram acrescentadas análises cuja pertinência cresceu depois da primeira impressão, especialmente em conseqüência das greves e dos distúrbios diversos que atingiram os sistemas escolares dos países industrializados. Os efeitos da mutação de nossa sociedade, passando da modernidade para a pós-modernidade, foram particularmente mais levados em conta.

Terminando esta obra, tenho de agradecer a todos os que me ajudaram a concebê-la e realizá-la. Primeiramente penso nos estudantes com os quais discuti essas questões durante anos; penso nos numerosos docentes que, em diversas sessões, me forçaram a precisar e a tornar mais concreto o que, na cabeça de um professor de universidade, corre o risco de ficar teórico demais ou distante do cotidiano. Penso também em meus colegas de departamento nas Faculdades Universitárias de Namur e no centro Interfaces;

e, enfim, em todas aquelas e aqueles que, em minha existência cotidiana, me levam cada dia a refletir sobre minhas práticas e sobre o sentido de minha existência. E mais particularmente em todas e em todos que, ultrapassando minha capacidade intelectual, me ajudam cada dia a me abrir a tudo o que é maravilhoso e humano na existência, e notadamente na existência de um docente.

Uma última observação neste prefácio: o francês é uma língua que dificilmente se purifica de seu "sexismo". Tentei falar de *enseignants* e *enseignantes*, mas isso se torna pesado. Escapei usando às vezes o masculino, outras o feminino, o que surpreende às vezes algumas leitoras ou alguns leitores.

Introdução

1. A escola como reprodução social

Numa sociedade, o sistema de educação tem por objetivo principal reproduzir o sistema dessa sociedade, sujeito a permitir e promover algumas modificações para evitar sua esclerose. Mesmo os sistemas de educação mais revolucionários reproduzem parcialmente a sociedade que os produz. O que não impede a escola de ser às vezes um motor importante de mudança.

O objetivo desta proposição é precaver-se dos que crêem que um sistema de educação tem por finalidade antes de tudo mudar a sociedade. Por definição, ao contrário, tem como função a transmissão do passado a gerações futuras. Mesmo se se quer um futuro diferente do passado, a maneira de imaginar esse futuro é modelada pelas idéias vindas do passado. Aliás, é por isso que os professores têm muitas vezes uma tendência particular de ser conservadores: afinal, é seu ofício reproduzir o passado. A proposição não quer evidentemente dizer que não é preciso mudar nada em vista do futuro, mas insiste no fato de que afinal de contas não é a função principal da escola. (Para aprofundamento, cf. Bourdieu & Passeron, 1970, e Van Haecht, 1990.)

2. A ideologia da vocação ao ensino

Existe de uma parte uma ideologia que fala do ensino como uma vocação; de outra parte, os docentes são pagos para o que fazem, recebem seu encargo de grupos sociais que controlam seu trabalho, são empregados em vista de projetos sociais que não são necessariamente os seus. Eles atuam, então, num campo econômico-social; o que não impede que possam investir-se pessoalmente neste ofício e que é, finalmente, o que a sociedade lhes pede. Neste sentido, pode-se dizer que o ensino é uma vocação.

Conforme a ideologia da vocação, um professor é alguém dotado de um status especial, que não desempenha exatamente um ofício como os outros. Muitas vezes, discursos no recomeço das aulas ou quando da saída de um docente sublinham este aspecto "sublime" da vocação, o que atinge uma realidade social e relacional. Pode-se, então, valorizar com direito a profissão do docente, e este assume efetivamente uma função importante para a sociedade e para seus alunos. Contudo, há uma ambigüidade nessa ideologia da vocação (trata-se de uma ideologia, porque falar assim é um modo de motivar os docentes e legitimar uma maneira de considerar seu ofício). De fato, hoje, a maior parte dos professores exerce seu ofício para ganhar a vida e a de sua família, e não por "vocação". Além disso, quando se fala da vocação de docentes, é às vezes para lhes pedir um trabalho suplementar que nem todos estão prontos para assumir e que não se ousaria pedir a um "simples" trabalhador que não tivesse certa "vocação". Enfim, a valorização da vocação do professor pode disfarçar, em todo caso, o fato de que ele é controlado pela sociedade.

Os docentes que se afastam da tarefa do projeto dos organizadores do ensino são geralmente despedidos. Os príncipes, por exemplo, não admitiam que os preceptores ensinassem a seus filhos não importa o quê. Hoje ainda, múltiplas instâncias e mecanismos têm por objetivo velar que as crianças sejam "bem educadas", isto é, que correspondam à expectativa de certos grupos sociais ou de certas pessoas a seu respeito. Seria sem dúvida um erro o professor imaginar-se como uma pessoa que simplesmente segue sua "vocação" e que se situaria, assim, unicamente diante de valores sublimes mas abstratos, como a verdade, o bem a ser conhecido etc. Contudo, os docentes exercem um ofício de alta responsabilidade. O ensino, porém, situa-se numa sociedade e é então o objeto de pressões múltiplas da parte de certos grupos.

3. A ameia de liberdade do ensino

As coações econômicas, políticas, culturais, institucionais que pesam sobre o ensino são tais que muitos docentes se perguntam se lhes é possível fazer evoluir por pouco que seja o ensino e a educação. Ao contrário, alguns docentes desconhecem essas coações a ponto de crer que lhes será permitido fazer todas as transformações que sua utopia julgar desejáveis. Entre estes dois extremos, é preciso encontrar a ameia que deixa entrever o espaço de liberdade no qual é possível realizar um projeto real, mas limitado.

Muitas vezes, jovens docentes começam sua carreira com entusiasmo, prontos a mudar tudo. Depois, pouco a pouco, dão-se conta de que existe um ministério da educação – federações de escolas, diretores, colegas, pais, inspetores, pressões sociopolíticas, dados econômicos etc. Não é raro que, diante dessas dificuldades, de que pouco tinham suspeitado – e sobre as quais sua formação não os tinha advertido – são tomados de pânico, desencorajam-se e põem-se a crer que não há nada a fazer senão se conformar com tudo. É assim que se vêem às vezes duas atitudes extremas: de um lado, docentes idealizados demais e inclinados a crer que podem mudar tudo e, de outro lado, os que à força de ceticismo se tornaram desiludidos e apáticos.

O objetivo das análises apresentadas aqui é mostrar certo número de ambigüidades e de coações que pesam sobre a profissão do docente. É correto dizer que elas lhe são pesadas. Contudo, não é uma situação em que nada é possível. Daí a utilidade da noção da "ameia de liberdade", que designa o que é possível fazer e em que medida. A imagem dessa ameia indica a possibilidade de promover certo número de melhoramentos, sem subestimar seus limites.

Será preciso efetuar análises sociais precisas para se dar conta exatamente da amplidão dessa ameia de liberdade. Ela varia de uma instituição para outra, de uma época para outra, de uma pessoa para outra. Assim, algumas instituições podem ser tão rígidas que poucos melhoramentos serão possíveis; além disso, em período de crise econômica, as transformações são muito menos fáceis de se realizar que em período de crescimento (em 1970 podiam-se realizar mais mudanças que em 1996); finalmente, alguns professores são psicologicamente mais aptos a promover mudanças do que outros (alguns suportam facilmente os conflitos inerentes a toda tentativa de mudança, ao passo que outros são mais afetados por tal tentativa).

O objetivo desta obra é analisar um grande número de componentes da instituição de ensino. A tomada de consciência de seus condicionamentos pode às vezes desencorajar. É assim que, segundo alguns, análises demais prejudicam.

Não é meu ponto de vista. Primeiramente, não creio que é velando o rosto e se escondendo das dificuldades que se ajudarão os docentes a ser promotores de mudanças positivas. A falta de consciência das dificuldades de todo progresso corre o risco simplesmente de produzir, em muito pouco tempo, jovens docentes decepcionados e apáticos. (A melhor maneira de produzir um apático é, de fato, imaginar para ele possibilidades grandiosas e depois colocá-lo numa situação em que não tem os meios de realizá-las.)

É possível, desenvolvendo as análises de um sistema de ensino, adotar atitudes semelhantes às dos físicos ou de outros profissionais de ciências naturais diante daquilo que descobrem. A ciência física apenas mostra os limites do agir possível: a lei da gravidade, por exemplo, indica que, entre a infinidade de direções que poderia tomar um objeto móvel deixado a si mesmo, ele não vai dirigir-se a não ser numa direção. Toda lei física exprime assim certo determinismo. E, contudo, é o conhecimento desses limites do possível – determinismos da gravidade, por exemplo – que permitirá ao engenheiro realizar objetos voadores. É um paradoxo do saber científico: os conhecimentos dos limites do possível dão um poder aos seres humanos. Por exemplo, se, encontrando-me num compartimento, constato que é impossível, sem ferramentas especiais, atravessar as paredes ou pular pela janela e que não existe senão uma portinha que, ainda por cima, não poderá ser atravessada a não ser com a condição de fazer sua ação sobre um só ponto (o trinco), poder-se-ia dizer que tal análise é terrivelmente desanimadora. Ela mostra com efeito todos os limites da ação: uma série de soluções estão fechadas. E contudo são análises desse gênero que permitem às pessoas entrar e sair de um compartimento. O mesmo acontece para a análise da sociedade: conhecer bem as coações de um sistema de ensino permitirá finalmente a alguns dirigir sua ação para pontos limitados, mas de uma maneira bastante eficaz em relação a seus projetos.

4. O ensino: relação pessoal e/ou institucional

Diante dos alunos, um professor se acha dividido entre várias forças: o projeto pedagógico da escola, as pressões dos pais, as demandas dos alunos, as solidariedades sociais, seu desejo individual etc. A definição espontânea do docente como "alguém que dá cursos a alunos" privilegia o aspecto relacional da profissão e negligencia sua dimensão institucional. Numa sociedade em que o relacional é bem mais valorizado que o estrutural, a maior parte dos agentes da instituição educativa tem a tendência de negligenciar a dimensão sistemática, tem a ilusão de que decidem tudo por si mesmos – sujeitos a viver penosamente os momentos em que o social, o econômico e o político os constrangem.

Quando se pergunta às pessoas o que é um docente, elas respondem geralmente que é alguém que dá cursos a alunos ou algo semelhante. A imagem subjacente a esse discurso é a de um indivíduo que se dirige a outros indivíduos. (Nos casos em que o interlocutor é mais crítico, talvez ele acrescente que o docente escolar dá cursos a um grupo de alunos – e que esta coletividade não pode ser reduzida à soma dos indivíduos.) Esse tipo de definição da profissão do docente corresponde bastante bem ao que se passa na sala de aula: o ensino é reduzido ao triângulo "professor, matéria, aluno". É por isso que essa definição é relativamente adequada. Contudo, negligencia o conjunto das forças sociais e institucionais que definem, elas também, a profissão do docente e condicionam o que se passa na classe. Poder-se-ia definir o docente como um membro da instituição educativa que é a escola. Mesmo que essa maneira de ver fosse muitas vezes menos pertinente que a perspectiva relacional, ela põe em evidência dimensões da profissão que não surgem das relações simplesmente pedagógicas. Quando se olha de perto, a definição ideológica do docente, como uma pessoa unicamente centrada nos alunos, esconde as múltiplas maneiras com que sua ação é condicionada pelas instâncias institucionais, sociais e econômicas que modelam os sistemas educativos. Tal definição deixa também crer que a ação educativa e o aprendizado se realizam unicamente através da relação. Ora, esta ação passará também através do conjunto das estruturas institucionais nas quais o aprendiz e o docente estão situados.

Essa definição puramente relacional do ensino encontra muitos interesses: dos professores, primeiramente, que, como a maior parte das classes médias, se sentem bem à vontade num universo de relação e gostariam de evitar a impessoalidade das estruturas. Há também o interesse de todos os que, conscientemente ou não, preferem que os docentes se limitem a um papel relacional, sem se implicar nas políticas do ensino. Esta perspectiva atinge também o sentimento dos futuros docentes em formação inicial: para eles, o importante é chegar a dar seus cursos. Eles deixam para mais tarde – e muitas vezes para sempre – a reflexão sobre as instituições e o lugar da escola nas estruturas sociais. A principal corrente das ciências da educação vai para a mesma direção, centrando-se no pedagógico. O que se chamou de "pedagogia institucional" tentou – com mais ou menos sucesso – pôr em evidência esse aspecto um pouco esquecido da profissão.

As forças sociais nas quais se situa o professor são tais que ele corre o risco de se achar muitas vezes confrontado com conflitos de projetos. Ele não está totalmente seguro de que se pede antes de tudo a um professor de escola profissional que ensine o máximo de coisas a seus alunos: talvez alguns patrões prefiram que não aprendam muito, para que se tornem operários bem submissos. Seria uma ilusão crer que os objetivos reais da instituição docente são única e simplesmente o bem de cada um dos alunos. A escola é uma instituição social atravessada por interesses variados e às vezes em conflito.

5. O que chamar de representações?

A noção de representação é transferida da teoria da representação em matemática e em física matemática. Ela não se reduz nem a um "reflexo" do mundo nem aos preconceitos dos alunos. Ela concerne à encenação de situações.

Uma representação é um objeto que, em certas circunstâncias, pode ter, para alguém, o papel de outra coisa – à condição de ter a competência correspondente. Assim, um mapa representa o terreno; isso quer dizer que posso, por exemplo, discutir um itinerário num mapa sem jamais ter estado nos lugares – com a condição de ser competente em leitura de mapas. Na discussão, o mapa representa o terreno, isto é, notadamente, ele indica as condições do terreno que devem ser levadas em conta. Do mesmo modo, um desenho pode representar uma máquina em pane para se discutir sobre um conserto. Um dossiê médico deve permitir (se bem-feito) a um médico competente em sua área participar de um debate sobre as estratégias terapêuticas. As coordenadas de um ponto e a equação de uma reta são também representações. A equação do movimento de um satélite representa sua trajetória. Um parlamento representa o povo (ao menos no ideal), um desenho e uma caricatura são representações (e, em certos contextos, um ou outro será mais ou menos adequado). Uma definição substitui uma pequena ou grande teoria. Uma descrição ocupa o lugar do que é descrito. O relatório de uma situação é também um exemplo típico de uma representação: ele substitui, em discussões, o lugar de realidades mais complexas. Os conceitos científicos são representações. Enfim, a linguagem é representação: as palavras substituem a "realidade".

Para cada um desses exemplos, seria necessário precisar para quem, em vista de que e em que contexto a representação é válida.

Uma representação não é o representado. Às vezes ela o representa bem, mas sempre em função de um projeto (por exemplo, um mapa viário representa bem o terreno se se trata de viajar de carro, mas mal se se trata de encontrar uma jazida de minério). Para saber o que há nele, é preciso testar a representação em função de projetos. Como a representação é sempre seletiva (quando se faz um mapa, seleciona-se o que parece pertinente para pô-lo "no" mapa), ela comporta sempre o risco de uma inadequação. Uma representação determina o modo de olhar uma situação e determina o que se vai levar em conta; ela pode ser considerada como uma resposta à questão global "De que se trata?". E o que ela não leva em conta não entrará nas deliberações para a ação. Isso se vê muito bem no caso de um mapa viário ou no de um dossiê médico. Uma representação não é nem verdadeira nem falsa: é mais ou menos adequada a um projeto. Existe uma infinidade de representações (de encenações) de uma situação, cada uma mais ou menos válida.

No quadro desta exposição, os termos "modelo", "teoria" e "lei" podem ser tomados como sinônimos de "representação". Todo discurso e toda ciência são representação.

Para um docente, importa poder distinguir as representações segundo os didatas (preconcepções dos aprendizes); segundo os sociólogos (as idéias – muitas vezes criticadas – nos levam a agir), representações são consideradas um objeto que ocupa o lugar do que se discute.

6. Conhecimentos representativos versus conhecimentos não-representativos

> Nem todos os conhecimentos são representativos; as representações são um pouco como a face emergida do iceberg de nossos conhecimentos.

Esta distinção entre conhecimentos representativos e conhecimentos não-representativos tem por finalidade pôr em evidência que nem todos os conhecimentos são passíveis de serem ensinados do mesmo modo. Distinguiremos três tipos:

– Os conhecimentos não-conscientes: nosso corpo reconhece alguns aspectos de seu meio ambiente (como a presença do vírus da gripe, se fui vacinado) independentemente de toda consciência. Esses conhecimentos não são passíveis de ser ensinados no sentido usual do termo (a não ser que se veja uma vacinação como um ensinamento, o que não seria privado de sentido).

– Os conhecimentos conscientes mas não-representativos. São muito numerosos: habilidade manual, conhecimentos, reflexos etc. Assim, quando engatinho, escrevo à máquina, sorrio etc., eu não represento necessariamente o teclado, meu sorriso, o engatinhar. Podem-se ensinar esses conhecimentos (especialmente por familiarização e por condicionamento), mas sem ter deles a compreensão que daria uma modelação.

– Os conhecimentos representativos são os que implicam a construção de representações. Os conhecimentos científicos são representações. A construção de uma representação padronizada permite uma discussão sobre os conhecimentos e então abre para uma dimensão crítica.

7. Representação de quê? Do mundo? Da "realidade"? Dos "possíveis"?

O que se chama o "mundo" ou a "realidade" não são objetos. Não se vê o mundo ou o real como se vê um computador. Esses termos designam aquilo em que somos jogados e que vamos estruturar em função de nossos projetos.

Conceitos como "mundo" ou "real" são ambíguos na medida em que não designam objetos. Jamais se chega a observar alguma coisa de uma maneira absoluta: sempre se vê de certo ponto de vista. O que se chama "o mundo" é uma representação da situação e do agir possível. Essa representação é estruturada em certa intencionalidade. Quando é adequada, nela nos é permitido encontrar-nos: nossa representação do mundo substitui este desconhecido que é "o mundo". Há, assim, vários mundos: o do físico, o do sapateiro, o do romancista, o do teólogo etc. A cultura dos indivíduos e das sociedades pode ser avaliada em função de sua possibilidade de compreender diversos mundos. O objetivo da instrução é permitir ao aluno achar-se à vontade em certo número de mundos nos quais vivemos. Na medida em que se distinguem os conhecimentos das habilidades, os primeiros designam as representações que alguém constrói para si de "seu mundo", ao passo que as "habilidades" seriam as representações padronizadas de uma comunidade. Nesta perspectiva, o conhecimento é sempre pessoal e único, ao passo que as habilidades são instituições sociais (isto é, construções socializadas). Todos nós temos conhecimento de nossa história, e ele é único, ao passo que o jornalista tende a propor habilidades sobre essa história.

8. Representação e instruções

Ensinar é propor e transmitir representações das situações estudadas, assim como seu uso.

Um mapa viário é um objeto que, se posso servir-me dele, me permite discutir um itinerário sem que tenha de me dirigir ao terreno. Mais geralmente, uma representação de uma situação é um objeto (exterior ou mental) que pode, em certas circunstâncias, "ocupar o lugar". A noção de representação é central no ensino: ele propõe representações do mundo. O que se chama de "instruções" são apresentações do mundo ou da história. Quanto à noção de representação, ela pode ser pensada de diversos modos: especialmente como encenação de uma situação, como substituto da "realidade", como preconcepção, como reflexo tão exato quanto possível do que se pode chamar de "real". Contudo, pretende-se ensinar "instruções verdadeiras" ou, antes, "instruções adequadas" em função de uma intenção? Ser culto não seria saber manejar de modo apropriado múltiplas representações? A escola, então, procuraria formar pessoas para serem competentes no manejo das representações que nos oferece nossa cultura. E fazer pesquisa consistiria em inventar representações adequadas a nossas situações, confiáveis porque testadas e suficientemente padronizadas para que possam ser discutidas.

Capítulo 1

A relação interpessoal

1. Desejo de influenciar

1.1. Situar-se diante de seu desejo

Um docente sempre se coloca, de uma maneira ou outra, em relação a seu "desejo de influenciar os alunos" (desejo de distinguir seu projeto querido). Quando ele imagina fazer apenas uma obra educativa sem estar implicado, não só se engana, mas ensina praticamente um "modo de ser" em relação a seu desejo. Posicionando-se em relação a seu desejo, o docente faz uma escolha ética relativa à relação de influência. Os termos desejar, querer e fazer, às vezes considerados como sinônimos, devem ser diferenciados.

É comum dizer que é impossível ensinar sem influenciar os alunos. E é totalmente correto. Aliás, o "bom pedagogo" é alguém capaz de levar seus alunos a certo número de objetivos, sejam os que ele mesmo escolheu, sejam os que lhe foram ditados pelo programa ou por instâncias da sociedade. É, então, correto dizer que todo professor é antes de tudo um "manipulador", à condição de não dar uma conotação pejorativa a este termo (cf. proposição 1.2.).

Esta proposição se refere não ao fato de que se influenciam os alunos, mas antes ao desejo de influenciá-los. De fato, o próprio de um ser humano é sempre ter certo número de projetos e desejos. Quando alguém se situa em relação a outras pessoas, descobre seu próprio desejo. Assim, amar é ter um desejo em relação a outrem: se amo alguém, não fico indiferente a seu modo de agir. Não ter desejo algum de influenciar alguém é professar a seu respeito uma total indiferença. A questão não é, então, primeiramente saber se é possível não influenciar os alunos; é claro que um docente influencia. A questão levantada é saber como um professor se situa em relação a seus alunos. O que ele sente a respeito deles? Qual é seu desejo em relação a eles? Deseja influenciá-los? Podem-se comparar a atitude e os sentimentos de um educador com as de um pai que, também ele, deve situar-se diante de seu desejo de influenciar seus filhos.

Para esclarecer o que falamos, distinguimos entre "influenciar", "desejar influenciar" e "querer influenciar". "Influenciar" pode ser considerado um fato que, queiramos ou não, acontece (ou não acontece). Por exemplo, um professor de matemática pode marcar seus alunos: ele os terá influenciado. "Desejar influenciar" nada tem a ver com o que se passa com os alunos, mas antes com o que experimenta o docente; este pode, por exemplo, ter desejo profundo de marcar seus alunos com sua personalidade. Contrariamente a algo em que crêem muitos jovens, desejar alguma coisa não significa necessariamente querê-la. Há sempre uma distância entre o que se deseja e o que se quer. O desejo é o projeto do imaginário; o querer é o projeto da ação diante da realidade. Por exemplo, posso desejar esbofetear meu diretor de escola, mas não querer fazê-lo porque tenho medo das conseqüências. O desejo é experimentado, ao passo que o que é querido é decidido ou ao menos assumido. Pode-se, contudo, fazer alguma coisa sem tê-la querido! Entre o desejo e o querer pode haver um lugar para uma deliberação da razão ou da ética. Posso, por exemplo, ter desejo de um sorvete, mas decidir não querê-lo, porque eu não o digeriria bem. Esse lugar para a razão pode implicar uma reflexão ética. Por exemplo, posso desejar uma mulher e não querê-la, porque não quero interferir numa outra relação. A distinção entre desejar, querer e fazer é uma das bases de muitos debates éticos (e merece, aliás, ser ensinada aos jovens).

Certo número de docentes confessa não querer influenciar os outros. Alguns acrescentam nem desejar. Muitos acrescentam que, "infelizmente", é impossível não influenciá-los e que eles o fazem de vez em quando. Para um professor, este impacto sobre os outros é inevitável: seria preciso, então, ao menos tolerá-lo.

O debate se torna mais acirrado se a questão é a de desejar ou de querer influenciar. Dizer que se deseja ou, mais ainda, que se quer influenciar os outros é muitas vezes visto como um atentado à liberdade dos outros, às vezes como uma agressão. Diante disso, como descreveu Nietzsche, apresentam-se dois tipos de atitudes. Alguns não têm medo de afirmar seu desejo, de afirmar seu "eu"; eles eventualmente não têm medo de tomar o poder e de influenciar os outros. Outros, ao contrário, não aceitarão influenciar a não ser à medida que tiverem permissão. Num plano de fundo do debate, sente-se a ideologia segundo a qual seria preciso deixar o outro completamente livre e jamais procurar influenciá-lo. No final, essa ideologia abandonaria todo projeto amoroso, já que viver amorosamente implica que se peça a outrem, geralmente com uma ponta de sedução, que ele (ou ela) nos ame também.

Para compreender as implicações da atitude que recusa assumir seu desejo, pode-se refletir sobre o que devem sentir crianças que ouvem seus pais dizer: "Para mim, você pode fazer absolutamente tudo o que quiser na vida; isso me é completamente indiferente, pois eu o quero livre". Mesmo os que valorizam mais a ideologia da liberdade se dão conta de que semelhante atitude soa um pouco falsa e se revela muitas vezes frustrante para os filhos (que até podem vir a ter o sentimento de não serem amados). Com efeito, geralmente desejamos ser estimulados pelo desejo de outrem e temos sempre certo "ideal" para com aqueles que amamos. É por isso que muitos concluem que não seria prudente querer agir como se nenhum desejo tivessem os docentes diante de seus alunos (e, *a fortiori*, os pais diante de seus filhos).

A questão interessante não seria, então, saber se se deseja influenciar os outros, mas se se quer, e sobretudo, até que ponto. Em outros termos, como se situar quando quiserem eventualmente tomar outro caminho diferente do que desejamos? É aí sem dúvida que seria indicado um trabalho de reflexão ética. Assim, na relação amigável ou amorosa, não se verá problema algum em um dos parceiros procurar ser "atraente" para o outro. Não se falará de "sedução" num sentido negativo, a não ser a partir do momento em que o desejo de influenciar o outro se torne tal que se tente impedi-lo de ter uma resposta livre. Percebe-se aqui que o limite ético que é interessante valorizar corresponde à possibilidade para o outro de responder "não".

Conforme uma análise de Nietzsche, dizer que não se quer influenciar seus alunos (ou seus filhos) provém de um medo da afirmação de si na existência. Alguns educadores têm medo de afirmar seu desejo e, pelo mesmo fato, sem se dar conta, ensinam que é perigoso desejar. Ao contrário, outros educadores não têm medo de dizer que têm projetos diante daqueles que eles educam, sujeitos ao risco de aceitarem também que o educando escolha outro caminho.

O fato de influenciar é, então, banal na educação; ele exige pouca discussão. O desejo de influenciar, ao contrário, é anterior a toda tomada de posição ética. "Querer" é bem diferente de "desejar" ou "ter ânsia". Há então uma distância enorme entre o desejo e o querer. Posso, em certos casos, desejar condicionar os alunos, mas não querer, porque creio que esta influência não seria boa, segundo um número de critérios. (Notemos, contudo, que querer não influenciar os alunos não significa de modo algum que não se faça isso: entre o querer e o fazer há ainda uma enorme distância).

Entre o desejo e o querer pode, então, haver — e conforme alguns critérios é muitas vezes desejável que haja — a mediação de uma ética. No caso preciso da influência sobre um aluno, pode-se, por exemplo, desejá-la, mas não querê-la segundo uma forma inspirada por uma ética, por exemplo, de modo que o aluno seja sempre capaz, no momento oportuno, de recusar essa influência. Muitos docentes adotam a posição ética conforme a qual não hesitam em querer influenciar seus alunos, mas se ajeitam para que eles possam eventualmente tomar distância em relação a essa influência. Uma maneira de permitir que os alunos tomem essa distância é, para o docente, não esconder a particularidade da posição que toma. Ao contrário, um professor que parece ficar sempre neutro e mostrar todos os aspectos de uma situação pode, de fato, impedir uma tomada de distância crítica pelos alunos. Estes recuperam muito mais facilmente sua liberdade crítica diante dos docentes abertamente "partidários" do que diante dos professores aparentemente sempre "objetivos".

Enfim, notemos que muitos educadores (pais ou professores) que pretendem não querer em nada influenciar os "educandos" não fazem senão recalcar seus desejos. Quantas vezes não se ouvem docentes dizerem: "Eu não tenho vontade de influenciar meus alunos", ao passo que se sente neles um grande desejo não confessado de influenciar. Docentes têm, assim, às vezes, um discurso análogo ao dos amantes decepcionados. Quando se ouve um homem dizer que uma mulher não lhe interessa de modo algum e insistir pesadamente sobre o fato, é preciso desconfiar. Pode-se perguntar se esse discurso não esconde, de fato, um interesse certo. Do mesmo modo, quando se ouve um educador dizer que não se preocupa de modo algum com o efeito de sua ação sobre seus alunos, pode-se perguntar se essas palavras não escondem a atitude do amante decepcionado que pretende não desejar aquilo de que se dá conta que não alcançará. É um discurso que permite manter a ambigüidade entre o imaginário-desejo e o querer-realidade.

Entre o desejo de influenciar e o querer influenciar, há mais freqüentemente a mediação de uma deliberação ética. Os educadores (pais ou professores) se perguntam muitas vezes quais são os critérios que, segundo sua ética própria, eles querem utilizar para julgar se uma vontade de influenciar lhes parece legítima. Muitas vezes, alguns afirmam que a ação de influência (poderia ser chamada "manipulação") será legítima se feita para o bem do educando. Infelizmente, esse belo critério cai rapidamente por terra se se pergunta quem vai decidir o bem do educando. Se uma deontologia do ensino comumente estabelecida indica algumas balizas para este efeito, é freqüente que o que é "bem" segundo uma pessoa não seja o mesmo para a outra (pensemos, entre outros, nos gurus, cujas manipulações não consideramos "éticas", mas que agem, segundo seus valores, para o bem dos que eles influenciam). Então, este critério não é senão o de uma eficácia muito limitada. Às vezes pode ser mais útil o critério que julga uma manipulação não "ética" se ela quer o mal da pessoa influenciada; isso pode levar a esclarecer a condenação de certas práticas, mas não esclarece as "com boa intenção". Um critério, enfim, com o qual muitos concordam é exigir que, para considerar uma manipulação "ética", a autonomia da pessoa influenciada seja respeitada, para que tenha a possibilidade concreta e psicológica de dizer "não". (É, aliás, nesse sentido que, há muito tempo, a ética da maioria condena as manobras sedutoras que tiram a liberdade, como a embriaguez, os filtros de amor da Idade Média, a utilização da subjugação ou outra ação do mesmo gênero).

1.2. A inelutável manipulação e sua ética

Se se retira da noção de manipulação seu caráter pejorativo, um docente pode sempre ser chamado de "manipulador", e ele é pago para sê-lo (o que não tem conotação alguma pejorativa, mas remete à elaboração de uma ética da manipulação). Uma "não-diretividade" total não tem sentido na profissão docente, não mais que uma "neutralidade" absoluta ou uma total objetividade. Os desejos pessoais e os projetos sociais estão sempre subjacentes à profissão. Numa cultura em que se confundem facilmente chantagem e ultimato, compromisso e comprometimento, desejar e querer, importa formar os docentes para um bom uso dessas noções e do que elas representam.

O conceito de "manipulação" faz parte deste conjunto de noções que têm o inconveniente de amalgamar um julgamento descritivo e um julgamento de valor. Descritivamente, o conceito remete a uma ação que põe certo quadro para condicionar um indivíduo ou uma situação. Geralmente, quando se pergunta a alguém o que é "manipular", o interlocutor responde por uma descrição, dizendo, por exemplo, que é agir de modo que um outro ou que um grupo reaja conforme se quer. Mas a essa conotação – moralmente neutra – ajunta-se freqüentemente um julgamento ético negativo: não se deseja ser tratado como manipulador. Outros termos implicam o mesmo tipo de amálgama, como "chantagem". Essa expressão, contudo, tem o interesse de ter, em nossa língua, um correspondente eticamente neutro: o de ultimato. Pode-se definir um ultimato como uma advertência dada quanto à nossa reação se o outro age de certa maneira. E, então, se toda chantagem pode ser descrita como um ultimato, todo ultimato não é uma chantagem (ou seja, é possível fazer um ultimato que se julgará eticamente correto, como quando se adverte um devedor de que, se não pagar, oficial de justiça será avisado). Uma chantagem pode ser definida como um ultimato que nossa ética desaprova (por exemplo, segundo a ética da maioria, se é dito a alguém que se ele não pagar certa soma, dir-se-á à sua esposa que ele foi visto com uma outra!). Para o termo manipulação, a coisa é mais complexa, pois, em nossa cultura corrente, esse termo tem muitas vezes um sabor pejorativo mesmo que haja "manipulações" que a ética da maioria aprove.

A proposição aqui comentada insiste no fato de que ensinar é perseguir um projeto e utilizar métodos para chegar a seu fim: o "bom pedagogo" tem seus objetivos e utiliza, para chegar até eles, certo número de procedimentos. Se se entende por "manipulação" a utilização de procedimentos que tendem a levar alguém a certos objetivos quando essa pessoa não necessariamente os escolheu por si mesma, então, um bom pedagogo é essencialmente um bom "manipulador" (sem conotação pejorativa). Um bom professor de matemática, por exemplo, é alguém que chega a fazer amada sua disciplina por um grupo de alunos e, se possível, persuadindo-os de que foram eles mesmos que tomaram gosto por ela. Nos cursos de pedagogia e de metodologia, aprendem-se essencialmente processos manipuladores (aqui ainda, sem sentido pejorativo): aprende-se a manipular o meio ambiente, a relação pedagógica e o conteúdo do ensino de maneira que o todo "passe".

A tomada de consciência do caráter fundamentalmente manipulador de toda pedagogia pode levar a se interrogar sobre a ética da manipulação. Quais critérios queremos utilizar para decidir se uma manipulação, segundo nossos valores, é eticamente legítima? Sobre este ponto, pode-se sem dúvida retomar as considerações da proposição precedente a respeito da ética da influência (proposição 1.1.). E o critério de uma manipulação que deixe liberdade e certa autonomia ao "manipulado" mantém aqui toda a sua pertinência.

Esta proposição se opõe, então, à ideologia muitas vezes difundida, segundo a qual um docente pode simplesmente apresentar "a verdade que ele conhece". No ensino, perseguem-se objetivos e se está interessado em sua realização. A instituição escolar é um lugar em que se cruzam múltiplos projetos, alguns ligados a indivíduos (com seus desejos), outros a posições na sociedade (definindo interesses; o programa escolar exprime, aliás, algumas dessas posições de sociedade: os docentes têm interesse em ensinar o programa, mesmo se não o desejarem). A atividade do docente se insere em tudo isso. Numa instituição, ele possui apenas um domínio relativo de suas opções: é pago para realizar um tipo de projeto. Ele é pago para ser um "manipulador" (ainda sem significação pejorativa) e é formado para sê-lo. É, por exemplo, o caso de um professor de biologia que é pago para manipular os alunos de tal sorte que possam ver o mundo como o vêem os biólogos.

Neste sentido, a escola veicula certos projetos políticos, não no sentido "partidário" do termo, mas certamente no sentido de uma visão particular de uma sociedade a ser construída. Subjacentes, então, à profissão de docentes, podem-se prever projetos sociais, às vezes conflituosos. É neste quadro somente que se podem olhar os projetos e desejos pessoais do próprio professor.

Esta proposição insiste também no fato de que o aluno não se acha num campo inteiramente livre; é sempre um pouco "dirigido".

1.3. *O poder do docente e sua finalidade*

Diante das manipulações, do desejo de influenciar e da atitude diante da autonomia dos alunos, os docentes são confrontados com o sentido que dão à sua vida, ao seu poder social, à perda deste poder e finalmente à sua morte.

Esta proposição sublinha o fato de que os docentes têm de se situar no meio de um campo de forças diversas: as pressões de que são alvo (inclusive as ligadas à necessidade de ganhar a vida) e as manipulações que eles mesmos exercem nas classes onde ensinam. Diante de seu desejo pessoal de influenciar de uma maneira ou de outra, diante da sua decisão ou não decisão de promover a autonomia dos alunos, diante das pressões de que são alvo, os professores são finalmente remetidos à sua própria vida e ao sentido que lhe dão; não lhes é possível não tomar posição neste campo de ação.

Os docentes têm um real poder social, embora limitado. Eles têm, para sua existência, um projeto, um desejo de um mundo a construir, um ideal. Finalmente, cada um deverá perguntar-se: "Qual é o sentido que dou a tudo isso?". Ainda mais, cada um deverá interrogar-se diante dos limites de sua vida, diante do que terá realizado "finalmente", isto é, diante de sua morte.

É importante notar, além disso, que a autonomia dos alunos, ou seja, suas possibilidades de agir um dia independentemente de seu educador, sem ele, traz em si mesma uma mensagem ao mesmo tempo de vida e de morte. De vida, já que alguém se torna capaz de agir por si mesmo. Também de morte porque o fato de que a existência dos alunos continua de uma maneira autônoma, independentemente de seus educadores, significa para estes que a vida continuará sem eles, o que é uma imagem de sua morte. Enfrentar sua morte é, entre outras coisas, perceber que a história e a aventura humana continuarão sem que tenhamos ainda o poder de influenciá-las. Há aí uma perda de poder radical, que simboliza já a perda de poder experimentada pelo educador diante da autonomia do "educando". E o que é assim afirmado de todo educador talvez o seja *a fortiori* dos pais, para quem a autonomia de seus filhos simboliza eminentemente o caráter limitado da existência e da marca que se pode ter sobre ela.

1.4. Um modelo conflituoso da relação educadora

O dilema "deixar fazer" ou "autoritarismo legitimado pela moral, razão ou ciência" pode ser ultrapassado por uma visão em que os educadores assumem suas responsabilidades ousando posicionar-se como a fonte de suas normas e nomear as fontes das outras normas. O modelo conflituoso da relação educadora pode inclusive se aplicar às criancinhas.

Esta proposição examina um dilema em que um grande número de docentes se encontra. Existem poucos educadores que acreditam haver meio de educar deixando absolutamente fazer tudo. Daí, com razão se diz, a necessidade de certa autoridade e a rejeição do deixar fazer. Continua necessário legitimar a autoridade. Dois tipos de legitimação são os mais difundidos. Alguns pensam "poder" dar ordens, porque a sociedade lhes confiou esta missão; outros o fazem em nome da moral ou da razão, da ciência ou da religião.

Em todas essas maneiras de se situar, o docente evita assumir suas responsabilidades pessoais: se exerce um poder, é ele quem, aliás, pretende recebê-lo. Este gênero de atitude pode ser o objeto do tipo de críticas que Nietzsche exprimiu nas três metamorfoses do espírito: esses professores não aceitam ser autoritários, a não ser com a condição de estar de acordo com as instâncias legitimadoras. Eles jamais dizem "eu". Compreende-se o aspecto positivo de sua atitude: por ela, eles querem evitar esmagar os jovens sob o peso da vontade dos adultos. Contudo, em certos momentos, é impossível não dizer "eu": assume-se sempre uma parte de responsabilidade quando se arrisca a impor normas, mesmo que não fosse a responsabilidade de não se revoltar contra a instituição que as exige.

É assim que essa proposição recusa ao mesmo tempo o deixar fazer e o autoritarismo legitimado abstratamente, para se referir a um modelo conflituoso da relação educadora e a uma ética que lhe corresponde. Segundo este modelo, é admitido que a criança ou o aluno se achem confrontados com normas que vêm de outra parte, mas se insiste em sua origem humana (nenhuma norma pode ser completamente legitimada por instâncias abstratas, como a moral, a ciência ou a razão; é preciso, para que ela se torne norma, que alguém a assuma).

A ética ligada ao modelo conflituoso tende a tornar tão explícita quanto possível a fonte das normas e recusa considerá-las absolutas (isto é, vindo de nenhuma parte). Assim, antes de considerar que a "gente" não pode fazer tal coisa porque é "um mal", esclarecer-se-á tanto quanto possível quem interdiz o quê. Em certos casos, o educador terá de designar outras normas que não ele mesmo: ele dirá, então, que tais ou tais normas vêm de tais ou tais instituições, ou de tais ou tais pessoas (e, dizendo isso, o educador pode, se julgar útil, indicar até que ponto ele mesmo assume essas normas). Em outros momentos, ele dirá que é de acordo com sua responsabilidade pessoal que colocou tais ou tais normas (é o caso quando um professor decide que se seguirá um método particular em seu curso). Colocando assim o "educando" diante de certo número de pessoas ou de instituições que manifestam sua vontade, igualmente se lhe assinala que ele mesmo poderá um dia – e mesmo até certo ponto hoje – afirmar seu próprio poder. A ele se ensina também o inelutável compromisso na existência.

Esta recusa da legitimação abstrata das normas pela moral, pela ciência ou pela razão não significa de modo algum que se chega a uma atitude de deixar fazer. Um docente pode, por exemplo, instaurar uma norma numa classe dizendo que foi ele quem a decidiu em última instância. (O que, aliás, não o impedirá de dizer quais razões o levaram a essa decisão; contudo, um conjunto de razões não se mostra superior, a não ser porque alguém decidiu assumir essas razões). A diferença entre o autoritarismo abstrato e as atitudes preconizadas por esta ética vem de que, no último caso, não se esconde quem toma decisões. (O que não suprime de modo algum a pertinência de normas morais que podem ser compreendidas como os resultados padronizados de longos debates éticos).

Para compreender este modelo conflituoso da relação educativa, pode-se examiná-lo em ação, por exemplo, diante de uma criança que teria vontade de brincar numa rua de grande trânsito. O modelo do deixar fazer consistiria simplesmente em discutir com ela sobre a oportunidade ou não de ir brincar numa rua em que passam carros. E esse modelo pretenderia que se vá deixar-lhe a decisão final. Na prática, isso não acontece assim jamais. Considerar-se-á como louco um adulto que deixa uma criança de três anos brincar numa rua de grande trânsito. O deixar fazer absoluto não existe. Mas, no momento em que se trata de proibir, muitos adultos recorrem à legitimação abstrata. Eles não querem, no momento em que se dão conta de que suas razões deixam a criança indiferente, dizer simplesmente que finalmente são eles que assumem a responsabilidade de proibir. Eles preferem referir-se à razão, à moral ou a qualquer outra instância legitimadora.

A ética do modelo conflituoso dará uma imagem totalmente diferente da relação educativa. No caso citado acima, o educador tratará eventualmente de explicar à criança por que ele acha que não é razoável brincar na rua. Se se faz um acordo entre o educador e o educando, nenhuma discussão ulterior será necessária. Contudo, se a criança persiste em crer que não há perigo para ela de brincar na rua, o educador terá finalmente que tomar sua posição; e se ele dá à criança uma norma que lhe proíbe brincar na rua, ele dirá a essa criança que é ele quem decide, mesmo se a discussão que precede tiver ensinado à criança que ele não decide de modo puramente arbitrário.

Ousando afirmar-se como a fonte da norma, o educador põe a criança diante de uma pessoa, e não diante de um absoluto abstrato. Então, em seu desenvolvimento psicológico, a criança se sentirá confrontada com normas vindas de pessoas que não têm medo de se manifestar. Se, ao contrário, a criança se encontra unicamente confrontada com normas abstratas, com leis éticas ou de razão, terá muito mais dificuldade de se situar como pessoa. Para compreender isso, basta considerar a situação de um adolescente de 16 anos a quem os pais fazem uma proibição. Se eles pretendem que esta seja pronunciada em nome da razão, por exemplo, o jovem está bloqueado: ou ele se torna "irrazoável" ou abandona seu ponto de vista. Ao passo que se o pai impõe sua norma, detalhando eventualmente todos os seus argumentos, mas assumindo suas responsabilidades, então o jovem pode situar sua opinião pessoal. Mesmo se ele é forçado por toda uma série de coações a aceitar a norma vindo de seu pai, ele sabe que está em conflito. Esta atitude educativa – que permite ao "educando" ter uma personalidade, uma posição, um "eu" distinto de seus pais e uma autonomia própria – é muito diferente da que supõe que as posições válidas são só as que dependem de instâncias legitimadoras como a moral, a razão, a religião ou a ciência.

1.5. Para a autonomia do educando

O objetivo da educação nos parece ser a autonomia social do educando, e não a execução de uma cópia conforme um modelo. É assim que se pode dizer que o fim da educação é sem fim... Em vista da autonomia do educado, parece-nos mais indicado favorecer uma descoberta pessoal e comunitária do mundo, que lhe faz tomar consciência do poder que pode usar, ao invés de lhe dar soluções já feitas que o tornarão ao mesmo tempo dependente e centrado em si mesmo.

Esta proposição é evidentemente uma "tese". Alguns educadores preferem ter como objetivo a execução de uma cópia conforme um modelo. Querer a autonomia do educado não é, contudo, de modo algum deixar de recorrer a certo número de procedimentos mais ou menos manipuladores. Uma atitude é descrita por esta proposição: a que favorece a descoberta pessoal e comunitária do mundo, ao contrário da que consistiria em desordem, em uma série de soluções. Querer a autonomia do educando é querer que ele, num dado momento, diga sua palavra própria, faça ouvir sua própria voz, mesmo que não seja necessariamente idêntica à do educador.

1.6. As rupturas necessárias

É impossível aceder à autonomia estando sempre de acordo em tudo com seus educadores. Por conseguinte, o acesso à autonomia não se pode fazer unicamente de maneira doce, racional e sem choques; é normalmente caracterizado por certos sofrimentos para as duas partes, pois as diferenças profundas fazem mal; enquanto ainda não se encontrou o sofrimento, pode-se estimar que ainda não se fez a experiência da alteridade (reconhecimento do outro como verdadeiramente outro). Daí a importância, tanto na educação como em toda relação humana, de assentar as bases de uma confiança real, permitindo superar essas crises inevitáveis.

Esta proposição prolonga a precedente. Ela também enuncia uma "tese", isto é, repousa sobre uma visão da existência que pode ser discutida e com a qual se pode estar em desacordo. Essa visão pressupõe o fracasso de modelos inteiramente racionais, nos quais um acordo harmonioso poderia sempre reger as relações humanas. Esses modelos tendem a crer na possibilidade de uma total racionalidade e de um mundo onde ser si mesmo não implicaria nenhum conflito em relação a outros. Ora, a experiência mostra que é praticamente impossível chegar a certa autonomia sem gerar um número de conflitos. Segundo os filósofos, esses conflitos poderiam ser o resultado do mal ou do pecado, ou simplesmente ser inerentes ao próprio processo da história.

Por outro lado, é difícil chegar à autonomia sem nunca se sentir em confiança. Não se pode, então, considerar essa proposição como uma sorte de legitimação abstrata do "conflito necessário". Neste sentido, o "é impossível" não deve ser tomado como uma tese abstrata, mas como uma tese "histórica", isto é, como a constatação que, de fato, não se vê onde isso aconteceu de modo diferente. O que esta tese afirma é que, em toda relação, existe um momento em que a diferença é ressentida com certa dor. Na relação amorosa, é o que se chama o fim da lua-de-mel. (Antes, pode haver uma coincidência ente os amantes que têm a impressão de poder cada um ser ele mesmo sem que jamais haja algum choque. Esta situação idílica, isenta de conflito, não é nem realista nem durável. Uma "lua-de-mel" de gênero similar pode existir entre um professor e seu aluno). Do mesmo modo, a sabedoria popular sabe que a autonomia das crianças em relação aos pais não pode vir sem certo número de choques.

O reconhecimento do outro como verdadeiramente diferente, como verdadeiramente outro, faz sempre mais ou menos mal. Ele atinge, talvez, a ferida de um narcisismo profundo que gostaria que tudo pudesse arranjar-se num acordo total. Essa proposição adverte sobre a possibilidade de sofrer em e por relação educativa. Desde então, se um pai ou um educador aceita o fato de que um dia ou outro sofrerá porque seu filho toma um caminho diferente do que havia imaginado, a abertura a esse sofrimento, a esse choque, a esse conflito, torna-se finalmente abertura à história de seu filho.

Alguns educadores, querendo evitar esse tipo de conflito e de sofrimento, prevêem que o "educando" tomará sua independência.

Contudo, assim, de uma maneira paradoxal, alguns chegam a querer planejar a autonomia de seu "educando". Este planejamento continua sendo um controle que recusa a alteridade, pois não se pode jamais dar a permissão a alguém de ser independente: concretamente a autonomia se conquista. A atitude que prevê a tomada de independência termina geralmente num impasse parcial, pois até o educador mais convencido de ter de aceitar que seus "educandos" sejam "diferentes" é sempre um pouco surpreso, e muitas vezes magoado, diante da maneira concreta com que esta diferença se afirma. Caricaturas exprimem muitas vezes este gênero de paradoxo mostrando como as crianças de pais extremamente abertos, tolerantes, podem tornar-se muito conservadoras, sectárias, fechadas. Em resumo, então, esta proposição promove uma atitude: o reconhecimento da impossibilidade de encerrar o real numa só racionalidade e de manter o outro no meu único projeto.

2. Relações conflituosas

2.1. O docente como agressor

A intervenção do docente – quer seja pelo modelo científico ou por seus valores – "agride" sempre um pouco os alunos. O modelo do ensino sem ruptura nem conflito é um engodo ou uma gigantesca manipulação.

Esta proposição toma distância em relação a um modelo ideológico bastante corrente segundo o qual o docente não faria senão propor um número de valores ou de verdades aos alunos. Certa representação negligencia o fato de que o professor é sempre um pouco um intruso. Ele vem com suas idéias, com uma visão da sociedade, com uma visão da ciência, com um programa, e isso diante de um aluno que talvez tenha outras preocupações. A um aluno que gosta de olhar as borboletas voando, ele vai falar dos lepidópteros! Ele intervém com idéias e representações exteriores ao campo do aluno. De outra parte, sem esta "agressão", seu ensino se tornaria cada vez menos interessante: não faria senão circular em torno do pequeno mundo do aluno, sem jamais abri-lo para outra coisa.

Ensinar é, de certa maneira, desestabilizar o sistema de conhecimentos do aluno ou seu sistema de valores, para pô-lo diante de uma outra representação ou de um outro valor. O objetivo do professor é que o aluno faça um lugar em seu sistema de conhecimentos para as idéias novas que lhe são apresentadas. Por exemplo, ao prazer poético de ver voar as borboletas, o professor deseja acrescentar uma classificação dos insetos; e para fazê-lo, agride sempre um pouco o aluno (no sentido etimológico, ao menos: entrar no território do outro). Não há meio de ensinar sem provocar certo gênero de agressão.

Esta proposição mostra ainda o limite do modelo de ensino sem ruptura nem conflito, que consistiria simplesmente em crer que os alunos estão sempre prontos para entrar e felizes de entrar nos modelos científicos ou éticos de seu professor. Fazer crer, como algumas correntes de educação às vezes foram tentadas a fazer, que todo ensino pode progredir simplesmente na direção do interesse próprio do aluno brota de uma ilusão (o que não quer dizer que não é possível levar em conta interesses dos alunos!).

2.2. Conflitos e segurança

Concretamente, os educadores procuram encontrar um compromisso entre a formação para viver os conflitos (com toda a ameaça que eles implicam) e a segurança necessária para o desenvolvimento.

A proposição 2.1. mostrou que todo educador é, ao menos em certos momentos, desestabilizador. A imagem mais simples que se pode ter é quase física: para ensinar uma criança a andar, é preciso ousar forçá-la a pôr-se de pé e a pôr um pé na frente do outro. Isso desestabiliza a criança em relação ao equilíbrio anterior – engatinhar –, que era o muito seguro. Acontece o mesmo em todo ensino. Ensinar é sempre levar a criança ou o aluno a se confrontar com situações muito menos estáveis que as que tinha encarado antes. E isso pode ser fortemente ameaçador. E essa ameaça pode levar a criança a crer que a vida é de tal modo complexa e difícil que ela não ousará crescer mais. Contudo, por outro lado, se é protegida sem cessar dos conflitos possíveis, ela não crescerá jamais. Assim também se um aluno ou uma classe são confrontados com problemas matemáticos complexos ou com uma pergunta difícil: será preciso encontrar um justo meio entre uma dificuldade que produz o desânimo e uma facilidade que não cause mais esforço.

Esses exemplos insistiram nos conflitos ligados a conhecimentos ou atitudes. Acontece a mesma coisa com os conflitos de sociedade. Alguns acharão importante proteger a escola e os alunos – até mesmo os estudantes universitários – dos conflitos sociais ou políticos. Dirão que, para seu crescimento e/ou para a serenidade do trabalho intelectual, é melhor não confrontar diretamente os jovens com todas as dificuldades da vida em sociedade.

É assim que se é levado a encontrar um compromisso entre o aprendizado para viver conflitos e certa segurança necessária para o crescimento. De fato, se não se tiver um mínimo de segurança, haverá tanto medo da vida que se ficará paralisado diante dos conflitos. A criança a quem se quer ensinar a nadar muito depressa se comporta de uma maneira típica em relação à natação. Do mesmo modo aquele que muito depressa é confrontado com problemas de matemática (ou ciências sociais) complexos.

Haverá, contudo, momentos em que será preciso incitar a ir avante, qualquer que seja a dificuldade. (Notemos que quando se diz ser preciso encontrar um compromisso entre essas duas estratégias, não se apresenta nenhuma solução concreta: será preciso finalmente correr o risco de privilegiar em certos momentos a formação para viver os conflitos e, em outros momentos, garantir uma segurança suficiente.)

2.3. Representações da preguiça

A noção empírica de "preguiça" pode ser analisada seja numa perspectiva moralizante (mascarando muitas vezes um conflito de projetos), seja numa perspectiva clínica (às vezes tecnocrática), seja numa perspectiva conflituosa personalista e/ou política (reconhecendo os conflitos subjacentes).

Esta proposição não apresenta uma receita para curar da preguiça, mas conceitua três abordagens bastante freqüentes destes comportamentos que se reúnem sob o termo "preguiça". Cada uma dessas abordagens permite uma análise e propõe uma definição desse fenômeno bem conhecido. Cada uma está ligada a uma atitude e uma estratégia. Nenhuma, aliás, é universalmente "a boa". Cada uma pode ser útil em certas situações. Será inexato, por exemplo, pretender que seja sempre preciso abandonar a perspectiva moralizante. Contudo, compreender-se-á, no fim deste comentário, porque julgo que é bom que o educador esteja habitualmente mais disposto a adotar a terceira perspectiva que a primeira.

A perspectiva moralizante diante da preguiça é bem conhecida: considera-se que a criança preguiçosa teria mais interesse em trabalhar, mas que não o faz porque não faz o que deveria fazer. Deseja-se ensinar-lhe o caminho certo e ensiná-la a trabalhar. É admoestada a que se "domine" e se ponha ao trabalho "como deve".

Os psicólogos, e muitas vezes também os médicos, estão geralmente conscientes do limite de tal atitude. Por exemplo, se a criança sofre de uma insuficiência tireóidea, não adianta nada pregar um sermão para convidá-la a trabalhar melhor. Ela teria antes necessidade de um remédio apropriado. Do mesmo modo, se um aluno ou um estudante não chega a trabalhar porque seu inconsciente o faz preferir o fracasso escolar, não é também o repreendendo que se obterá alguma coisa. A perspectiva moralizante diante da preguiça é sempre muito curta quando o "não-trabalho" não provém de uma atitude verdadeiramente livre, mas é antes o resultado de "problemas" biológicos ou psíquicos.

Nesses casos, uma perspectiva clínica é muito mais adequada: ela considera o preguiçoso como alguém que tem problemas, e que será preciso curar. O médico ou o psicólogo poderão ser indicados. Dá-se conta do progresso enorme que pode constituir, em certos casos, a passagem para esta perspectiva clínica. Com efeito, uma moral voluntarista muitas vezes só pode desencorajar um aluno se sua "preguiça" é devida a problemas fisiológicos ou psíquicos. A perspectiva clínica procura, então, a causa da "preguiça" para remediá-la. Contudo, em certos casos – e talvez muitos além do que se crê – a causa do problema da criança não é medicinal ou psíquica, mas antes social: uma criança que vive numa família em que não reina nenhuma harmonia ou em que as pessoas se acumulam em alojamento exíguo pode encontrar-se em condições psicossociais tais que para ela se torna quase impossível trabalhar.

Contudo, não é sempre evidente que a criança dita "preguiçosa" tem um problema. Às vezes, ela gostaria de trabalhar mais e ficaria contente por ter melhores resultados. Ela considera, então, sua "preguiça" como um problema. Mas, em outros casos, não está persuadida de que é problema seu. Um bom número de jovens não vêem bem o que fazem na escola e achariam mais interessante fazer outra coisa. Seja porque julguem que na escola perdem seu tempo ou porque considerem mais interessante pensar em sua amiguinha ou amiguinho do que no exercício de matemática que seu professor ensina: eles não têm nenhuma vontade de segui-lo. Neste sentido, não julgam ter um problema, mas se opõem ao projeto do professor (ou ao projeto que a sociedade tem para eles e que seu professor representa). É nesta perspectiva que alguém respondeu um dia a um pai de família que se queixava de que seu filho mais novo não fazia nada no primeiro ano primário: "Está certo de que ele é preguiçoso? Não seria mais exato dizer que não tem o mesmo interesse que você e sua professora pelas coisas que ela quer lhe ensinar?".

Nesta perspectiva conflituosa, o "preguiçoso" é antes considerado como alguém que tem seu projeto pessoal próprio, eventualmente diferente do projeto do professor, de seus pais ou da sociedade. E até que se prove o contrário, não se considera que ele tenha um "problema", mas sim um outro projeto. Está-se, então, diante de um conflito. Este conflito pode ser pessoal, por exemplo, quando a criança não se interessa pelo que seus pais gostariam que ela se interessasse. Pode também ser de ordem sociopolítica: muitos "preguiçosos" o são porque estão persuadidos de que, finalmente, seus estudos não lhes servirão para nada, a não ser para terminar no desemprego.

Esta perspectiva quer reconhecer a diversidade dos projetos e os conflitos que ela gera. Mas, isso não quer necessariamente dizer que o educador deixará a criança seguir seu projeto, sem mais. Tratar-se-á antes de saber viver o conflito. Mas, nesta perspectiva, o educador reconhece que se trata antes de seu "problema": é, por exemplo, o pai que está aborrecido pelo fato de que seu filho nada faz no primeiro ano primário. Ou é o professor que está contrariado porque seus alunos não acham a matemática interessante. Trata-se, então, de encetar uma negociação: na perspectiva personalista e/ou política, a preguiça se negocia. Mas uma negociação não significa uma falta de determinação; ela se faz geralmente, no plano de fundo, com relações de forças. Se uma criança de primeira série primária não se interessa por aquilo que lhe propõe seu professor, este pode também determinar uma sanção. Negociar, em educação, não quer dizer "deixar fazer", mas se situa no seio das relações de forças educativas.

Essas três maneiras de ver a preguiça não se suprimem uma à outra. Às vezes é interessante ver o fenômeno como um problema moral e fazer uma repreensão; em outros casos, a perspectiva clínica levará mais longe a análise e a gestão da questão; por fim, há casos em que a análise conflituosa e as negociações que podem resultar parecerão mais interessantes. Contudo, um educador pode sempre começar por adotar a terceira atitude, mesmo diante da mais nova idade. Diante de um bebê de algumas semanas, que chora para que seja pego no colo, pode-se pensar a situação em termos de conflitos. De uma parte o bebê gostaria de reencontrar essa situação privilegiada nos braços de sua mãe ou de qualquer pessoa afetuosa. Ele manifesta seu desejo através de seus choros. E a pessoa que dele se ocupa tem talvez vontade de fazer outra coisa. Desde esse momento, então, a perspectiva conflituosa pode ter seu sentido; mesmo que o bebê não possa "pensá-la" nestes termos, ele se "ressentirá" da atitude de seu educador. Se este o repreende porque não deveria chorar, ele experimentará outra coisa se seu educador procurar as causas que o tornam infeliz (desejo de afeição ou muito simplesmente um mal-estar físico: fome ou frio). Ou, antes ainda, pode ser que já se viva um conflito entre o bebê e o adulto. Se o adulto puder vivê-lo serenamente, o bebê será beneficiado e aprenderá intuitivamente a ficar sereno também. Acontece o mesmo com os menos jovens. (Para aprofundar, cf. Snyders, 1981).

3. Relação afetiva

3.1. Ensinar e amar

A dimensão afetiva do ensino aparece em expressões como "gostar de uma matéria", "amar seu professor", "amar seus alunos". Mesmo se a noção moderna do trabalho tender a separar afetividade e tecnicidade, certa separação permanecerá sempre artificial no ensino. A dimensão afetiva – inclusive sexuada – está sem cessar presente e apresenta questões de maturidade e de ética. O educador não é uma espécie de super-homem que sabe tudo e participa de uma ordem moral abstrata. Ele deveria aparecer como alguém que quer educar, que quer a autonomia do educando, que se situa como pode na sociedade, que tem sentimentos, uma vida pessoal, um sexo, tem pontos que julga fortes ou fracos, que comete erros e que realiza projetos.

Uma das características da civilização burguesa (a que veio depois do feudalismo, desenvolveu-se há sete séculos no Ocidente e terminou por derrubar o antigo regime) é a separação do afetivo e da eficácia. Em nossa cultura, o trabalho não é da esfera do sentimento. Uma separação, portanto, não vai *de per si*. Hoje ainda, muitos trabalhadores e agricultores têm um laço afetivo com o que fazem. Nem tudo está ainda transformado em pura mercadoria (mesmo que nossa sociedade de tendência neoliberal favoreça este processo).

No ensino, essa separação entre o afetivo e o trabalho é difícil de se estabelecer. Contudo, a segunda metade do século XX levou essa separação ao extremo: os professores se tornaram especialistas, instrutores de sua matéria. O *slogan* – muito útil – segundo o qual um docente dever ser um "profissional" é às vezes compreendido como se o papel dos professores se limitasse ao de técnico da transmissão de conhecimentos. Muito freqüentemente, a instrução superou a educação,[1] e o docente se define como o catedrático de uma disciplina. Mas é impossível educar um ser humano em fatias completamente separadas. O afetivo, então, sempre fará parte integrante do ensino.

A dimensão afetiva presente no ensino está ligada ao professor tanto quanto aos alunos. O professor é um ser humano com seus desejos, suas "carências" afetivas, seus "complexos psicológicos". O aluno, por seu lado, vive uma experiência similar, sobretudo em período de descoberta da afetividade. Como, ainda mais, um ensino eficaz se faz sempre através de um laço afetivo, não é preciso admirar-se se relações afetivas profundas se estabelecerem entre professores e alunos. Em certo número de casos, os alunos considerarão seus professores como legítimas figuras parentais e estabelecerão com eles relações nesse sentido. (O que se chama, em psicologia, de relações transferenciais.) Professores também, confrontados com esse tipo de relação afetiva, terão tendência de viver em relação aos alunos relações de pais com filhos (o que se chamará em psicologia de contratransferências). Ainda mais, não será raro que um ou uma adolescente se torne enamorado(a) de um professor (do outro sexo ou às vezes do mesmo). O número relativamente importante de casamentos entre jovens professores e seus alunos testemunha a realidade dessas relações afetivas. É por isso que a sociedade espera do professor maturidade e um senso ético em suas relações afetivas com alunos. Embora seja normal que o professor se sinta lisonjeado (ou irritado) quando percebe que é amado e embora seja normal também que experimente espontaneamente reações de atração (ou de repulsa) diante de

---

[1] Referimo-nos aqui a dois modelos clássicos relativos ao ensino. Este, considerado como "instrução", tem como missão transmitir conhecimentos aos alunos. Mas, considerado como "educação", visa a formação global da pessoa.

certos alunos, esperar-se-á que chegue a manter suficiente justiça e igualdade diante do conjunto dos alunos e que, nas relações particulares que poderá estabelecer, "não cause ruínas afetivas".

3.2. Relações duais ou triangulares

Podem-se aplicar ao ensino os modelos analíticos duais ou triangulares: os conceitos psicanalíticos podem esclarecer os lances das relações pedagógicas. Docentes e estudantes encontram certa parceria quando se situam juntos diante de um terceiro objeto, com histórias diferentes relativas a esse objeto.

Seguindo Mulkay (em Fourez: "Écoles & Choix de Société"), será falado de uma relação dual no ensino quando o professor se identificar praticamente com a matéria que dá e pede ao aluno que a interiorize. A imagem central de tal relação pedagógica poderia ser a de uma ama-de-leite: ela dá à criança alguma coisa de si mesma. A matéria a ensinar é identificada com o próprio corpo de cada um. Esta identificação com a matéria ensinada pode, aliás, manifestar-se também pelo receio experimentado por alguns professores de ver os alunos tratarem essa matéria sem prudência suficiente (recusa que evoca, para os psicólogos, o estado anal, momento em que a criança não sabe abandonar o que sente como uma parte de seu corpo). Identificação também marcada pela angústia de alguns docentes quando não se dá bastante estima à sua disciplina. Tocar em sua matéria é tocar neles mesmos.

Ao contrário, a relação triangular supõe que se distinga a matéria ensinada do docente. Ela é um terceiro objeto ao qual um e outro têm acesso, cada um a seu modo, mas que ninguém possui. O professor tem, contudo, em relação à matéria, uma real anterioridade, já que tem certo conhecimento. E a aprendizagem consistirá em ajudar o aluno a se aproximar da matéria, de maneira que ele também possa conhecê-la, mas a seu próprio modo.

Na perspectiva dual, o aluno está em situação de completa recepção, até mesmo submissão, ao passo que o docente é o doador. A maneira com que se fala, então, do estudo evoca muitas vezes a oralidade: engole-se uma matéria, ela é digerida, é cuspida para examiná-la, é assimilada, é vomitada etc. Na relação triangular, ao contrário, professor e estudante exercem uma parceria: eles têm alguma coisa a fazer juntos em vista do objeto comum que é a aprendizagem. E o alvo (o fim) da aprendizagem é que seja terminada, isto é, que as duas partes tenham um acesso equivalente ao objeto estudado.

À medida que se tem uma relação dual e que o professor se identifica com o que ensina, ele terá tendência de impor sua maneira de ver o objeto do curso. E se o estudante não o aceita ou quer vê-lo de outro ponto de vista, o docente se sente ameaçado porque finalmente é ele mesmo que se percebe como não aceito. Esta proposição põe, então, a questão da maneira como o professor se situa afetivamente em relação à sua função de docente e em relação à matéria conhecida que lhe dá seu status. Se ele se identifica com ela demasiadamente, o aluno, para adquirir sua autonomia, deverá finalmente rejeitar o professor. Além do mais, a relação triangular pode dar um sentido à expressão tradicional de "antigo aluno". Este termo, com efeito, reconhece um elo na relação passada entre o docente e o estudante; mas indica também que este elo passou e que hoje o estudante não é mais o aluno. Tal perspectiva pode às vezes ser mal acolhida por alguns docentes na medida em que acentua que, afinal de contas, o antigo aluno não tem mais necessidade de uma relação com o professor e que ele pode dispensá-la. A utilização da imagem do triângulo para analisar a relação pedagógica não vai sem recordar o triângulo bem conhecido da psicanálise: mãe, pai e filho. A função do docente não está de fato sem ligação com a função parental.

Mesmo se uma ética da educação apresentar a relação triangular como um ideal, certa identificação do docente com sua disciplina é não só normal mas benéfica. O importante é, sem dúvida que ela não seja obstruinte. Quaisquer que sejam tais análises, os docentes podem ter interesse em esclarecer as satisfações afetivas que procuram na relação de ensino. Se isso não é esclarecido, essa procura corre o risco de envenenar a relação pedagógica.

Capítulo 2

As escolas e o poder social

1. Escola e classes dominantes

1.1. Ensino e estratificações sociais

O ensino mantém geralmente as estratificações sociais, bem como suas legitimações ideológicas. Os grupos dominantes não toleram um sistema educativo que ameace realmente sua posição dominante. Isso é particularmente visível nas suas estratégias de tempo de crise.

De um ponto de vista sociológico, um sistema de ensino é um sistema de reprodução da sociedade. Não simplesmente da reprodução de uma sociedade geral ou abstrata, mas da sociedade particular de que faz parte, com suas estratificações sociais e suas estruturas de dominação. Pode-se constatar este fato especialmente na organização de nossa sociedade industrial ou pós-industrial. Estabelecendo o sistema educativo, as estratégias das diferentes classes sociais visam sempre a manutenção, senão o aumento, de seus privilégios. Assim, os membros das classes dirigentes terão tendência de favorecer um sistema educativo para que seus filhos possam ocupar situações semelhantes às suas. E, no outro extremo, não se ouvirá jamais um pai dizer a um filho: "Tudo o que se pede da escola é que faça de você um bom trabalhador de atividade fastidiosa, sem nenhum poder social". Quando, aliás, um sistema de educação ameaça seriamente os privilégios de certas classes sociais, estas reagem para defender seus privilégios.

O sistema escolar não se limita a defender privilégios, defende também sua legitimidade. Na escola, não se ensinam aos jovens só coisas "úteis na vida", mas se ensina também a respeitar, na sociedade particular em que se encontra, o que "se" julga interessante ("se" representa a mentalidade ambiente em geral fortemente controlada por classes dirigentes). A canção de Tom Paxton "Qu'as-tu appris à l'école, mon fils" exprime de modo humorístico, mas bastante correto, a maneira com que a escola transmite o sistema de estratificação social.[1] Esta transmissão se fará sob a forma de uma "educação cívica", mas será também destilada no conjunto da educação.

Essa transmissão e essa reprodução do sistema social fazem parte de todo sistema educativo; elas não incluem somente o ideal de uma sociedade, mas também suas injustiças. Em período de "paz social" ou de expansão econômica, a reprodução de privilégios sociais é relativamente pouco percebida e quase não se lhe dá importância. Mas no momento em que, por uma razão ou outra, os privilégios das classes dirigentes são ameaçados, suas estratégias se tornam mais visíveis. Em período de "crescimento"

---

[1] A criança aprende "que não é preciso mentir nunca, que há bons e maus"; que "ela é livre como todo o mundo, mesmo se o professor às vezes a repreender". "Que os policiais são meus amigos e todos os juízes são gentis, que os criminosos são contudo punidos, mesmo se se engana de vez em quando". E o refrão retoma: "É isso que me foi dito na escola". Vem em seguida o reforço da autoridade, apoiada numa ideologia tecnocrática: "Que o governo deve ser forte, tem sempre razão e jamais erra, seus chefes são muito bons alunos e sempre se elegem os mesmos". Enfim: "Aprendi que a guerra não é tão má, que há guerras grandes e especiais, que se bate muitas vezes por seu país e pode ser que eu tenha minha oportunidade também".

econômico, quando se dispõe de um "bolo" cada vez maior a partilhar, as tensões e as lutas para obter mais privilégios sociais se exprimem pouco no ensino. É então, geralmente, que se deixa ao sistema educativo a liberdade de inovar. Ao contrário, em período de crise econômica, quando o bolo a partilhar diminui, a análise da evolução do sistema escolar se esclarece pela consideração das estratégias pelas quais cada grupo social tenta manter e até aumentar seus privilégios. São períodos em que se sente, aliás, o enorme embargo das classes dirigentes no sistema escolar. Na Bélgica, pôde-se ver que a época em que se instalou a renovação correspondia a um dos períodos de expansão; ao contrário, durante a crise dos anos 1980, a luta social no sistema escolar se tornou cada vez mais evidente.

1.2. Ensino e reprodução ideológica

> Toda educação veicula as estruturas e a visão do mundo do conjunto da sociedade que as produz; ela propaga também ideologias particulares, mais freqüentemente as ideologias dominantes.

Esta proposição apresenta uma grade de análise para a visão do mundo veiculada por uma escola ou um ensino. Ela sublinha antes de tudo o que, na escola, caracteriza o conjunto da sociedade (o que se chama a "formação social" – o termo "formação" significa aqui a estrutura da sociedade e não uma educação). É assim que o sistema escolar do século XIX, em período de estabelecimento da civilização industrial, apresentará características diferentes das do sistema escolar atual, marcado pelo período pós-industrial. Assim também o sistema educativo da sociedade feudal era inteiramente marcado pelos traços próprios desta sociedade. Um sistema escolar não pode jamais escapar à tendência de reproduzir as estruturas e as visões do mundo da formação social que o produz. Assim, hoje, nossas escolas estão marcadas pelas preocupações de nossa sociedade pós-industrial e pós-moderna (individualismo, ecologia etc.).

Mas cada escola promove, às vezes mesmo sem se dar conta, uma ideologia e projetos particulares (o que dá, aliás, sentido à redação de projeto de estabelecimento). Assim, uma escola pode tender mais a promover ideologias de tipo neoliberal ou tecnocrata, ao passo que outra poderia acentuar uma ideologia de solidariedade com os excluídos. Essas duas tendências ideológicas trazem as marcas de nossa sociedade pós-industrial, mas assumem os interesses de grupos sociais diferentes. Importa, contudo, notar que, pelas razões explicitadas na proposição 1.1. deste capítulo e em seu comentário, são mais freqüentemente as ideologias dominantes, isto é, as controladas pelas classes dirigentes, que são propagadas pelas escolas.

Ainda mais, é possível, em certa medida, a um professor particular, propagar suas idéias pessoais. Contudo, ele deverá velar para que elas não se afastem neste ponto das idéias promovidas pela escola que o emprega, sob pena de ser finalmente despedido.

1.3. Ideologia tecnocrática

> A ideologia tecnocrática – pretendendo evitar os debates políticos – tende a mascarar os conflitos de sociedade no ensino pela aparente neutralidade das ciências e das técnicas, e especialmente das técnicas das ciências da educação.

As proposições precedentes mostraram como a escola é sempre o lugar de conflitos sociais. Não se vai à escola simplesmente para aprender coisas "verdadeiras", mas antes para obter "um bom lugar na vida e na cultura que lhe corresponde". Contudo, em nossa sociedade, a escola tende geralmente a se apresentar como um lugar neutro, sem conflitos sociais inerentes ao ensino. Essa ideologia apresenta as escolhas no ensino (ou em outras situações) como escolhas puramente técnicas, que não devem ser objeto de nenhuma negociação "política", mas podem fazer-se em nome do saber esclarecido. Por exemplo, dir-se-á que a escola deve simplesmente ensinar as ciências e as técnicas, da maneira como são. Ou, antes, far-se-á como se os objetivos ou programas de ensino procedessem das disciplinas ensinadas e de modo algum da escolha da sociedade. Ou, enfim, pretender-se-á que o "bom" aprendizado – como o da leitura – possa ser imposto em nome das contribuições das ciências pedagógicas que pretenderiam poder legitimamente impor normas na matéria. Nesta perspectiva, quando escolhas pedagógicas devem ser tomadas, tem-se a tendência de apelar para as ciências da educação, julgando que elas podem dizer o que é "bom" fazer.

A ideologia tecnocrática acrescenta uma opinião com a qual muitos estarão de acordo: as ciências em geral – e as da educação, neste caso particular – podem esclarecer decisões propondo modelos que apresentam cenários possíveis e suas conseqüências. Às vezes, sua contribuição é tão esclarecedora que, na prática, supera a decisão e parece dar razão à ideologia tecnocrática.

O limite da ideologia tecnocrática é que ela mascara o fato de as ciências não poderem jamais resolver um problema de tipo social ou político (implicando valores e escolhas de sociedade). Sua contribuição se limita a propor uma representação do que seriam as conseqüências de tal ou tal política: se se faz isso, então é preciso contar com tal ou tal resultado. Mas jamais as ciências podem definir, de uma maneira geral e absoluta, o "bom" método educativo. Às vezes, as particularidades dos contextos locais tornam caducas as visões gerais das ciências que se dirigem a contextos padronizados (assim, um professor às vezes – segundo seu carisma próprio ou em razão de outros fatores que o paradigma científico não leva em consideração – pode muito bem ter sucesso com um método que, em teoria – isto é, segundo visão padronizada pelo paradigma de uma disciplina –, é menos adequado). Sabe-se de resto que muitas políticas esclarecidas (e muitas vezes centralizadoras) promovidas por burocratas tecnocratas tiveram menos sucesso que outras mais atentas às questões e aos problemas da base. Contudo, sobretudo em período de crise, constata-se uma tendência a insistir fortemente na neutralidade do saber e, especialmente, das ciências da educação, para legitimar escolhas que são finalmente sociopolíticas. O equilíbrio entre uma atenção às particularidades do concreto e as visões padronizadas dos cientistas está sempre a ser construído – o que se faz justamente através das negociações políticas que não são inteiramente racionalizáveis pelas ciências e por seus paradigmas.

1.4. A escola, meio "artificial"?

Uma das razões pelas quais a escola é considerada como um meio artificial e pouco "real" é a maneira com que os conflitos são muitas vezes ideologicamente camuflados. Isso contribui ao mesmo tempo para fornecer um meio ambiente pacificado para os aprendizados e para preservar a boa consciência das classes dirigentes.

Ouve-se dizer que a escola é um meio artificial e fora do "real". Veremos mais tarde, considerando o que é a instituição "escola" na sociedade industrial e pós-industrial, como este caráter "artificial" está ligado à própria instituição. Basta notar aqui que, muitas vezes, quando se diz que a escola é artificial, quer-se dizer simplesmente que os conflitos de sociedade que a percorrem são pouco explícitos. Assim, a escola é artificial porque a competição que aí reina é aveludada e quase não corresponde à imagem dura da concorrência que aparece na sociedade econômica. Ela é também artificial porque os problemas de matemática que aí se deve resolver, "em geral, ocorrem como convém". A escola aparece, então, como um lugar onde os conflitos e as tensões em que os jovens estão implicados são na maior parte do tempo velados. Essa artificialidade apresenta vantagens, dando às crianças notadamente uma segurança suficiente (proposição 2.2. do capítulo 1). Mas este efeito de artificialidade pode tomar um sentido negativo. Esta proposição insiste na maneira com que os conflitos sociais são mascarados na escola. Contudo, em toda classe de adolescentes, alguns – vindos de classes sociais menos privilegiadas – são muito mais conscientes do que outros sobre a presença desses conflitos na instituição escolar. Eles sabem que, para ter sucesso na vida, terão de lutar, e isso não é fácil. Ao contrário, a maior parte dos alunos de classes privilegiadas acredita verdadeiramente no que a escola diz de si mesma, isto é, que ela transmite um saber e as mesmas possibilidades para todos. Os alunos mais brilhantes vindos de classes menos privilegiadas sabem que os dados são fraudados. Em período de crise, os alunos do ensino profissional são, eles também, geralmente conscientes disso.

Quanto aos educadores, sua reação mais comum é o temor diante da irrupção dos conflitos escolares na escola. E se compreende esse temor por duas razões. Primeiro, esses conflitos não são fáceis de gerir e, segundo, sua presença frustra os educadores numa imagem de si mesmos como pessoas unicamente preocupadas com o bem de todos. E, contudo, jovens se tornam às vezes adultos irritados e frustrados por terem sido fraudados por um sistema escolar que não revelava a distribuição das cartas do jogo.

Este véu sobre os conflitos de sociedade tem significações ambíguas. Por um lado, ele contribui para construir um meio privilegiado e pacificado que pode favorecer o aprendizado. Por outro, se considerado numa análise ideológica, aparece também como um modo de esconder das futuras classes dirigentes contradições da sociedade que, se fossem patentes, poderiam provocar um atentado à boa consciência dessas classes.

1.5. Analisar as ideologias veiculadas pelos cursos

Os valores, as ideologias e a educação para a vida social estão presentes em toda parte no ensino. Pode-se particularmente analisá-las nos conteúdos, nas motivações propostas, nas relações, nas estruturas institucionais.

Esta proposição apresenta uma grade de análise que permite discernir como os valores, as ideologias e a educação para a vida social são veiculados no ensino.

Eles estão no conteúdo dos cursos: é evidente quando se trata de cursos de moral ou de religião, é aparente em cursos de francês ou de história, e veremos como isso se verifica também em cursos de matemática ou de ciências. Estão também presentes no curso de educação física, que propõe aos alunos uma imagem de si mesmos, de seu corpo e de muitas interações sociais.

As ideologias são também veiculadas por motivações propostas, sobretudo no início de um curso: um professor de francês ou de ciências começará geralmente seu curso por algumas palavras que indicam por que essa matéria é importante em nossa sociedade e no futuro dos estudantes. Nesse tipo de discurso, veicula-se evidentemente uma imagem da sociedade e transmitem-se valores.

As relações interpessoais, docentes-estudantes, exprimem, elas também, toda uma imagem do mundo. Aliás, em nossa sociedade, esta maneira de transmitir valores é muitas vezes percebida mais claramente: admite-se geralmente que o contato pessoal de um professor com seus alunos constitua um dos canais da educação e da transmissão de valores. É por isso que as relações interpessoais são muitas vezes supervalorizadas no ensino, velando assim os condicionamentos institucionais.

As estruturas institucionais, tanto materiais quanto sociais, veiculam enormemente ideologias e valores na educação. É assim que a arquitetura de uma escola transmite uma visão da sociedade e das relações humanas. Pode-se dar conta disso simplesmente considerando a imagem diferente das relações sociais que podem haver numa classe em que os alunos estão em bancos colocados em fileiras, olhando todos na mesma direção, a do professor – que tem a autoridade – ou numa outra classe em que professor e alunos estariam sentados em torno de uma mesma mesa, podendo ver-se uns aos outros e sem lugar específico para o professor. Pode-se discutir o interesse ou o inconveniente de uma e de outra maneira de mobiliar a sala de aula, mas é difícil negar que valores não sejam transmitidos nesses arranjos. Estruturas sociais, como as colocações dos alunos em fileiras, a insistência dada à pontualidade, o tipo de sanção, o tipo de relação hierárquica são também múltiplos modos pelos quais os alunos, pouco a pouco, assimilam os valores de uma sociedade ou de uma classe social. Talvez seja nessas estruturas institucionais que se situe a maior transmissão dos valores numa escola.

Importa, enfim, quando se fala dessa transmissão de valores, sublinhar que, mais freqüentemente, a "doutrinação" não se faz em cursos exclusivamente ideológicos. De fato, num curso de moral ou de religião, os alunos se defendem geralmente muito bem de toda tendência a doutriná-los ou a recrutá-los. Mas as estruturas institucionais que parecem ir por si mesmas ou os cursos que parecem puramente técnicos veiculam, quase que insidiosamente, maneiras de ver o mundo e as coisas que não serão nunca postas em questionamento, sobretudo nos cursos científicos, e não vem senão raramente ao espírito dos alunos a idéia de que poderiam ser aí doutrinados. Talvez aí se situe o risco maior de dogmatismo.

1.6. Pedagogias de esquerda ou de direita?

Os conceitos de "pedagogia de esquerda" ou de "direita" são vagos e até inconsistentes. Quando se examinam os traços geralmente reunidos nesses conceitos, eles são variados e divergem muitas vezes. Assim se qualifica às vezes de "progressista" tanto uma pedagogia ultra-individualista, elitista mas liberal, como uma pedagogia com objetivos sociais bem definidos etc. Os conceitos são muitas vezes utilizados segundo três polaridades: autoritarismo ou participação, aceitação ou recusa das desigualdades sociais, prioridade dada ao indivíduo ou ao bem comum.

Fala-se muitas vezes de pedagogia conservadora ou progressista, de pedagogia de direita ou de esquerda. Contudo, a linguagem corrente não tem definição precisa para esses termos. De um professor autoritário, ter-se-á tendência de dizer que tem uma pedagogia conservadora. Por outro lado, uma pedagogia que visa diminuir as desigualdades sociais será geralmente percebida como "progressista". Vê-se, então, que o traço "autoritarismo" parece estar ligado às nossas noções de "conservadorismo", ao passo que o traço "democratização" (no sentido de diminuição das desigualdades sociais) parece estar ligado à noção de "progressista". Pode-se perguntar em que categoria se situará uma estratégia autoritária de democratização. (Certa estratégia autoritária de democratização não é uma simples visão do espírito: é a que foi comumente aceita por muitos países comunistas.)

Igualmente, muitos terão tendência a chamar de "progressista" a atitude educativa que recusa aplicar normas de um modo automático, mas quer ligar-se ao bem de cada aluno em particular.

Alguns, cuja análise pode ser um pouco mais fina, percebem que uma atitude é finalmente muito elitista, na medida em que certa atenção a cada um dos indivíduos se manifestará dificilmente para todos. Em geral, estas pedagogias muito individualistas acabam por privilegiar os que podem pagá-las. Elas tendem, então, a manter as desigualdades sociais (o que, numa outra acepção do termo, não é de modo algum progressista).

Assim, os termos "pedagogia progressista" ou "pedagogia conservadora", "pedagogia de direita" ou "pedagogia de esquerda" são vagos e inconsistentes. Pode-se analisar sua acepção corrente segundo três eixos ou três polarizações de significação: autoritarismo ou participação, aceitação ou combate contra as desigualdades sociais, prioridade dada ao indivíduo ou ao bem comum. A linguagem corrente tende a utilizar o termo "conservador" para a autoridade e a aceitação das desigualdades sociais; quanto à polarização sobre o indivíduo (estratégia de tipo liberal) ou o bem comum (aceitação de certas coações em vista da realização deste), ela é muito menos clara. Esta última polarização corresponde ao que, na vida sociopolítica, se chama de "liberalismo" e "conservadorismo". O primeiro privilegia o indivíduo e a liberdade, com todas as desigualdades sociais que dele decorrem; o segundo privilegia o grupo e os valores aceitos pelo passado. Aí há duas formas de ideologias que, segundo as circunstâncias, se poderão colocar mais ou menos à esquerda ou à direita.

1.7. Reprodução das famílias ou dos grupos profissionais

O sistema de reprodução da sociedade pela escola se modificou pelo fato de que o sistema econômico não exige mais a reprodução direta dos privilégios das famílias, mas a reprodução dos grupos de profissionais. Em conseqüência, alguns conflitos que se gerariam fora da escola entraram nela, fazendo-a participar da renovação da sociedade, mas também a desestabilizando.

No século passado, a escola era como a propriedade das classes dirigentes. Fora algumas exceções, só crianças das classes privilegiadas eram escolarizadas no secundário. Daí resultava uma espécie de "paz social" no próprio interior da escola: tudo estava de fato arranjado para defender os interesses e propagar as ideologias dos privilegiados. O sistema de reprodução da sociedade funcionava pelas famílias. Numa cidade, por exemplo, eram os filhos dos advogados, dos médicos, dos empreiteiros e dos oficiais que sucediam a seus pais na organização social. E a escola cuidava em cultivar os sinais da distinção social.

No século XX, e sobretudo após a Segunda Guerra Mundial, a competência das classes dirigentes se tornou um fator importante do funcionamento tecno-econômico. Foi assim, por exemplo, que, para suceder a um chefe de empresa, a qualidade de "filhinho de papai" não bastava mais. A sociedade não podia continuar a se reproduzir segundo lógicas puramente familiares: tornou-se necessário que aos advogados, médicos ou empresários sucedessem profissionais competentes. O sistema econômico podia facilmente aceitar que esses profissionais viessem de classes sociais pouco privilegiadas. A instrução se torna cada vez mais um meio de promoção social. E os filhos das baixas classes médias, até mesmo de operários, começaram, via instrução, a entrar em competição com os filhos dos poderosos.

Foi assim que a escola, que, até então, era socialmente homogênea, tornou-se um novo lugar de competição. A luta de classes, que quase não tinha penetrado em seu interior, aí entrou. E, deixando de ser como o terreno conquistado das classes dirigentes, a escola perdeu uma parte de sua paz. Ela se tornou, em muitos lugares, um campo em que os interesses sociais se afrontam. É assim que certa democratização da escola contribui para desestabilizá-la.

2. A escola e a classe como meio social

2.1. A classe, lugar de conflitos

Uma classe não é um lugar sem conflitos. Aí se confrontam os projetos muitas vezes divergentes dos alunos, do professor, da administração da escola, dos pais, dos grupos interessados etc. É o lugar do confronto de desejos e de interesses.

Esta proposição reúne uma série de elementos já abordados mais acima. Ela sublinha que seria irrealista considerar a escola como um campo social neutro, no qual tudo estaria protegido. Encontra-se antes num campo em que se percebem os desejos e os interesses (fala-se de um desejo para aquilo que depende de cada pessoa em particular, por exemplo, alguém pode desejar ser amado; e de um interesse para aquilo que é induzido por posições sociais numa organização, por exemplo, um professor tem interesse em não ser perturbado. Um interesse tem uma objetividade diferente da de um desejo na medida em que o interesse não depende em nada do indivíduo).

O objetivo desta tese não é dizer que seria preciso que os alunos fossem constantemente postos a par dos conflitos ou das tensões. Como se disse anteriormente, importa manter um espaço de serenidade em que eles possam respirar. Contudo, não é preciso negligenciar as conseqüências práticas que surgirão do fato de que, em certas escolas, esses conflitos e tensões vêm à tona. O importante é talvez que o corpo docente, a administração da escola, os pais e pouco a pouco os alunos aprendam a considerar esses tipos de conflitos de interesses e de desejos como situações normais da vida; como situações que se deverão negociar, se possível em paz, em vista de chegar a soluções. Será preciso encontrar um equilíbrio entre uma vida serena diante dos conflitos e a presença inevitável de tensões e angústias cada vez que surgirem.

2.2. Dimensão política da educação

> Deixados a si mesmos, as crianças e os jovens têm tendência a reproduzir o sistema social, tal qual é. As abordagens não diretivas tendem a favorecer a ordem estabelecida e as ideologias dominantes de um subgrupo particular. Os educadores não podem, então, escapar à dimensão política (no sentido amplo) de seu trabalho.

Existe uma lenda ou um mito que afirma que as crianças são muito criativas. É verdade que, às vezes, menos condicionadas por tudo o que estrutura nossa vida, elas descobrem soluções e atitudes nas quais não tínhamos nunca pensado. Contudo, as crianças e os jovens não são tão revolucionários como se diz. O que é privilegiado como espontaneidade das crianças não é muitas vezes senão o resultado de um condicionamento social cujas causas se esqueceriam definitivamente. Ocultar-se-iam assim ao mesmo tempo o condicionamento e sua reprodução.

Muitas vezes, o que parece totalmente novo nas crianças é de fato a idéia da moda neste momento. É assim que Montherlant pôde afirmar que "os jovens são sempre um pouco conservadores". Ele queria indicar com isso que o fato de adotar as últimas idéias da moda não é necessariamente o sinal de uma grande criatividade, mas, às vezes, muito simplesmente, um conformismo. Muitas vezes, é quando as pessoas atingem os trinta ou quarenta anos que se pode perceber se, sim ou não, são verdadeiramente criativas e de fato capazes de se adaptar às mudanças da sociedade. Mais jovens, as pessoas podem parecer abertas, ao passo que só veiculam as idéias de seu tempo. Afirmar que os jovens têm tendência a reproduzir o sistema social é também afirmar que o educado terá de tomar posição. As abordagens que pretendem absolutamente ser não-diretivas são na maior parte do tempo sutis manipulações através das quais é finalmente a ordem social admitida que se reproduz. Para poder mudar a sociedade ou o mundo, é preciso passar pela mediação de uma modelação teórica que não é pura espontaneidade.

2.3. A competitividade na escola

A competitividade na escola mascara o fato de que há diferenças entre as pessoas e os grupos sociais. Ela hierarquiza as relações humanas. Postula uma igualdade de oportunidades impossíveis na sociedade de classes. Ela mantém a ilusão da democracia e desencoraja assim os desfavorecidos.

Na escola, dá-se uma importância menor ou maior à competitividade. Até os anos 1950, era absolutamente comum participar de "concursos" nos quais o importante não era só ter sucesso, mas ser o primeiro ou estar entre os primeiros de uma classe. O sistema escolar se apresentava segundo o mesmo modelo de uma competição esportiva. E estava subentendido que o melhor ganharia.

Ora, alguns alunos procuram a escola já providos de certo número de privilégios culturais. Outros são, ainda mais, dotados de privilégios econômicos (como o poder de pagar aulas particulares em caso de dificuldades). Não há, então, verdadeira igualdade de oportunidades numa sociedade hierarquizada em classes sociais. Muito freqüentemente, quando se apresentam as escolas como lugares onde se diz que cada um pode trabalhar a fundo e que o melhor ganhará, gera-se em alguns alunos de classes sociais menos privilegiadas o sentimento de que eles vão "rodar". Muitos sabem, mais inconscientemente do que explicitamente, que a igualdade de oportunidades não existe tanto na escola ou na vida como na Tour de France. Por exemplo, para ter sucesso na vida econômico-social há mais oportunidade se a pessoa é rica, se é de um país desenvolvido, branca e homem do que se a pessoa é mulher, pobre, num país em desenvolvimento e negra. Igualmente, qualquer que seja o resultado obtido na escola, o "pistolão" desempenhará também um papel muito grande para a obtenção de um emprego. É assim que a ideologia da competitividade é "excludente" para alguns alunos. Aí ainda se trata de gerir um conflito de sociedade no sistema escolar.

2.4. A autoridade, status ou função?

A autoridade numa educação não implica necessariamente um status especial; é uma relação a outros, em vista do cumprimento de uma função. A função da autoridade na educação é promover a autonomia do educando num quadro de sociedade, não sua dependência. Mas é também assegurar a lei e a regra.

Esta tese indica modos de ver a autoridade na escola. O primeiro – aquele em que a autoridade está ligada a um status especial – vem-nos em parte da sociedade pré-industrial. Possuia-se certa autoridade, simplesmente porque se era um aristocrata. Ainda bastante recentemente, bastava ter recebido, por exemplo, por herança, a propriedade de uma fábrica para ter nela autoridade. Nestas situações, o patrão tinha sempre razão, simplesmente porque era patrão, como o professor tinha sempre razão simplesmente porque era professor. Na sociedade industrial avançada, a autoridade parece cada vez mais ligada à "competência". A autoridade, então, não é mais concebida como um status particular, mas como uma função, numa perspectiva de "racionalidade" eficaz.

Pode-se conceber a autoridade na educação como simplesmente ligada ao status do professor ou, antes, como uma função social particular para ele, ligada ao fato de que ele já se habilitou para a matéria que se vai estudar. Então a autoridade é antes de tudo percebida como funcional.

Os modelos da autoridade atingem questões bem conhecidas pelos psicanalistas. Como as crianças vão ver seus educadores: como detentores de uma sorte de autoridade sacral ou, antes, como outros seres humanos, fundamentalmente iguais a elas? Como também os educadores vão viver o fato de que dispõem de certa autoridade e de certo poder? É provável que reproduzam, de uma maneira ou de outra, diante dos jovens, o que eles mesmos não resolveram desde sua própria juventude. Essa reprodução pode fazer-se diretamente, como quando um docente reproduz em sua classe as estruturas rígidas ou laxistas de educação que marcaram sua juventude; ou indiretamente, quando ele faz o oposto do que fizeram seus educadores, adotando, por exemplo, uma atitude rígida em oposição ao deixar fazer de seus pais ou um comportamento laxista em oposição ao autoritarismo que conheceu na sua juventude.

Esta questão do status da autoridade pode, além disso, estar ligada ao lugar que se dá à "Alteridade" na educação. Para alguns, a autoridade tem um fundamento absoluto que a legitima. Esta legitimação, que corresponde então à parábola do camelo nas três metamorfoses do espírito em Nietzsche, leva a absolutizar a autoridade, geralmente em nome da razão ou da natureza, da moral ou da ciência ou ainda de religião ou de Deus. Para outros, ao contrário, toda autoridade em nossa história humana é relativa, ao passo que o ser humano é considerado como ultimamente livre. De uma maneira paradoxal, juntam-se ao mesmo tempo as tradições do livre exame e as da corrente cristã para a qual a proclamação do absoluto em Deus relativiza todo poder humano e afirma que todos os seres humanos são iguais (Quelquejeu, 1989). (Não é por nada que se diz: "Cada um por sua vez como para ir à confissão": diante da liberdade, diante de Deus, pode-se constituir uma igualdade fundamental que faz com que a autoridade não apareça mais como um status, mas como uma função particular.)

A proposição enuncia uma outra tese: que a função da autoridade na educação não é visar uma cópia conforme a dependência do educando diante da sociedade, mas promover a autonomia, um ser livre que existe por si. Mas essas autonomias não podem ser pensadas senão numa sociedade particular, isto é, que elas comportam sempre um número de coações (cf. proposição 1.4., capítulo 1).

2.5. Confrontação com o mal e raízes afetivas

> Longe de perturbar os alunos, a confrontação serena com o mal pode ser uma fonte de esperança, ao passo que conflitos mascarados podem gerar a angústia e o pessimismo. Viver no meio dos conflitos supõe também raízes afetivas e humanas. Todos os seres humanos, para serem equilibrados, têm necessidade de lugares de ternura e de repouso, de paz e de serenidade.

Alguns educadores estão convencidos de que, se se mostram demasiadamente as deficiências e o mal em nossa sociedade, os jovens vão ser esmagados e se tornarão pessimistas. Daí a tendência de não lhes mostrar o que não vai bem. Essa tendência é, aliás, bem marcada em certa tradição educativa burguesa na qual se evita mostrar muito cedo aos alunos os problemas da existência. No mesmo sentido, muitos hesitam em confrontar os jovens com a morte, às vezes sob o pretexto de que podem sempre esperar para ser confrontados com essas realidades.

Efeitos positivos de tal atitude podem vir da praia de serenidade assim protegida. Contudo, muitas vezes, um efeito contrário se produz. Com efeito, muitos jovens percebem, mais ou menos claramente, os conflitos da existência. E, quando seus educadores não lhes falam deles, podem ter a impressão de que esses conflitos são de tal modo graves que não podem ser mencionados. Neste caso, o silêncio dos educadores gera mais ansiedade que serenidade. Sem dúvida, não é tanto a existência do mal que assusta os jovens quanto o próprio temor que os adultos têm dele. Quando, por exemplo, um adulto, com uma grande serenidade interior, leva um jovem para ver um morto, o que o jovem, mesmo quando não é mais que uma criança, percebe é que se pode confrontar serenamente com o fim da existência. Ao contrário, se o adulto tem medo da morte, a criança o saberá, mesmo se – e talvez sobretudo se – o adulto não a deixar ver a morte. Diante do mal, da morte ou do que pode produzir ansiedade, é preferível geralmente falar serenamente a abafar no silêncio. É possível, então, que o mais pacificador para jovens seja encontrar-se diante de uma geração adulta que não tenha medo do mal na história e na sociedade, que possa falar serenamente dele e que ouse confrontar-se com ele e comprometer-se com uma ação para estabelecer mais justiça e paz. Contudo, importa também que os jovens percebam que os adultos sabem também se acalmar, não pensam sempre no que não vai bem e sabem muito simplesmente gozar a vida.

2.6. *Ultrapassar a ideologia das relações privadas*

A análise das situações conflituosas exige que se ultrapasse o nível das relações privadas (às vezes chamadas de "curtas") para atingir a análise social e estrutural (ou relações chamadas de "longas").

Há em nossa sociedade uma tendência ao individualismo, isto é, a dobrar-nos sobre o que alguns sociólogos chamam de "relações curtas" (a família e os amigos) em detrimento das relações longas (as estruturas econômicas sociais e políticas). As pessoas se retiram facilmente a uma pequena sociedade que formam com sua família e seus amigos, abandonando então de boa vontade a "grande sociedade" a si mesma (ou, mais concretamente, a uma gestão pelas burocracias tecnocráticas).[2] Muitas vezes, o engajamento altruísta não é percebido senão no quadro desta "pequena sociedade". Quantos não vibraram com a exortação de ser "artesãos de paz", mas só apresentaram sua ação no quadro das relações curtas. A tese aqui apresentada convida a ultrapassar este nível para aprender a analisar o que se passa no nível das estruturas sociais, econômicas, tecnológicas e políticas.

2.7. Escolas e opção de solidariedade

As escolas, como todas as instituições, escolhem suas solidariedades. Alguns temas são mais atuais: a ecologia, as desigualdades sociais – desemprego, racismo, sexismo –, a corrida aos armamentos, o terrorismo etc.

Não existe instituição neutra. Assim as escolas veiculam ideologias e valores (cf. proposição 1.5., deste capítulo). Elas escolhem debater certos temas e ocultam outros. E elas os abordam sempre de um modo particular, devido às opções implicitamente feitas na construção dos programas e das tabelas

---

[2] Pois quando as pessoas, desgostosas do político, dele se retiram e se refugiam em "sua pequena sociedade", é preciso gerir, apesar de tudo, nossos sistemas técnico-econômicos (como nossas estradas, nossos telefones, a eletricidade etc.). É assim que se fortificam os mega-sistemas técnico-burocráticos.

de horários. Assim, em sua ação educativa, as escolas escolhem suas solidariedades. A proposição enumera um número de temas diante dos quais é impossível não tomar posição. Não fazê-lo já é situar-se.

3. Transmissão de conhecimentos e mobilidade social

3.1. A transmissão de conhecimentos como transmissão de poderes

A transmissão de conhecimentos é também uma transmissão dos poderes ligados aos conhecimentos. A imagem de uma transmissão geral do saber é abstrata e/ou ingênua e/ou ideológica. O sistema educativo é o lugar de estratégias individuais e coletivas em relação a poderes econômicos e sociais. A escola jamais é sociopoliticamente neutra, já que visa uma maneira de organizar a sociedade, o que resulta em um bem político.

Esta proposição levanta uma questão ligada à epistemologia sobre o que são os conhecimentos. Sem entrar em detalhe, notemos que, em todo caso, em nossa sociedade moderna, os conhecimentos aparecem como tecnologias intelectuais que permitem realizar um número de projetos na natureza ou na sociedade. É uma característica das ciências modernas recusar todo conhecimento que não seja um "poder fazer" particular. Pode-se, aliás, contestar que existam conhecimentos imediatos, puramente receptivos, totalmente contemplativos. Observar, por exemplo, já é estruturar conhecimentos graças a mediações conceituais. Dominar certos sistemas de mediações padronizadas equivale a possuir certos poderes pessoais e sociais. Conhecer nunca é simplesmente olhar o mundo tal qual seria, é sempre interpretá-lo – a despeito de todas as epistemologias fundamentalistas que negam este caráter histórico e humano de nossos conhecimentos. Aliás, reconhecer o elo profundo entre os conhecimentos e o contexto histórico-social e pessoal em que eles se constroem não suprime de modo algum uma dimensão contemplativa do saber. Em todo caso, o conhecimento é também um poder.

Os poderes veiculados pelos conhecimentos podem ser de ordem material ou simbólica. Ser capaz de prever a temperatura de um líquido em ebulição é um conhecimento que dá um poder prático e material. Saber exprimir-se corretamente em francês, saber fazer um número de operações de altos cálculos, saber escrever uma poesia, são expressões simbólicas que também dão poder.

Imaginar que a escola apenas transmite um saber abstrato e desinteressado seria negligenciar também as estratégias típicas dos pais e dos alunos. Aprender na escola é, para a maioria das pessoas, receber um ensino que dará, espera-se, uma boa posição na vida social. Contudo, afirmar que na escola se jogam estratégias individuais e coletivas em relação aos poderes econômicos e sociais não lhes implica reduzir todas as relações escolares; mas é reconhecer uma dimensão da existência que exige que a escola se situe, inclusive no plano da ética. É evitar a abstração, que vê a escola como um lugar desinteressado. Esta visão abstrata é, aliás, profundamente ideológica: falar da escola como se diversos interesses nela não entrassem em competição pode favorecer as classes privilegiadas que sabem muito bem discernir no sistema escolar o que lhes pode servir. Por outro lado, ver a escola de modo puramente desinteressado implica que se dispõe de muitos recursos econômicos ou culturais para não experimentar nenhuma necessidade deste lado. Uma escola que pretendesse produzir um saber totalmente desinteressado marginalizaria os alunos provenientes de um meio social que não se pode contentar com esse desinteresse.

Alguns imaginam que os alunos não se dão conta desta rede de interesses que circula através da escola. É sem dúvida o caso dos que, provindo de certos meios sociais privilegiados, vivem sem se dar conta desses conflitos. Mas os testemunhos de alunos vindos de outros meios sociais indicam que são às vezes muito mais conscientes que seus educadores dos acontecimentos sociais da escola. Quando ela nunca fala deles, isso quer dizer que todo um lado de sua existência não se pode exprimir.

3.2. O que a escola produz?

Do mesmo modo que uma empresa, em nossas sociedades, não produz simplesmente bens, mas bens comerciáveis no mercado, assim a escola está ligada aos mercados de emprego e à competição por privilégios sociais.

Para compreender melhor esta transmissão de poder social no sistema escolar, pode-se comparar a escola a uma empresa. Quando se quer valorizar as empresas, muitas vezes se diz que elas produzem bens úteis à sociedade. Não é totalmente falso, mas, a olhar de perto, nota-se que, em nosso sistema ocidental, as empresas não produzem simplesmente bens, mas unicamente bens utilizáveis no mercado. Uma empresa que não chegasse a fazer comércio, isto é, a vender o que produz, estaria logo em falência e desapareceria.

O mesmo acontece com as escolas, mesmo se fazem parte do que se chama de economia não mercantil. Muitas vezes quando se quer valorizar as escolas, diz-se que são lugares em que o saber, útil para todos, é distribuído. Ora, quando se olha de perto, não se percebe que uma escola que não chegasse a transformar seus conhecimentos em privilégios sociais, no mercado de emprego, deveria logo fechar suas portas. Deste ponto de vista, pode-se dizer que a escola moderna está integrada no sistema econômico.

Em todo caso, é claro que ela não distribui unicamente um saber desinteressado.

Isso não quer dizer que seja preciso reduzir as relações humanas ou o ensino à economia. Mas se não se tem em conta esta dimensão quando se estudam as relações humanas e a ética que lhes está ligada, corre-se o risco de ficar numa visão abstrata e idealista. É neste mundo marcado pela competição por privilégios sociais e por um mal que se manifesta sob numerosas formas que se educam os alunos, e não num outro mundo que não existe. (Para cristãos, esta situação pode estar ligada à afirmação de que se vive num mundo marcado pelo pecado original, e não num mundo abstrato em que todas as pessoas seriam belas e gentis.)

3.3. Promoção individual ou coletiva

> Uma política escolar de promoção social individual se opõe geralmente a uma política escolar de promoção social coletiva. Os sistemas escolares ocidentais e suas ideologias são fortemente centrados na promoção social individual.

Chama-se promoção social individual uma situação em que um indivíduo oriundo de um status ou de uma condição social determinada chega a modificar esse status e a obter um mais elevado. Por exemplo, um filho de servente ou de agricultor que se torna engenheiro e diretor de uma grande empresa.

Ao contrário, fala-se de uma promoção social coletiva quando concerne à modificação da existência social de um grupo em seu conjunto. Assim, entre os séculos XIX e XX, a classe operária viveu uma promoção social coletiva. Igualmente certas legislações modernas e a abertura das universidades favoreceram uma promoção social coletiva das mulheres. Contudo, e neste caso o exemplo das mulheres é bastante significativo, o acesso a um melhor status social por alguns indivíduos de um grupo determinado não significa ainda uma promoção coletiva. Se, no último terço do século XX, um número de mulheres adquiriu uma promoção social real, resta ainda muita coisa a fazer para a promoção social coletiva de todas as mulheres. Pode-se assim falar de promoção social coletiva descendente e é, sem dúvida, o caso para os médicos e os docentes.

A distinção entre esses dois tipos de promoção social é capital, porque as estratégias que procuram promover uma promoção social individual são freqüentemente contrárias às que visam uma promoção social coletiva. E isso contrariamente a uma teoria espontânea que afirmaria que a promoção de indivíduos vai finalmente acarretar um efeito de promoção coletiva. Ora, a promoção social individual, por um efeito de "desnatação" de certo meio, não favorece a promoção social coletiva. Assim, em muitos países em desenvolvimento, um camponês que deixa seu campo para ir para a cidade desfruta geralmente de uma promoção individual. Mas o mundo campesino se encontrará desfavorecido no nível coletivo, pois são mais vezes os elementos mais dinâmicos que deixam seu meio para subir na sociedade. Assim, num bom número de países em desenvolvimento, o êxodo individual para a cidade é catastrófico para a promoção coletiva social dos campos. Mas o "efeito perverso" da promoção individual se verifica também em países desenvolvidos. Consideremos, por exemplo, um grupo social específico como os barqueiros. Este grupo que muitas vezes viveu à margem dos "terrestres" raramente viu seus filhos acederem à universidade. Tudo os impedia. E, contudo, se um deles deixa o transporte fluvial para subir socialmente, a sorte dos barqueiros não é melhorada. Há, aliás, grandes chances de que o universitário esqueça seu grupo social de origem para se ocupar apenas com sua promoção social individual.[3] Quanto à comunidade dos barqueiros, ela simplesmente perdeu um de seus elementos mais dinâmicos. O mesmo acontece quando um operário se torna contra-mestre no grupo de empregados.

É para evitar esse efeito nefasto da promoção individual sobre os grupos que algumas organizações de educação social pedem aos que recebem uma formação nova que se comprometam em não se servir dela para sua promoção individual, mas em utilizá-la para que o conjunto das pessoas de seu meio possa melhorar sua sorte.

Não é por acaso que a promoção social individual não favorece a promoção social coletiva. Isso faz parte dos sistemas de controle de nossa sociedade. A promoção social individual salva a sociedade de uma grande amargura entre os mais desfavorecidos. A promoção social individual, permitindo concentrar os elementos mais dinâmicos das classes sociais menos favorecidas, contribui para a estabilidade das classes sociais. Ela assim faz parte dos múltiplos

---

[3] Aliás, muitas vezes, os promotores dos interesses das coletividades desfavorecidas provêm das classes superiores ou das classes médias superiores: pensemos em Marx, Engels, os Kennedy, Gandhi, os Graco (N.T.: irmãos Graco, tribunos romanos pretendiam por leis agrárias frear a avidez da aristocracia romana, que se apossara de muitas terras) etc. E, para cada Jaurès (N.T.: Jean Jaurès, político francês fundador do Partido Socialista Francês), que utilizou sua educação para defender o mundo operário, quantos filhos de operários, tornados ricos e poderosos, se tornaram mais reacionários que os ricos de velha cepa. E os "novos ricos" devem mostrar sinal de grandeza aos grupos sociais aos quais acederam. Existe uma forte pressão sobre eles para que se separem de seu meio de origem (o que provoca dramas pessoais nos estudantes da universidade e às vezes até do secundário).

mecanismos que mantêm a estratificação social; a promoção individual favorece a reprodução de um sistema de classes, mesmo se renova o pessoal das classes sociais. Em conseqüência, quando uma escola retira um jovem de seu meio social para educá-lo, ela não contribui necessariamente para a justiça social. Tanto mais que, malgrado notáveis exceções, os "chegados" são muitas vezes os mais socialmente conservadores.

3.4. A escola, filtro social

A escola pode ser analisada como um filtro social que seleciona (de maneira estatística), na direção da universidade, os grupos sociais mais privilegiados. Os mecanismos de filtragem são múltiplos e podem ser analisados especialmente pelo viés de fatores econômicos e psicológicos. Quando se olha o fenômeno de reprodução da sociedade em sua globalidade, várias interpretações existem, algumas privilegiando um determinismo global, outras, as estratégias dos agentes.

Numa primeira aproximação, pode-se considerar que no primeiro ano primário o conjunto da população entra no sistema escolar. (É exato, salvo para a pequena minoria de crianças com deficiência que não entrará jamais; notemos, contudo, que por razões principalmente culturais, mas também econômicas, há mais crianças com necessidades especiais nas classes sociais menos privilegiadas. As pessoas que têm acesso à cultura e ao saber logo se dão conta da existência de um problema em seu filho e chegam assim às vezes a remediá-lo a tempo.) Este conjunto de crianças pode ser representado pela pirâmide social. Nesta pirâmide, o cume é ocupado por uma minoria, muito privilegiada no plano social e cultural; a maioria se acha na base da pirâmide. Segundo os critérios utilizados, a pirâmide poderá ser mais ou menos elevada, mas ninguém nega a adequação qualitativa dessa representação. Ao contrário, se se toma uma amostra de uma centena de estudantes que saem da universidade, a pirâmide que vão formar (em função de seu meio social de origem) será praticamente o inverso da que existia na entrada do sistema escolar. Pouquíssimos jovens vindos de classes sociais menos favorecidas terminam a universidade, ao passo que muitos que terminam pertencem às classes sociais mais privilegiadas. Pode-se então considerar que uma multidão de mecanismos, desde o primeiro ano primário até o fim da universidade, pouco a pouco, elimina do sistema escolar os alunos que vêm de meios sociais menos privilegiados. Considerar que, desde o primeiro ano primário até o fim da universidade, funciona uma multidão de mecanismos, que, pouco a pouco, eliminam do sistema escolar os alunos que vêm de meios sociais menos privilegiados.

Na análise dos mecanismos de eliminação, os fatores econômicos parecem primordiais; é só em segundo lugar que intervêm fatores mais psicológicos, individuais ou familiares. As estatísticas mostram que os alunos provenientes de famílias economicamente privilegiadas têm muito mais chances de estar na universidade que seus companheiros provenientes de outros meios sociais (pois os mais privilegiados economicamente têm, mais freqüentemente, um acesso maior aos meios da cultura, quer sejam viagens, computadores ou aulas particulares...).

O filtro social que é a escola faz parte de um sistema mais global de reprodução social. Esta é analisada diferentemente pelos sociólogos. Charlot (*L'école en mutation,* Payot, Paris, 1987, c. 8) distingue três tipos principais de análises que tentam conceituar a evolução atual da escola: as teorias da reprodução, as do investimento educativo e as do individualismo radical.

Para alguns (cf. Bourdieu e Passeron), a escola é um mecanismo global que simplesmente reproduz as estratificações sociais. Esta percepção atinge bem o que se passou no século XIX, quando a escola foi utilizada bem conscientemente para reproduzir ao mesmo tempo as estratificações sociais e os privilégios das famílias. Este tipo de análise tem muitas vezes o inconveniente de ser muito global, no limite determinista: mostra a fatalidade da reprodução social. Ela não põe em evidência as decisões pelas quais se pode agir – seja individual ou coletivamente – sobre esse sistema social. Ainda mais, ela explica menos facilmente o que se passa depois de uma trintena de anos: que a reprodução social é uma reprodução dos grupos profissionais e que o "sistema" econômico pode facilmente se contentar com a reprodução dos privilégios familiares dos indivíduos.

Uma outra escola (cf. a escola sociológica da Boudon) insiste no fato de que o efeito escolar global resulta de decisões racionais tomadas pelos indivíduos, eles mesmos influenciados por sua posição social. Essa abordagem corresponde, sem dúvida, melhor ao que se passa no século XX, pois há, nas socioeconomias contemporâneas, menos vontade explícita da reprodução dos privilégios familiares. As empresas contemporâneas exigem um pessoal de gestão competente, mas este pessoal não deve necessariamente provir de um meio social privilegiado.

Outras correntes de pensamento (por exemplo, as pedagogias que insistem no "desejo", como as que se situam na linha de Tocqueville – por exemplo, R. Bellah ou A. Lipovetski) julgam que, para compreender a escola, a chave é o individualismo bastante radical dos jovens e dos menos jovens que deixam de boa vontade a grande sociedade a si mesma e que, no limite, se tornam totalmente apolíticos para afirmar simplesmente seu próprio desejo.

Diante das crises atuais do sistema escolar, importa sem dúvida ter instrumentos de análise que evitem o determinismo que desemboca no fatalismo e na impotência, mas que põem também em evidência mediações sociais – como a da imagem social da pessoa humana, de sua dignidade e de sua autonomia –, permitindo dar sentido aos processos educativos.

Notemos enfim que estudos (cf. o jornal *Le Soir* de 10/3/97 e de 11/4/97) atestam o que foi afirmado nesta proposição. São os filhos de universitários que enchem os bancos da universidade (80%); há uma correlação entre as rendas dos pais e o acesso aos estudos superiores; há correlações sistemáticas entre o investimento educativo e a renda, a profissão e/ou o nível de estudos dos pais (o jornal *Le Soir* de 12/1/98 cita ainda um novo estudo que lhe permite afirmar: "Duvida-se, mas é sempre triste constatar: a escola reproduz as desigualdades sociais"; este estudo mostra que o destino escolar depende largamente da profissão dos pais; por exemplo, 73% dos filhos de docentes jamais repetiram um ano escolar, contra 41% dos filhos de desempregados – que, aliás, são a maioria no curso profissional). Dito de outra maneira, a escola não chega a superar a fatalidade da reprodução das desigualdades de condição.[4] Ainda mais, as atividades educativas anexas ou compensatórias, bem longe de reduzir essas disparidades, aprofundam-nas (cf. proposições 2.9. e 2.10., no capítulo 4).

3.5. Elitismos: análises e juízos éticos

O fenômeno do elitismo, tomado em sua globalidade e sem nuance, é fácil de compreender. A imagem de escolas freqüentadas por famílias mais privilegiadas e por

---

[4] Acrescentemos: ao passo que cerca de 70% dos pais docentes ou que têm uma profissão liberal encaram o caminho universitário para seus filhos, menos de 40% dos pais operários e menos de 30% de pais sem emprego sonham com esse caminho (e, portanto, tinha-se limitado a pesquisa a mais de 80% das crianças no fim do primário) (*Le Soir* de 12/1/98).

alunos mais brilhantes vem à mente. Torna-se mais difícil conceituar essa noção de modo a poder discutir sobre o interesse ou a modalidade dessas práticas. Para esta análise, parece-me útil distinguir entre uma abordagem descritiva e uma abordagem ética. A primeira teoriza o modo como funcionam instituições elitistas. A questão ética aí não é colocada; interessa-se simplesmente em dar uma representação do que nos parece dever ser levado em conta para compreender o fenômeno. A segunda enceta um debate ético sobre essas práticas.

O que se entende exatamente por "elitismo"? Conceituar e definir esta noção não é simples. Antes de se tornar uma política escolar, o elitismo foi uma prática espontânea. Em muitas culturas, era evidente que só os que podiam e deviam saber eram os príncipes e os clérigos que as serviam. Parecia evidente que tal política daria à nação os quadros mais eficazes. Numa primeira aproximação, poder-se-ia dizer que uma situação resulta do elitismo quando nela se investe mais dinheiro para os alunos bem favorecidos que para os outros. Mas não existe idéia universal do elitismo que supere os usos múltiplos deste termo e seja dogmaticamente normativa. A noção de elitismo é construída por e para seres humanos. Do ponto de vista descritivo, há muitas maneiras de definir uma instituição elitista:

– ela investe mais dinheiro para formar os providos do que os desfavorecidos;
– filtra os menos providos (cultural ou economicamente) de sorte que, finalmente, ela não é freqüentada senão por privilegiados;
– forma especialistas de grande qualidade;
– desenvolve as capacidades humanas ao máximo;
– está preocupada com a perfeição do trabalho de cada um;

– não se preocupa com a maneira com que "seus clientes" querem utilizar seus recursos;

– promove uma idéia da liberdade que permite ao lobo devorar o cordeiro;

– promove uma idéia da excelência a se alcançar.

Cada uma das perspectivas citadas corresponde a uma teoria do elitismo e privilegia um modo de justificar uma política escolar. A primeira e a segunda, por exemplo, levantam a questão de uma justiça distributiva (dar a cada um o que lhe é devido). A terceira se interessa mais pelo desenvolvimento econômico e industrial que pelas questões de justiça. A quarta mostra uma preocupação humanista. A quinta valoriza a sociedade industrial e suas realizações. A sexta se coloca numa perspectiva de lucro econômico unicamente. A sétima evita pôr-se a questão das ambigüidades sociais de uma ideologia da liberdade. A oitava se inscreve num plano de fundo tecnocrático que pensa que o desenvolvimento dessa excelência será benéfico para todos.

As definições assim colocadas repousam sobre pressuposições cuja pertinência se trata de demonstrar. Por exemplo, é correto, independentemente de toda tomada de posição ética, que a valorização da liberdade acarrete a supremacia do mais forte? Ou é certo que, desenvolvendo todas as capacidades humanas ao máximo, se chegará à formação de indivíduos equilibrados e solidários? Ou isso não chegará a dar mais privilégios aos privilegiados? Ou, ainda, é certo pensar que a eliminação dos mais fracos para desenvolver a fundo as capacidades dos mais fortes acarretará um ser melhor para todos? De um ponto de vista descritivo, tenta-se compreender os efeitos de uma política, sem se perguntar se ela é eticamente defensável ou não. Fica-se descrente quanto ao valor ético da política descrita. Assim, de um ponto de vista descritivo, é claro que a pedagogia tradicional jesuíta é elitista: ela põe à parte uma "elite" que receberá uma formação de qualidade. Mas as questões se difundem. O que isso quer dizer?

– Que um aluno seja levado a deixar sua escola?
– Que ele seja mais ou menos dotado?
– Que se diga que ele será mais feliz numa outra escola?
– Que uma escola seleciona seu público?
– Que a escola promove mudanças de classes ou não?

É fácil ver que, muito freqüentemente, as políticas da excelência se resumem a "mais privilégios para os privilegiados". Mas isso quer dizer que não há nada de verdade no argumento daqueles que dizem que importa ter uma educação com excelência, buscando, contudo, formar jovens a fim de que se coloquem a serviço da justiça social? Não há sabedoria alguma em reconhecer que o sistema escolar reproduz desigualdades, embora tentando formar jovens para mais justiça, apesar de tudo?

Essas interrogações mostram que não se pode evitar um debate ético e político sobre a questão do elitismo. Mas antes é preciso dar-se uma representação dos mecanismos que conduzem à exclusão dos menos fortes.

Finalmente, remete-se a debates pelos quais se tenta decidir sobre o que fazer: os debates ético e político.

3.6. As ideologias do desenvolvimento pessoal

A ideologia da prioridade a ser dada ao desenvolvimento pessoal é característica dos grupos sociais bem privilegiados para terem acesso à cultura e não se sentirem diretamente ameaçados de ser empurrados para baixo na escala social. Querer estender essa ideologia a todos os grupos sociais é uma forma sutil de dominação ideológica. Poder-se-iam dizer coisas semelhantes sobre a ideologia segundo a qual as ocupações distrativas estariam na base de nossa organização social.

Juntamente com a questão de saber se é preciso insistir na promoção dos mais bem dotados ou, antes, ajudar os menos dotados a se superar, também se coloca a questão do desenvolvimento pessoal de cada um. Sabe-se que se pode ser muito feliz, mesmo sendo fraco intelectualmente. E que alguns gênios podem, ao contrário, ser muito infelizes. É preciso, então, privilegiar o desenvolvimento pessoal ou até mesmo insistir na obtenção de melhores resultados intelectuais possíveis?

Nos casos extremos, a resposta é fácil: não vale a pena estimular alguém se é para fazer dele um infeliz: aliás, existe o risco de que não se torne somente infeliz, mas de que não desenvolva suas capacidades intelectuais. Contudo, fora desses casos extremos, o que significa a ideologia da prioridade a ser dada ao desenvolvimento pessoal, isto é, o discurso que fala de privilegiar sistematicamente o desenvolvimento pessoal de cada um nos resultados intelectuais?

É provavelmente certo que, na medida em que um adolescente tem um emprego assegurado e satisfatório, é preferível que ele ganhe um pouco menos e seja feliz a procurar a todo preço uma posição social em que, talvez, não se sentirá bem à vontade. Por outro lado, ouve-se muito poucas pessoas dizer: "Meu filho é muito pouco dotado, ele será então um excelente carcereiro". Esse caso extremo permite situar melhor o caráter ideológico da prioridade a ser dada ao desenvolvimento pessoal. Para as classes social e culturalmente privilegiadas, isto é, as que são capazes de cuidar para que seus filhos sejam finalmente "colocados" na vida, a ameaça de que se encontrem empurrados para baixo na escala social é fraca. Por conseguinte, elas não hesitam em afirmar que é mais importante ser desenvolvido do que poder encontrar um emprego. Mas os que correm o risco de ser empurrados a situações sociais pouco invejáveis não acham mais tão evidente arriscar sua promoção social em favor do desenvolvimento individual. Ao contrário, certa situação social parece importante para esse desenvolvimento.

O discurso da primazia do desenvolvimento individual tem, então, uma significação nas famílias que, de todo modo, poderão fazer de seus filhos mal escolarizados "gentlemen farmers"* ou "gentlemen plombiers",** e não a significação em famílias para as quais o fracasso escolar não tem outra explicação a não ser o desemprego ou posições sociais muito pouco invejáveis e/ou precárias.

3.7. Escola, agente de adaptação ou de emancipação

Em nossa sociedade, as escolas vivem a tensão entre um projeto de adaptação às técnicas e um projeto emancipador. Essa tensão sempre fez parte da escola moderna, sendo esta a maneira de, ao mesmo tempo, socializar os jovens na sociedade industrial e de lhes dar certa autonomia em seu seio; o que traz uma outra tensão, a que confronta a criatividade e a padronização dos conhecimentos.

O conjunto das proposições precedentes mostrou que, na escola, é preciso encontrar uma forma de compromisso entre duas dinâmicas. De uma parte, há o que se poderia chamar de

---

*N.T.: Nobres fazendeiros.
**N.T.: Nobres chumbeiros.

projeto emancipador, que consiste em ver como um indivíduo pode, na sociedade, ser livre e fazer finalmente o que quer. De outra parte, uma primazia dada à autonomia e ao indivíduo deve também deixar um lugar para a adaptação às técnicas e às estruturas sociais. Se for dada uma importância excessiva ao desenvolvimento individual dos alunos, corre-se o risco de fazer deles inadaptados sociais. Mas se se faz deles "animais de competição", perfeitamente adaptados ao gênero de competições presentes em nossa sociedade industrial, pode-se recear que sejam infelizes ou duros com os outros. Falando então de um inevitável compromisso, insiste-se na impossibilidade, segundo essa tese, de encontrar uma racionalidade coerente que diria como dosar a parte de adaptação técnica e a parte de liberdade, de emancipação e de desenvolvimento pessoal. Importa, contudo, também ver que, muitas vezes, o desenvolvimento pessoal está ligado a certa adaptação às técnicas; ele necessita da aquisição dos conhecimentos e das atitudes que são, em nossa sociedade, as mediações para uma real autonomia.

Essa tensão sempre fez parte da escola moderna. Esta pode, de fato, ser vista como a instituição que a sociedade se deu no momento da industrialização para ensinar os jovens a respeitar as injunções dos empregos industriais (especialmente trabalhar de modo constante, seguindo um horário estrito: o que explica um dos sentidos da luta contínua contra o gazeio naquele tempo e contra o abandono da escola hoje). Neste sentido, a escola é antes de tudo uma instituição que promove a adaptação ao mundo da produção. Ao mesmo tempo, essa escola é destinada a dar aos jovens um sentido crítico e, por isso, a poder adquirir certa autonomia diante dessa sociedade e de seu modo de produção.

Enfim, essa tensão aparece também no seio do trabalho intelectual, até nas ciências. Estas – como nossas linguagens – são de fato o produto de uma criatividade e de uma inventividade intelectuais dos seres humanos, mas são também um processo de padronização indispensável para a comunicação e para a acumulação dos conhecimentos. A escola, deste ponto de vista, deve sempre encontrar um equilíbrio entre o aprendizado da criatividade e a aceitação dos limites e da lei que as padronizações impõem.

3.8. A tecnociência e a produção de inadaptados

Nossa sociedade científico-técnica altamente sofisticada aumenta a distância entre os adaptados e os inadaptados sociais. Ela aumenta o número concreto de "débeis mentais" (inadaptados concretos à sociedade) e as exigências de formação escolar. A suposta desvalorização do ensino está ligada a uma exigência cada vez maior de competências nos alunos. A sofisticação científico-técnica gera, assim, problemas sociais.

Esta proposição insiste no fato de que, dado o avanço científico-técnico, certa capacidade de adaptação é necessária para saber desembaraçar-se na existência (o que se chama às vezes de alfabetização científica e técnica). "O idiota da aldeia", que era capaz de seguir os ceifeiros e de lhes dar uma ajuda aqui e acolá, não tem mais lugar na fábrica moderna. Muitos trabalhos manuais, repetitivos e fáceis de aprender, desaparecem para serem executados por computadores. O nível médio de referência para que um emprego seja considerado como válido aumenta, o que acarreta que o limiar de marginalização foi atingido por um maior número. Dito de outro modo, para ser bem adaptado à nossa sociedade, é preciso ser cada vez mais astuto e informado. É assim que aumenta o número de inadaptados sociais, isto é, dos que são incapazes de se desembaraçar, tomar um ônibus, consultar um horário de trem de ferro, utilizar computadores etc.

Concretamente, nossa sociedade produz, então, cada vez mais "débeis mentais", isto é, pessoas incapazes de se desembaraçar. Além disso, a escola (como a família) exige cada vez mais dos alunos. Estamos longe da época em que bastava saber ler, escrever e calcular para já ser muito bem adaptado.

Os discursos que afirmam que o ensino está desvalorizado nem sempre têm em conta o fato de que se exigem das crianças conhecimentos amplos e contínuos. Quando pessoas de certa idade julgam que, no ensino de hoje, os jovens aprendem menos que antes, elas têm talvez a memória muito curta. Um exame mais preciso lhes mostraria sem dúvida que na idade de nossos adolescentes essas pessoas conheciam menos que eles. Estudos sociológicos (cf. Baudelot e Establet, cf. a proposição 1.10, no capítulo 4) indicam que o nível dos estudos, longe de baixar, subiu sem cessar no curso dos séculos XIX e XX, ao menos para os que terminam o ensino secundário (mas parece, contudo, que os "inadaptados escolares" se vêem cada vez mais ultrapassados pelos mais fortes). Resta saber se estas cabeças obstruídas têm ainda suficiente liberdade de pensamento para saber desembaraçar-se além dos problemas científicos e técnicos precisos. É assim que os progressos das ciências e das técnicas apresentam com freqüência novos desafios aos sistemas escolares.

3.9. O ensino especial

> O ensino dito "especial" se acha dividido entre seu projeto inicial (adaptação dos "débeis"), suas funções sociais latentes (recuperação dos inadaptados à sociedade científico-técnica) e os interesses institucionais e burocráticos subjacentes.

Na Bélgica chama-se "ensino especial" o que tem por missão particular se ocupar com os alunos "retardados", a fim, se possível, de reintegrá-los num sistema normal. Contudo, na sociedade industrial, este ensino especial tem também por função social latente recuperar toda uma série de alunos mal adaptados à nossa sociedade científico-técnica. Além disso, a instituição burocrática dessas escolas apresenta outros problemas: se elas conseguissem que alguns alunos reentrassem – ou desejassem reentrar – no circuito educativo normal, elas correriam o risco de não ter bastante alunos e de ter de fechar. Por causa disso, não é raro que professores do ensino especial vivam situações entre o sentimento e o dever: se um aluno volta ao ensino normal, será um aluno a menos e uma ameaça para o emprego dos docentes. Exemplos desse gênero indicam que o problema da escola não pode ser pensado independentemente dos conflitos de interesses, devidos às burocracias institucionais, e especialmente dos interesses ligados à aquisição e à manutenção do emprego. Isso é evidentemente verdade também fora do ensino especial.

3.10. A ideologia do serviço

A ideologia do serviço (a distinguir da prática do serviço) tende em geral a legitimar um poder social por uma competência que seria utilizada para um bem comum, determinado pelas pessoas competentes.

Esta proposição fala da ideologia do serviço. É preciso distinguir essa ideologia da prática do serviço.[5] Se, por exemplo, um

---

[5] Esta distinção entre a ideologia e a prática é importante para muitos valores (como para o serviço, a tolerância, a eficácia, a tecnicidade etc.). Estes valores podem designar às vezes um discurso ideológico (então legitimador) e às vezes uma prática que é descrita.

professor diz a seus alunos que, das 5 às 7 horas, ele está à disposição para responder a suas perguntas, é claro que se trata de uma prática de serviço, já que são eles que agem como "donos". Os alunos têm a possibilidade de utilizar ou não o serviço que lhes é oferecido. Contudo, se um professor diz à sua classe que será muito severo nos exames porque isso lhes prestará serviço, seu discurso é ideológico, pois serve para legitimar sua prática graças à noção do serviço, ao passo que seus alunos não se acham de modo algum numa situação de "donos" em relação ao professor; eles devem, ao contrário, agir segundo as palavras do professor. A ideologia do serviço serve, então, para legitimar uma prática de "dono". Do mesmo modo, se um economista é chamado para fazer um estudo pelo governo de um país em desenvolvimento, ele pode afirmar com todo direito que se põe a serviço deste governo. Contudo, se o funcionário de uma instituição internacional vai fazer uma inspeção neste país em desenvolvimento, ele não pode dizer que é um "servidor" deste país; ele está antes a serviço da instituição que o emprega. Não é raro que algumas pessoas pretendam, nessas instituições, "estar a serviço dos países em desenvolvimento". Ainda se está diante de uma ideologia, isto é, um discurso que utiliza as noções de serviço para legitimar certo número de práticas. Mesmo que alguns desses funcionários sejam verdadeiramente solidários com países em desenvolvimento e abracem seus objetivos, não é correto, na medida em que continuam "donos", dizer que eles têm uma prática de serviço; o que não quer dizer que, nessas condições, suas intervenções não possam ser úteis aos países em desenvolvimento: pode-se ser verdadeiramente útil impondo uma maneira de agir. Mas então que não se diga que se é servidor.

Pode-se definir uma ideologia de serviço como o discurso que legitima um poder social em nome de uma competência que seria utilizada para o bem de um grupo particular tido por servido. De fato, não se trata de um serviço, mas do exercício de um poder, que pode ser percebido positivamente ou não pelas pessoas às quais se dirige.

A ideologia do serviço é muitas vezes proposta nas escolas elitistas. Sua direção e seu corpo docente facilmente têm tendência a dizer aos alunos que eles devem adquirir competências de modo a estarem mais tarde a serviço da nação. Ora, não é certo que estarão a serviço da nação; exercerão antes nessa nação um poder que lhes será conferido em virtude das competências que tiverem adquirido. Neste sentido, trata-se de uma ideologia do serviço e não de uma prática do serviço.

Esta proposição não visa, contudo, de modo algum, condenar um poder social que seria construído sobre competências. Pode mesmo acontecer às vezes que alguém que exerce um poder social possa fazer "mais bem" a uma pessoa ou a uma nação do que outros que estão lá simplesmente para servi-la. Contudo, há chances de haver mais lucidez sobre o que se faz quando se sabe em que momento se é "servidor" e em que momento se exerce um "domínio" graças a certo poder.

3.11. As perdas de sentido

A escola, segundo muitos, está com falta de sentido. Um bom número de pessoas, efetivamente, quase não vê as finalidades dos conhecimentos produzidos e dominados nem o valor das técnicas profissionais.

Diante das dificuldades atuais da escola, aparecem dois tipos de atitudes. A primeira assinala as disfunções como uma falta de domínio dos conhecimentos de base, atrasos escolares, alunos confinados em periferias, desigualdades entre os estabelecimentos. Por causa disso, enviam-se equipes de pedagogos para solucionar os problemas. O desgosto é que os problemas seguem assim uns depois dos outros, acarretando o desânimo até de ótimos docentes. De fato, fazer ininterruptamente o papel de bombeiros de serviço é fatigante para os professores.

Uma outra atitude diante da "crise" da escola é achar que os múltiplos problemas resultam finalmente, em boa parte, de uma configuração de práticas exigidas dos professores. O problema, neste quadro, seria global. O importante não seria dar remédio a uma série de disfunções, mas reinfundir um sentido.

Por exemplo, diante do desinteresse dos alunos pelo ensino das ciências, o essencial seria mostrar como as práticas científicas podem contribuir para uma maior autonomia tanto intelectual quanto prática.

Nesta perspectiva, uma vez ainda, o essencial seria valorizar o projeto do tema que se insere em sua história. Conforme os partidários deste ponto de vista, os problemas particulares se tornam abordáveis, até fáceis, ao passo que, se faltar um fio condutor, as questões mais simples se tornam montanhas.

O conflito se situa, então, entre os pedagogos tecnocratas sempre persuadidos de que as soluções virão dos conhecimentos e os que dão um lugar maior ao aspecto ético e político da formação. Para uns, os conhecimentos são valores em si mesmos; para outros, eles são simplesmente uma representação do que nos parece possível e impossível.

Uma questão que toda essa problemática levanta é saber o lugar que se dará nos textos institucionais para definir a dimensão social, cultural e ética da produção dos conhecimentos. Por exemplo, considerar-se-á como um indicador importante que três quartos dos alunos se digam felizes em sua profissão de aprendizes? Ou que o número de alunos desgostosos com as ciências e com a poesia baixou?

3.12. Elitismo ou correção das desigualdades

Uma política escolar deve fazer opções. Entre outras, ela deverá situar-se em relação ao elitismo (que favorece os indivíduos privilegiados por seus talentos ou seus meios) e em relação a uma política de correção das desigualdades. Diante dessas opções (com os recursos orçamentários implicados), os interesses estão em conflito. Mas uma análise precisa do que se passa é necessária antes de se lançar numa reflexão ética.

Ter uma política escolar é fazer opções. Opções em relação às alocações e aos recursos econômicos, opções em relação às orientações que se darão aos estudos, opções em relação aos modos de proceder na seleção etc. Muitas vezes, as escolas e os educadores se sentem divididos entre duas direções. De um lado, as políticas elitistas favorecem os que têm talento ou uma posição social privilegiada. Elas consistem em permitir aos que já são privilegiados ir mais longe ainda: "empurram" os "fortes", ao passo que se orientam a "alhures" os alunos menos dotados. No lado oposto, pode-se adotar uma outra política visando antes corrigir as desigualdades diante dos sistemas de ensino. Então se tratará, sobretudo, de ajudar os que têm dificuldades.

Muitas vezes, sob a bandeira da excelência, as redes escolares achavam legítimo consagrar mais recursos à elite de amanhã do que à massa. Afirmando a idéia de que é preciso respeitar o desenvolvimento de cada um, chega-se muitas vezes a um sistema que respeita muito bem o desenvolvimento dos mais privilegiados e não o dos outros.

Em resumo, escolher uma representação de elitismo é uma tarefa complexa em que deverão intervir especialistas diversos. Sem dúvida é preciso, para ver mais claro, abordar questões como:

– Quem são os agentes engajados individualmente? E no nível coletivo?

– Quais são os interesses e os desejos em jogo?

– Quais são os principais cenários possíveis?

– Quais são as implicações econômicas, sociais, ideológicas de uma opção?

A distinção entre uma abordagem que visa a promoção dos indivíduos e a dos grupos merece uma consideração particular. Um sistema escolar que promove a ascensão social de indivíduos saídos de meios desfavorecidos pode, por um efeito de diminuição das classes sociais desfavorecidas, enfraquecer os pobres mais vulneráveis. Quando uma instituição decide a partir das exigências deles, os interesses podem entrar em conflito. Por exemplo, pais que têm filhos muito brilhantes têm tendência a preferir para eles uma escola elitista; ao passo que aqueles cujos filhos são menos dotados preferirão uma escola em que são mais bem acompanhados os alunos fracos. Vêem-se os mesmos pais louvarem uma política escolar elitista para seu filho "dotado" e depois se queixarem do caráter inumano dessa mesma escola para um outro que é menos dotado.

Quando se trata de escolher entre uma política elitista ou democrática, as visões sobre a ética e a sociedade, até a religião, são importantes. Assim, em princípio, o socialismo e o cristianismo veiculam uma opção ética que tem em conta os menos fortes. Mas a questão com a qual se está confrontando não é a de uma escolha entre o tudo e o nada. Ela é: até que ponto vai-se pedir (exigir) sacrifícios dos mais privilegiados para os interesses dos que o são menos? Às vezes, é em nome da eficácia que alguns querem proceder à seleção dos mais fortes. Mas se se trata de encontrar o sistema de ensino mais eficaz para o conjunto da sociedade, não está de modo algum provado que uma política elitista seja a mais indicada. Poderia acontecer que uma política que tende a corrigir as desigualdades e, por conseguinte, a dar chances a um maior número produza finalmente, para o conjunto da sociedade, uma maior riqueza intelectual que a política que seleciona imediatamente os mais dotados e se desinteressa de certa forma pelos outros. Foi notadamente a tese que predominou no Ocidente depois da Revolução Francesa: a maior parte dos Estados seguiu uma política visando valorizar o conjunto dos talentos presentes na nação, qualquer que seja a classe social de origem. Ao contrário, a política de "seleção" das elites desde a mais nova idade favorece, de fato, as classes sociais mais privilegiadas, já que elas têm mais trunfos culturais e financeiros a pôr na balança... Mas tal política corre o risco de deixar muitos talentos inutilizados.

De um ponto de vista descritivo, pode-se considerar que uma instituição escolar é elitista se um conjunto de mecanismos faz com que, finalmente, os menos privilegiados (intelectual, cientifica, verbal e afetivamente etc.) a abandonem. Pode-se também dizer que um ensino é elitista quando consagra mais recursos à formação dos mais providos do que à dos mais desprovidos. Esse elitismo provoca questões éticas e sociopolíticas.

Capítulo 3

Os ensinos ideologicamente engajados, um fenômeno de sociedade

1. O lugar social das escolas ideologicamente engajadas

1.1. As escolas católicas, escolas de classes?

Historicamente, às vezes malgrado os desejos explícitos dos poderes organizadores, a escola católica foi e é muitas vezes, em certos países, menos marcada sociologicamente pelo caráter religioso de sua clientela do que por seu caráter de classe.

Esta proposição é sem dúvida correta para muitos países, como a Bélgica e a França. Ela foi especialmente defendida numa análise apresentada por Gérard Deprez num artigo publicado em 1973 pela *Revue Nouvelle* (Bruxelas; este artigo foi retomado na coleção ECS): ele mostra como a escola católica belga foi caracterizada muito mais pela identificação de sua clientela com uma classe média alta ou uma classe alta do que por fatores religiosos. Em outros termos, o que caracteriza a clientela da escola católica (ou ao menos o que a "marca" mais aos olhos de uma pesquisa sociológica) é que sua "clientela" quase não se identificava com os meios operários, mas antes com as classes médias e médias altas. Isso não quer dizer evidentemente que não tenha havido escolas católicas cujo objetivo tenha sido social. É preciso especialmente sublinhar a importância das escolas de algumas ordens religiosas, como os salesianos ou os irmãos das escolas cristãs, que se dedicavam sobretudo aos menos favorecidos. Contudo, mesmo que seu público fosse muitas vezes oriundo de meios operários ou rurais, eram muitas vezes meios operários ou rurais relativamente pouco conscientes de pertencer a esse tipo de classe social e visando aceder às classes médias.

Além disso, no ensino católico, uma filosofia bastante personalista muitas vezes favoreceu mais a promoção social individual do que a promoção social coletiva. Historicamente, na Bélgica, por exemplo, foi o ensino do Estado ou foram alguns ensinos provinciais que mais favoreceram uma promoção social mais coletiva. Uma constatação deve sem dúvida ser reexaminada no início dos anos 1990, por causa das modificações feitas nos sistemas escolares pelo neoliberalismo dos anos 1980. De fato, de uma parte, as escolas confessionais – sobretudo no ensino geral – foram muitas vezes consideradas pelo público antes como escolas privadas, e por esse fato seu caráter religioso pareceu secundário para uma parte do público que aí procurava antes de tudo certo meio social ou uma reputação de boa administração. De outra parte, parece que – às vezes e, sobretudo, no ensino profissional – certas escolas confessionais, por motivos ligados a seus engajamentos particulares, tiveram sucesso particularmente para uma clientela muito pouco privilegiada, especialmente ligada à imigração.

1.2. O hábito religioso da ideologia

No ensino católico, uma linguagem religiosa pode às vezes legitimar ou enquadrar projetos bem estranhos ao espírito evangélico.

A linguagem religiosa pode, e é muitas vezes o caso, legitimar projetos afastados do espírito evangélico. É assim que alunos ou operários se viram convidados a rezar a São José para serem "bons" trabalhadores. Neste momento, pode-se perguntar em que medida a linguagem religiosa não tinha simplesmente como efeito promover uma integração — até mesmo uma submissão — social.

É significativo a esse respeito o código de uma escola católica americana: "Tenha sempre no espírito: 1. O poder da oração. 2. O sucesso da perseverança. 3. O prazer do trabalho. 4. O valor do tempo. 5. A influência do exemplo. 6. A obrigação do dever. 7. O poder da gentileza. 8. A virtude da paciência. 9. O valor do caráter. 10. A sabedoria da economia. 11. A valorização do talento. 12. A presença de Deus". Um código só faz refletir, nas proposições de 2 a 11, os valores dominantes da sociedade ambiente (poder-se-ia denominá-los com o subtítulo "um código para ter sucesso na vida"). Quanto às proposições 1 e 12, fazem apelo à religião, mas ficam abstratas, não contendo, aliás, nenhuma referência a valores especificamente cristãos ou evangélicos. Elas só fazem um apelo à oração[1] e a um Deus abstrato que poderia tão bem ser de um cristão sul-africano racista quanto de Martin Luther King. Esse código prega, então, um ideal que apela ao religioso para enquadrar uma ética que nada tem de evangélico (mesmo se podem ser julgados úteis os valores que propõe). Se esse código contivesse apelos ao perdão, à solidariedade com os pobres e os pequenos, à liberdade cristã etc., seria mais evangélico, mas também seguramente mais contestado numa sociedade em que ele tivesse interpelado. E

---

[1] E notemos que se fala do "poder da oração", o que pode fazer sonhar sobre o sentido dessa oração.

se tivesse sido substituída a décima segunda máxima ("Tenha sempre no espírito a presença de Deus") por algo como "Tenha sempre no espírito que Jesus foi executado como um fora da lei", o discurso religioso do código teria tido um outro vigor. Mas, no conjunto, esse código promove atitudes ligadas a uma ética burguesa do sucesso e à promoção individual, ao passo que seus elementos só religiosos são praticamente vazios de conteúdo concreto.

1.3. Ensino, vida privada e vida profissional

As relações entre a profissão docente, a vida privada dos docentes, seu direito ao trabalho e os interesses dos alunos não são sempre fáceis de negociar. Numa sociedade que admite o direito à vida privada, o direito ao trabalho e a diferenciação das funções, não é fácil determinar procedimentos que, para essas situações, evitem um paternalismo ou um juridicismo burocrático. Este problema atinge todo o ensino e não unicamente o ensino cristão.

Em nossa sociedade (isto é, a sociedade burguesa), é comum distinguir vida privada e vida profissional. Assim se considera que cada pessoa se insere no circuito econômico para ganhar sua vida, independentemente da maneira como vive o resto de sua existência. Se um condutor de trem "leva uma vida devassa" cada noite, se comete um número de atos reprovados pela moral estabelecida, será sem incidência sobre o exercício de sua profissão, na medida em que faz bem seu trabalho, no qual é honesto, preciso etc. Mas é difícil afirmar que não é o conjunto da personalidade de um professor que vai influenciar o aluno. No caso de certas profissões – entre elas a profissão docente – não é tão fácil distinguir o direito à vida privada e o direito ao trabalho. O ensino não é, contudo, um caso único. Isso é verdade também para muitas profissões de ajuda. Do mesmo modo, dificilmente se aceitará que um redator de um jornal de esquerda ou de um jornal conservador faça parte, ao mesmo tempo, de uma organização respectivamente de extrema direita ou de extrema esquerda. Julga-se que é preciso manter, nesse tipo de profissão, uma coerência entre o que se crê, sua vida privada, e a profissão que se exerce.

Contudo nossa sociedade quer dar a todos um direito à vida privada. Ainda mais, os limites do que é considerado como aceitável para um docente mudam manifestamente com o tempo. Enquanto que há uma centena de anos, na maior parte dos ambientes, julgava-se dificilmente aceitável que um professor divorciado pudesse ensinar, hoje esse fato quase não causa mais problemas. Mas há sem dúvida muitas reticências em aceitar um docente publicamente conhecido como homossexual. E um professor travesti seria provavelmente ainda menos aceitável. Há limites, em parte ligados a certa consciência de sociedade e que mudam com o tempo. Mas sempre existirão conflitos entre vida privada e vida profissional pelo simples fato de que esta distinção, como toda distinção cultural, é convencional e, portanto, em parte, arbitrária.

Para regulamentar os conflitos, são úteis certos procedimentos. Eles são previstos tanto no ensino oficial quanto no ensino católico. Contudo, histórica e concretamente, o conflito entre vida privada e profissional não foi agudo senão no ensino católico: numerosos foram os casos em que docentes foram despedidos por razões de vida privada ou de opiniões filosóficas ou religiosas. Mesmo que, com o pluralismo ambiente, essas situações se tornem mais raras, elas ainda hoje existem. Outrora, os procedimentos eram essencialmente paternalistas, neste sentido de que o poder organizador decidia – com benevolência, se dizia – a "melhor" medida a ser tomada para salvaguardar ao mesmo tempo os direitos do indivíduo e do grupo. Hoje tal paternalismo se tornou dificilmente aceitável. Aceita-se cada vez menos que alguém decida para um outro o que seria uma solução boa para ele; além do mais, muitas vezes se julgou que o ensino católico ultrapassava seus direitos e que, em nome de certa noção do bem comum, violava o direito dos indivíduos que empregava.

Se procedimentos claros são necessários, uma burocracia jurídica pode tornar difíceis as tomadas de decisões adequadas. Está-se diante de um problema complexo a propósito do qual convém ter em conta elementos particulares, como também a evolução histórica. Um equilíbrio deve ser encontrado. No ensino oficial, tem-se a impressão de que esses direitos são, em geral, relativamente bem defendidos. Pouco a pouco, no ensino católico, é dada uma maior atenção, que deve sem dúvida ainda ser dada ao reconhecimento dos direitos dos docentes.

2. A escola como lugar de escolha

2.1. Escolher uma política escolar de estabelecimento

Diante de situações problemáticas, uma instituição pode determinar o que julgaria mais desejável. Esta procura pode traduzir-se em propostas que sirvam de critérios para as decisões institucionais a serem tomadas. Importa dar um conteúdo a objetivos gerais por meio de objetivos claros e mensuráveis dos quais se espera que alcançarão objetivos perseguidos (fala-se às vezes neste sentido de "projetos pedagógicos"). Programas ou estratégias concretos podem ser postos em prática para atingir objetivos.

Uma instituição se acha muitas vezes confrontada com situações julgadas problemáticas, isto é, situações em que os membros sentem um mal-estar diante do qual acham bom reagir. Tem-se como exemplo uma escola cujos alunos não têm os meios de comprar os livros necessários... São casos desse gênero que, mais freqüentemente, forçam a comunidade escolar a refletir. Partindo do "problema" (que se trata de conceituar), examina-se para qual direção se quer ir. É assim que se determinam alvos e objetivos a alcançar. (Os "alvos" designam objetivos qualitativos gerais, os "objetivos" designam meios mensuráveis para se chegar ao fim. Para um mesmo alvo, como o de melhorar a comunicação numa escola, vários objetivos podem ser adequados.)

Uma instituição não assumirá jamais como objetivo alguma coisa sem necessidade. Assim, num ambiente livre de qualquer poluição, seria impensável ouvir uma instituição apresentar como objetivo combater a poluição. Quando alguém se propõe um objetivo, dá-se conta de que ele é necessário. Se, por exemplo, uma escola se propõe como objetivo uma melhor comunicação entre os docentes de diferentes disciplinas, é porque isso está fazendo falta. Seria, então, pueril imaginar que uma escola que se propõe uma série de alvos e objetivos necessariamente os realize. Se uma instituição aponta objetivos ou alvos, é justamente porque ela sente que, nesses pontos, há problema.

No método de gestão por objetivos, propõe-se, diante das situações problemáticas, um número de alvos gerais que serão perseguidos pela instituição (por exemplo, não acentuar as desigualdades econômicas). Mas esses alvos gerais não são nem operacionais nem mensuráveis. É por isso que são especificados pelo enunciado de objetivos claros e mensuráveis (como: nenhum aluno sofrerá a impossibilidade de comprar os livros necessários para seus estudos; tal objetivo é mensurável: pode-se ver se foi atingido ou não). Enfim, é preciso propor uma estratégia concreta (como dotar a escola de uma biblioteca em que os alunos poderão tomar emprestados os livros úteis). Para um alvo geral determinado, pode-se imaginar um grande número de objetivos suscetíveis de contribuir para ele; para um objetivo preciso, podem-se adotar muitas estratégias operacionais.

Para promover numa escola um número de orientações, pode ser útil propor alvos gerais, inevitavelmente um pouco vagos. São propostos, sobretudo, para motivar e mobilizar em certa direção. Utilizam-se às vezes termos gerais para evitar falar diretamente do que se julga problemático e para indicar as razões que levam a agir. Por exemplo, diante de situações em que se dá muito pouca liberdade aos alunos, a instituição pode propor como meta promover a autonomia dos alunos (é motivador, e isso não se refere diretamente aos docentes que impõem demasiadas normas aos alunos). Em seguida, serão determinados os objetivos que tornarão o alvo geral mais concreto. No exemplo citado, poderia tratar-se de projetos que os alunos realizarão por si mesmos. E, enfim, será necessário precisar estratégias concretas; no exemplo se tratará de dizer que tipos de projetos serão aceitos, com que meios, qual prazo etc. Para propor alvos gerais e objetivos precisos, sempre se partirá de situações tidas mais ou menos como problemáticas.

Muitos estudantes ou jovens professores, quando vêem uma série de objetivos que uma instituição propõe, reagem julgando que estes não são realistas, já que não são concretamente realizados. Alguns até acusam a instituição de hipocrisia, pois ela propõe objetivos não atingidos. Há aí certa ingenuidade, pois, se uma instituição propôs esses objetivos, é justamente porque ela se dá conta de seus problemas. O primeiro passo de uma reforma é sempre propor orientações que revelem a distância entre o que se quer e o que acontece.

Os objetivos gerais — muitas vezes expressos num "projeto pedagógico" que se propõe uma instituição — aparecem sempre como valores aos quais se quer tender. Esses valores são necessários para todo tipo de instituição, mesmo para aquelas que pretenderiam ser neutras. A não ser que se creia na tecnocracia, as ciências e as técnicas não determinam jamais os objetivos de um grupo humano. Estes se decidem sempre implícita ou explicitamente em função de valores.

2.2. Escola cristã a priori ou a posteriori*

No ensino católico às vezes se afrontam dois movimentos. Um visa as estruturas institucionais da catolicidade e parece muitas vezes ligado a uma abordagem "patronal", ao passo que o outro insiste mais no Evangelho. Um acentua o caráter católico *a priori* desta escola, ao passo que o outro espera que *a posteriori* as pessoas reconheçam seu caráter evangélico. Para um, a escola católica está baseada numa definição ideológica, ao passo que para o outro é uma escola organizada por cristãos e pessoas que têm relação com tradições cristãs.

Quando se fala de ensino católico, dois tipos de definições, ao menos, são possíveis. Para a primeira, a que a proposição chama *a priori*, trata-se de declarar de antemão as características concretas que definem uma escola católica. Chamar-se-á, então, de católica uma escola que se conforma a esses critérios. Dar-se-á uma grande importância à "especificidade" do ensino católico, da qual se espera poder deduzir comportamentos e atitudes. Por exemplo, dir-se-á que uma escola é católica se ela dá uma educação cristã às crianças. Para a segunda abordagem, a escola católica não se define mais partindo dos traços de uma definição, mas de sua organização por uma comunidade determinada que toma decisões e espera que, através delas, o que tomar forma lembre o Evangelho. Se se toma a definição *a priori*, ter-se-á tendência, por exemplo, de dizer que numa escola católica importa que os professores vivam segundo uma moral que lembre o Evangelho; conforme a outra abordagem, não se determinará de antemão o que seria exigido dos professores dessa escola. Isso não quer dizer que não se tomará nenhuma decisão a esse respeito, mas se evitará pretender que ela provenha diretamente do Evangelho, de certa especificidade *a priori* do ensino católico. Espera-se simplesmente que a comunidade, inspirada eventualmente pelo Evangelho, assuma as mediações e estruturas adequadas e que, finalmente, as pessoas digam que essa escola "respira" o Evangelho.

A abordagem que define a escola *a priori* parte necessariamente de uma definição ideológica do que seria uma escola católica, eventualmente de certa "especificidade" do ensino católico. Em geral, é uma abordagem muito mais ligada a uma atitude "patronal" do que a segunda. Com efeito, é próprio de um patrão tentar saber como sua empresa vai funcionar. E pode-se notar que, muito freqüentemente, a abordagem das instituições católicas é efetivamente patronal, no sentido de que elas tentam mais gerir escolas católicas segundo certa idéia que dela se faz do que se referir simplesmente a uma dialética entre o Evangelho e a vida da escola.

2.3. Diversas leituras do Evangelho*

Há uma divergência prática nas comunidades cristãs sobre os valores e atitudes que refletem melhor o Evangelho. Isso parece evidente diante de situações como o divórcio de um docente, uma mãe solteira, uma orientação homossexual ou ainda diante de atitudes sociais revolucionárias etc. Em outros termos, entre os partidários da escola cristã, alguns insistem, sobretudo, na ortodoxia (doutrina certa) e na ortopráxis (prática ou moral certa), ao passo que outros vêem no Evangelho, sobretudo, uma mensagem de perdão, de libertação e de compaixão.

As reações dos católicos diante do divórcio de um docente podem ser muito variadas. Alguns acham que a presença de um professor divorciado ou de uma mãe solteira são escândalos para a escola. Eles pensam que esses docentes deveriam ser despedidos. Outros, ao contrário, em nome do próprio Evangelho, julgam essencial que a comunidade escolar cristã, diante do professor divorciado ou da mãe solteira, dê prova de uma maior atenção e ternura, testemunhando assim a própria ternura de Deus a seu respeito. Inspirando-se no mesmo Deus e no mesmo Evangelho, as pessoas podem finalmente chegar a decisões totalmente diferentes. Por isso é difícil pretender que a especificidade de um ensino católico se basearia em valores e atitudes que refletem melhor o Evangelho. Há, de fato, muitas divergências profundas entre os cristãos a esse respeito. Essas atitudes podem concernir à moral privada, como nos exemplos citados, mas se manifestam também nas tomadas de posição sociais: docentes que querem promover mais justiça serão considerados como muito subversivos em certas escolas católicas. (Para aprofundar, cf. Conselho Pastoral de Liège em ECS, 1978.)

2.4. Um exemplo de opção por um ensino católico*

As escolas confessionais, ou não, devem num dado momento precisar critérios relativos a suas opções éticas, sociais e até mesmo políticas. Por exemplo, algumas escolas optam por privilegiar a busca da justiça, a preparação para opções livres, a abertura para a vida, as relações, a busca do sentido. Essas opções podem situar-se seja no quadro de uma ética, seja no de uma religião. De todos os modos, elas refletem também situações sociais.

Para ilustrar as opções de valores das escolas, eis o resumo de um documento do Secretariado do Ensino Católico francês sobre seus objetivos. Esse documento foi publicado na revista *Forum* em 1976, n. 16, 17, 20. Ele não pretende propor práticas próprias ou específicas só para as escolas cristãs, mas a prática da leitura do Evangelho não é estranha à produção desse texto.

O Secretariado-geral do Ensino Católico francês se perguntou em que a fé dos cristãos que ele reúne poderia ser uma inspiração que os tornaria imaginativos, capazes de invenções e de coragem. Sua reflexão foi ligada às aspirações que faziam nascer em 1974 os projetos de reforma preparados pelo Ministro da Educação. Entre essas aspirações, cinco foram escolhidas:

– que a escola contribua para mais justiça, reduzindo notadamente as desigualdades ligadas à origem sociofamiliar das crianças;
– que seja um lugar de liberdade para as pessoas e para os grupos;
– que se abra para a vida e esteja em osmose com ela;
– que contribua para instaurar, entre os jovens e os adultos, novas maneiras de viverem e trabalharem juntos;
– que permita aos jovens descobrir um sentido para sua vida.

A propósito de cada um desses temas, a comissão se interrogou: quais são os atos ou os fatos (seja no nível da classe, seja no do estabelecimento) que são, de alguma sorte, para uma escola católica, contratestemunhos capazes de esterilizar a relação educativa? Ao contrário, quais são os elementos da fé que inspiram o ensino católico capazes de fazer descobrir caminhos naturais?

As respostas são proposições rudimentares, sem intenção de perfeição ideológica, e querem interpretar, e não gerar uma especificidade. No espírito do que vimos na proposição 2.1. deste capítulo, é possível identificar, para cada uma dessas proposições, uma situação problemática que lhe está ligada. Em seguida, pode-se descobrir que, para cada uma ainda, há a hipótese da valorização de certos alvos e objetivos. Importa ver que as proposições, como tais, implicam ao mesmo tempo uma análise e juízos de valores. Pode-se, por exemplo, compreender o que a proposição visa, sem por isso estar de acordo com sua orientação ética e política (assim, alguns podem compreender que a existência de docentes com diplomas diferentemente valorizados pode criar questionamento, sem por isso achar desejável que esses diplomados sejam considerados como equivalentes). Nós apresentamos aqui o conjunto dessas proposições e faremos a seguir algumas análises.

A. Uma escola contribui para mais justiça quando:

— tende a reduzir socialmente as desigualdades de origem social e associar os jovens à promoção de uma maior igualdade diante da vida;

— possui conselhos de classes atentos às situações individuais;

— chega a integrar as crianças que têm uma deficiência física, sensorial ou intelectual, e prepara assim os jovens para assumir essas situações sociais;

— recusa praticar uma seleção injusta, descartar os menos dotados, excluir alunos por motivos de disciplina desproporcionados à sanção ou sabe aceitar um aluno que cometeu uma falta conhecida da opinião pública;

— bane os cursos particulares que beneficiam unicamente as crianças das famílias abastadas;

— evita as horas suplementares que prejudicariam a ação educativa ou os jovens docentes que pedem emprego;

— cuida para que a preocupação de manter um renome não leve a uma competição que valorizaria a dominação dos mais fortes;

— cuida de não negligenciar ou frear, por medo de seus efeitos, a formação e a promoção social de seus membros e particularmente dos que não têm o costume de se fazerem ouvir;

— não se preocupa só com a promoção social dos alunos, mas também com a promoção coletiva de seu meio;

— favorece a inserção das crianças de famílias de imigrantes, valorizando sua língua, cultura e religião;

— reduz as distâncias entre as fileiras "fortes" e as fileiras "fracas"; entre os professores de diplomas diferentes, entre o pessoal docente e o pessoal de manutenção;

— evita que, nos comitês de gestão ou de pais, se perpetue a cooptação mútua de pessoas pertencentes só a um meio social ou profissional e cuida, até nos detalhes, para que todos possam participar (escolhas dos dias e horas, modalidades de intervenção, linguagem etc.);

— recusa viver em auto-suficiência e aceita medidas coletivas concernentes à segurança de emprego e aos investimentos prioritários no ensino;

— partilha seus recursos com outras escolas que são implantadas em meios mais desfavorecidos;

— propõe, para as atividades pagas, tarifas diferenciadas segundo os recursos das famílias;

— instaura entre os estabelecimentos uma solidariedade que suprime os setores de pobreza;

— sabe manifestar sua solidariedade com os que, em torno dela, são vítimas de injustiças ou de desigualdades na comunidade ou além de suas fronteiras;

— integra em sua missão educativa o cuidado de refletir com os jovens sobre os acontecimentos da atualidade para que saibam recusar ser, por seu silêncio ou indiferença, cúmplices de injustiça.

B. Uma escola prepara para a liberdade quando:

– torna possível a expressão das diversidades e das divergências e o pluralismo, em vez de ser apenas uma situação de fato, tornando-se riqueza para a comunidade escolar;

– seu regulamento não é uma coleção de proibições, mas a expressão das relações no seio da comunidade;

– recusando as facilidades de uma pedagogia de obrigação, ela tende para uma pedagogia de opção e de contrato;

– permite aos alunos participar e ser ouvidos;

– assume o risco da educação no sentido crítico e recusa uma censura da informação;

– prepara os alunos para os conflitos e afrontamentos na sociedade;

– permite-lhes fazer o aprendizado das responsabilidades;

– não torna a educação à liberdade impossível por muitos enquadramentos e obrigações, por um clima de medo, por tédio e falta de projeto e de esperança, não levando a sério os jovens ou retendo as informações que lhes seriam necessárias para assumir suas responsabilidades na escola;

– não separa artificialmente os rapazes e as moças, pois ela sabe superar seus costumes institucionais e sua preocupação de proteção para preparar os rapazes e as moças para suas vidas de adultos;

– promove a formação permanente dos professores, condição prática de sua liberdade;

– é bastante viva para se tornar, aos olhos dos jovens, um convite para conhecer a esperança de libertação que traz a fé em Jesus Cristo.

C. Uma escola é aberta para a vida quando:

– ultrapassa o universo do livro para se abrir para os transtornos da nova civilização que se constrói;

— o prestígio de suas tradições e a notoriedade de sua imagem de marca não a fazem esquecer que os tempos mudam, e quando ela tem sobre o presente a lucidez e a coragem dos fundadores de que se orgulha;

— recusa a hiperespecialização e a separação estanque das disciplinas;

— abre suas instalações e dependências aos de fora, e sobretudo aos menos favorecidos;

— é aberta aos engajamentos sindicais de seus membros;

— é aberta à atualidade e ao não-utilitário;

— dá um conteúdo concreto às liberdades pedagógicas reconhecidas pelos contratos;

— participa da vida de seu meio social de inserção;

— permite a autoformação, organizando um centro de documentação;

— os professores estão também engajados fora da escola e permitem assim uma osmose entre a escola e a vida exterior;

— procura novas formas de expressão cultural no trabalho e no lazer;

— promove disposições arquiteturais abertas ao futuro;

— não se contenta em falar do futuro, mas sabe ajudar os jovens a viver plenamente o tempo presente;

— tende a se tornar permanentemente um lugar de formação para adultos e jovens;

— sabe fazer apelo à intervenção educativa de não-especialistas que falem de sua própria experiência;

— coopera com outras instituições escolares, católicas ou públicas, urbanas ou rurais etc.;

— encontra na própria fé de seus membros razões para facilitar a expressão de confissões diferentes;

— aceita o diálogo entre cristãos de uma mesma igreja, mesmo quando divergem de suas opiniões ou opções.

D. Uma escola favorece as relações quando:

– sabe libertar-se da ansiedade, desdramatizar e reencontrar o sentido do riso, do humor e da descontração;

– o trabalho de grupo se torna tão normal e tão natural como o trabalho individual;

– prefere a iniciativa dos alunos à assiduidade passiva;

– não tem medo da dúvida crítica e não crê possuir toda a verdade;

– o tempo deixa de ser opressor, há lugares de encontros e de vida em comum, e dá aos jovens e adultos o gosto e a possibilidade de reinventarem juntos o uso do tempo escolar;

– os educadores sabem fraternizar com os alunos;

– os educadores sabem tornar-se disponíveis;

– nenhum dos componentes da comunidade educativa (diretores, pais, organismos de gestão, docentes, antigos alunos) se "apropria" do estabelecimento;

– valoriza o trabalho manual e não confunde o valor do trabalho com sua remuneração;

– os educadores, lembrando-se de sua própria juventude, esforçam-se por reduzir a incompreensão de uma parte dos adultos a respeito dos jovens.

E. Uma escola permite aos jovens dar um sentido à sua vida quando:

– é, em complemento da família, um lugar de troca, de reflexão, de distanciação* e de síntese crítica;

– permite-lhes, apresentando possibilidades concretas de engajamento, amadurecer suas opções profundas;

– sabe atingir as questões vitais dos jovens;

---

*N.T.: Na didática, a distância criada entre duas coisas, dois fenômenos.

– não está direcionada para "o sucesso";

– não faz do sucesso profissional um fim em si e não exacerba a ambição e o individualismo;

– tem a coragem de assumir riscos para ser fiel a seus objetivos;

– chega a tomar distância diante da sociedade de consumo;

– dá lugar ao não-utilitário, ao gratuito, ao espiritual;

– recusa ser a escola dos conformistas e formar seres sem paixão nem inquietude;

– sabe redescobrir valores que se esmaecem hoje;

– sabe, na proposição da fé, estar atenta à diversidade das expectativas espirituais, evitar o silêncio tanto quanto a uniformidade;

– a reflexão que propõe sobre todos os assuntos responde às preocupações dos jovens;

– é um lugar em que o encontro pessoal e comunitário com Jesus Cristo é possível.

Esse documento respira um clima que, no vocabulário cristão, se chamará pastoral (isto é, animado de uma preocupação de promoção de uma ética evangélica). Ele contrasta nisso com outros textos que poderiam ser chamados de patronais (isto é, preocupados primordialmente em promover os projetos dos poderes organizadores da escola). Também se dá conta de que os julgamentos de valores subjacentes a esse documento poderiam ser contestados, especialmente por aqueles para quem o caráter cristão de uma escola se reduziria sobretudo a uma ortodoxia ou a uma ortopráxis (doutrina e moral corretas).

Sem dúvida, as proposições apresentadas podem inspirar projetos pedagógicos; pode contudo ser útil perceber sua particularidade, sem por isso depreciá-la. Outros cristãos poderiam ter, por exemplo, sido mais sensíveis a questões sob silêncio nessas proposições de verdade.

Assim, nada é dito da maneira como o Evangelho poderia inspirar atitudes diante das situações em que a sociedade católica rejeita, e muitas vezes massacra, indivíduos divorciados, mães solteiras etc. Do mesmo modo, se ele fala de justiça, o texto evita pôr em evidência os conflitos de classes e de lutas de libertação: se o meio do ensino católico se identificasse menos com ideologias e grupos dominantes, ouvir-se-ia sem dúvida uma outra linguagem. Sem falar de conflitos de classes, o texto poderia ter sido mais preciso na maneira como uma escola contribui para a justiça: ele poderia mencionar as ideologias veiculadas nos cursos. Malgrado seu vigor, o texto do Secretariado do Ensino Católico francês traz a marca de suas condições econômicas, políticas e ideológicas de produção: ele fica no que é tolerável para o meio que o sustenta (este meio é uma mistura de várias classes de um país desenvolvido e veicula um pensamento antes ligado às classes médias já privilegiadas). Para se dar conta disso, basta considerar como falam os cristãos que se solidarizam com os oprimidos e os explorados, por exemplo, alguns bispos da América Latina, teólogos negros nos Estados Unidos, grupos como a JOC* ou institutos de cultura operária em nossos países. Não se trata aqui de censurar alguma coisa do documento, mas de tomar consciência dos limites próprios de todo discurso ideológico. Isso mostra a impossibilidade de falar de especificidade do ensino católico como se tal especificidade pudesse ser definida e gerida de maneira global e universal. Mas há um sentido em propor, como faz o documento dos franceses, linhas de pesquisa de verdades, tomando a palavra do lugar particular em que se situa e abandonando a pretensão de apresentar, a respeito do Evangelho, normas que um poder deveria então manter.

---

* N.T.: Juventude Operária Católica.

2.5. As opções educativas da Igreja católica*

As religiões se ocupam sempre, de uma ou outra maneira, da educação. Nas sociedades em que não há separação entre a religião e o Estado, as instituições religiosas geralmente controlam o sistema educativo. A Igreja católica veicula a esse respeito uma doutrina que se tentou adaptar, durante este século, a essa separação. Ela promove uma perspectiva educativa centrada na dignidade das pessoas, nos direitos das crianças e de sua família, e uma perspectiva de bem comum. Defende também um direito para a Igreja de proclamar sua mensagem educativa. É nessas perspectivas que ela reclama um direito à instituição de escolas católicas.

Na medida em que as religiões propõem uma maneira de ver a história, a vida e o universo, é inevitável que elas se preocupem com educação. O que é menos freqüente na história da humanidade é encontrar-se diante de culturas em que religião e Estado são separados. É menos freqüente também desenvolver sistemas religiosos que se contentem com o pluralismo e com a liberdade religiosa. A Igreja católica hesitou durante muito tempo em reconhecer essa liberdade como um bem. Ainda no meio do século XIX, ela considerava a liberdade religiosa como uma abominação. Contudo, o Concílio do Vaticano II (início dos anos 1960) marcou uma mudança a esse propósito, caracterizada por uma abertura à liberdade de consciência e ao mundo moderno.

Não é sempre fácil caracterizar as posições da Igreja católica em matéria de educação, pois, ao lado de linhas de forças bastante constantes, podem ser percebidas modificações ligadas especialmente à sua adaptação às realidades contemporâneas. Mesmo os elementos mais constantes podem apresentar-se de modos diferentes segundo as épocas e os lugares.

No centro das doutrinas católicas relativas à educação, há certamente a noção de "pessoa": a Igreja considera que cada indivíduo é amado por Deus por si mesmo e, então, tem um destino que lhe é próprio e que deve ser respeitado. Nem o Estado, nem a família, nem a Igreja nem os pais podem considerar a criança como seu bem. O Concílio do Vaticano II (*Concile*, 1965, p. 176; nesta seção, as páginas remeterão a este documento) dá a esse destino uma dimensão individual e social: participar cada dia mais ativamente na vida social e, sobretudo, na vida econômica e política, aceder mais facilmente ao patrimônio cultural e espiritual da humanidade e enriquecer-se mutuamente graças às relações mais estreitas que existem entre os grupos e entre os povos. Para o Concílio (p. 178), "o fim que persegue uma verdadeira educação é formar a pessoa humana na perspectiva de seu fim mais alto e do bem dos grupos de que o homem é membro e a serviço dos quais exercerá sua atividade de adulto. É preciso, então, levando em conta o progresso das ciências psicológica, pedagógica e didática, ajudar as crianças e os jovens a desenvolver harmoniosamente suas aptidões físicas, morais e intelectuais, a adquirir gradualmente um sentido mais agudo de sua responsabilidade, no esforço sustentado para conduzir bem sua vida pessoal e para a conquista da verdadeira liberdade, superando corajosa e generosamente todos os obstáculos". Falando dos valores e da fé, o Concílio insiste tanto na educação a seu respeito quanto na importância da adesão pessoal (e, portanto, não forçada).

Um segundo eixo das doutrinas oficiais da Igreja em matéria de educação concerne ao direito, para as instituições religiosas, de participar na educação. A maneira como esse direito foi percebido evoluiu muito fortemente no último século, a Igreja adaptando-se cada vez mais às sociedades pluralistas. O que parece constante é a defesa desse direito. Este implicaria duas dimensões. A primeira concerne ao direito de "todos os cristãos a uma educação cristã" (p. 179). A segunda concerne ao direito, para a Igreja, de participar, de seu lugar, nas tarefas educativas que se referem a toda a sociedade. É nesta perspectiva que a Igreja afirma seu direito a organizar escolas, ao menos "na medida em que o bem comum o exige" (p. 182). É, contudo, significativo que o título da declaração conciliar tenha sido modificado no curso da redação: intitulado "Das escolas católicas", tornou-se "Da educação cristã". Embora proclamando a importância das escolas católicas e mantendo o direito da Igreja de criá-las, o Concílio não as vê senão como um meio, um entre outros, para proclamar a boa notícia do evangelho na sociedade.

Na perspectiva da defesa dos direitos das pessoas, a Igreja insiste também, ao menos desde o fim do antigo regime, no fato de que, segundo ela, a educação compete mais à família do que ao Estado. Em torno deste tema, figuram numerosos conflitos entre a Igreja e o Estado nestes dois últimos séculos. Contudo, não seria preciso crer que as doutrinas oficiais da Igreja não foram modificadas a esse respeito. E. Vandermeersch (*Concile*, 1065, p. 160) mostra, por exemplo, a evolução entre a Encíclica *Divini illius magistri* de Pio XI (1929) e o Concílio do Vaticano. Pio XI "se exprimia com a reserva de uma instituição religiosa que toma suas distâncias diante de um mundo não-cristão, com a dignidade de uma autoridade moral, juíza soberana dos métodos de educação" (p. 160). O Concílio se exprime mais com uma simpatia pelas aspirações humanas de hoje e "com uma admiração pelo desenvolvimento atual da pesquisa científica e das técnicas, bem como pelo imenso esforço de aculturação que modela a humanidade contemporânea" (p. 159). Ainda mais, nota E. Vandermeersch (p. 162), a encíclica de 1929 organizava seu desenvolvimento a partir das instituições, ao passo que para o Concílio é afirmado claramente que famílias, escolas, poderes públicos e Igreja estão a serviço do direito à educação que está ligado à dignidade da pessoa. Ele acha também "revelador que em vez de falar da família, a declaração (do Concílio) fala logo dos pais" (p. 164). É difícil, através de tudo isso, não notar uma lenta evolução das doutrinas, diante de uma sociedade em que a família se torna cada vez menos coextensiva à sociedade civil, diante do aumento do individualismo e da família nuclear e da afirmação cada vez mais clara da liberdade religiosa e de consciência. Nas estruturas culturais e institucionais que mudam, será possível continuar a ver sem dúvida a Igreja afirmar a importância de cada pessoa como também sua missão de promover na sociedade a mensagem evangélica.

Em conclusão desses comentários sobre a doutrina oficial da Igreja católica sobre a educação, pode ser interessante notar a maneira como o Concílio define a missão da escola, como instituição particular:"Ela se tornou, em virtude de sua missão, especialmente o lugar de desenvolvimento assíduo das faculdades intelectuais; ao mesmo tempo, ela exerce o julgamento, ela introduz no patrimônio cultural herdado das gerações passadas, ela promove o sentido dos valores, ela prepara para a vida profissional, ela faz nascer entre os alunos de caráter e de origem social diferentes um espírito de camaradagem que forma para a compreensão mútua. Ainda mais, constitui como que um centro onde se encontram para partilhar as responsabilidades de seu funcionamento e de seu progresso famílias; mestres; agrupamentos de todos os gêneros, criados para o desenvolvimento da vida cultural, cívica e religiosa; a sociedade civil e, enfim, toda a comunidade humana" (p. 184).

Quanto à escola católica, numerosos debates envolvem a maneira como é concebida. Quando da conferência internacional de Bangkok, no início dos anos 1980, propuseram-se, para defini-la, quatro valores: o respeito do outro, a criatividade, a solidariedade e a interioridade, sendo tudo baseado em Jesus Cristo. Tal perspectiva é típica das mentalidades modernas que propõem uma distinção entre valores e seu fundamento último; voltaremos a eles quando se tratar do pluralismo.

2.6. O humanismo cristão*

O ensino que se faz sob a égide de uma Igreja cristã pode ser humanista ou não. Esta noção de humanismo é útil na medida em que ela faz largamente consenso nas sociedades modernas e pós-modernas. Há um sentido em falar de humanismo cristão, ateu ou agnóstico.

A noção de humanismo cristão é muitas vezes um "saco onde se joga tudo". Portanto, não é evidente se referir a um humanismo. Alguns meios cristãos – pensemos no jansenismo ou em diversos integrismos – desconfiam do humano, o que se opõe à ideologia humanista.

O humanismo é uma corrente de pensamento que, enraizando-se na noite dos tempos, tomou um vigor particular na Renascença. Ele valoriza a criatividade e a inventividade dos homens e das mulheres, primeiramente no domínio literário, depois em todas as obras humanas – e especialmente nas ciências e nas tecnologias. Segundo essa visão humanista, o ser humano goza de uma autonomia própria que o torna responsável por sua história (autonomia recebida de Deus pela criação para os cristãos, autonomia inerente para os humanistas agnósticos). Para o humanismo, o destino humano não se reduz a entrar numa ordem construída de antemão. Ou ainda: o ser humano jamais deve ser considerado como um meio, mas como um fim em si mesmo. O humanismo cristão é uma visão segundo a qual Deus está presente em toda a criação que, por amor, ele confiou aos seres humanos. Há aí uma compreensão positiva da criação e das possibilidades humanas. Mesmo se, por suas ações, as mulheres e os homens podem destruir tudo, o humanismo cristão se mostra confiante e afirma que é dado aos humanos construir um mundo que reflita o amor de Deus. Na mesma linha, o humanismo ateu crê na grandeza e nas possibilidades humanas.

Um projeto escolar pode contar com uma confiança fundamental segundo a qual os conhecimentos, como todas as realizações humanas, podem servir para o bem da humanidade – e, por isso, para a glória de Deus. Isso valoriza a responsabilidade das mulheres e dos homens que têm a possibilidade de fazer de nossa terra um lugar de encontro, de bondade, de criatividade, de ternura, de perdão e de solidariedade... ou um inferno. Numa perspectiva bíblica, pode-se considerar a humanidade como encarregada de velar por toda a criação, o que condiz com as mentalidades ecológicas de nossa época.

Esta perspectiva confia na inteligência humana. Ela pode procurar a verdade sem ter medo da verdade; o que leva a promover uma liberdade de pesquisa que cria uma atitude de livre exame. Assim, o humanismo cristão estima que os resultados das ciências, se levam muitas vezes a purificar a fé, jamais afastam de Deus ou da fé (mesmo se às vezes causarem medo nos que quereriam fechar sua fé em perspectivas demasiadamente estreitas). É por isso que uma escola cristã – se quer ser humanista – não deve nunca ter medo das ciências. Aliás, o trabalho teológico geralmente chega a mostrar – mesmo se às vezes com atraso e depois de tensões e revisões doutrinais – que entre a fé e a razão humana as contradições são apenas aparentes (cf. Galileu ou os debates sobre a teoria da evolução).

Sem dúvida, é uma das marcas mais típicas da corrente humanista cristã (ligada às tradições jesuítas) dar importância à análise nos discernimentos ligados à ação. Isso implica a recusa de isolar a liberalidade de uma reflexão inteligente e precisa. Isso também implica uma desconfiança em relação à "lavagem cerebral" e, em nossa sociedade, a recusa de uma atitude tecnocrata que negligenciaria as dimensões interdisciplinares e críticas.

Para o humanismo cristão também, o ser humano deve ser considerado em sua totalidade, sua individualidade, seus desejos, sua vida em sociedade, seu elo com a terra e o cosmo e sua busca perpétua de felicidade. Além dos enigmas que os cientistas elucidam pouco a pouco, fica o mistério (realidade nunca acabada) característico de nossa história coletiva, assim como o de cada pessoa e de cada situação ou engajamento particular...

Enfim, o humanismo cristão dá uma importância particular ao combate contra o mal que, de múltiplas formas, oprime os seres humanos. Esse combate se faz no seguimento de Jesus, que se disse enviado para que todos tenham a vida e a tenham em abundância. Esta perspectiva pode ser muito bem reconhecida na proclamação dos bispos no sínodo do Vaticano em 1971: "O combate pela justiça e a participação na transformação do mundo nos aparecem como uma dimensão constitutiva da proclamação do Evangelho ou, em outras palavras, da missão da Igreja em vista da redenção da raça humana e de sua libertação de toda situação de opressão". O humanismo cristão recusa assim viver na indiferença o drama de tantos seres humanos cada dia esmagados pelas estruturas injustas de nossas sociedades. Com Jesus Cristo, ele tenta evitar deixar-se tomar pelo atrativo das riquezas, da vaidade ou do orgulho.

Contudo, há uma ambigüidade no humanismo. Se ele encoraja a formação de pessoas autônomas, criativas e livres, poderia, do mesmo jeito, pôr em segundo plano os valores da solidariedade. Ele corre o risco também de acreditar demais que indivíduos isolados ou uma minoria de poderosos são o motor das transformações do mundo, esquecendo que somente organizados e juntos os seres humanos podem forjar seu futuro.

2.7. Evolução doutrinal no ensino católico*

As doutrinas do ensino católico evoluem (como todas as doutrinas de ensino). Constata-se uma insistência maior na liberdade de consciência e no pluralismo.

Uma doutrina é a maneira como uma comunidade – seja um partido político, seja uma religião ou um sindicato – exprime, num dado momento, como ela vê o mundo, suas instituições e a ética. É assim que as diversas federações de ensino católico no mundo têm suas doutrinas – e a doutrina de uma escola católica na Índia não é a de uma escola católica nos Estados Unidos. Essas doutrinas evoluem com as circunstâncias e as condições sociais ou culturais. Sobre este ponto, um documento recente do ensino católico belga intitulado "Missão da Escola Cristã" é categórico. Ele se apresenta de fato como substituição de um outro documento, também "doutrinal", considerado ultrapassado, entre outros pontos, porque "as instituições cristãs são transformadas especialmente pelo reconhecimento da autonomia das realidades profanas e pela pluralidade das convicções e das culturas que nelas se encontram". Este documento mostra bastante claramente uma evolução pela qual a escola católica belga entende situar-se num mundo mais pluralista (mesmo que isso não consiga a unanimidade dos agentes implicados no ensino católico, longe disso. Para uma reflexão sobre o pluralismo, ver o capítulo 6).

O texto diz que "a escola cristã oferece a cada um a liberdade de construir sua própria identidade em relação com o Deus de Jesus" (o que implica, em minha opinião, a liberdade de rejeitá-lo ou de não crer nele!). Para o texto, "a escola cristã acolhe de boa vontade os que se apresentam a ela... cristãos e fiéis de outras religiões, crentes e não crentes, cristãos diferentes em seu sentimento de pertença à fé e à Igreja". Ainda mais, contrariamente aos que sustentam que os cristãos detêm valores aos quais os outros não teriam acesso, o texto proclama que os valores evangélicos não são próprios dos cristãos, mas fazem parte de um patrimônio da humanidade. Mesmo se o documento exigir dos agentes da escola cristã que partilhem na educação os valores comuns inspiradores da ação da escola, aceita que não participem da comunidade de fé, e isto "no maior respeito de sua liberdade de consciência e proibindo-se toda manipulação ou violência moral". O texto diz: "Se nem todos podem partilhar interiormente as convicções que o inspiram (o projeto), todos o respeitarão e aceitarão que se desenvolva. Cada um [isto é, crente ou não-crente] ficará atento às questões e às convicções de outrem" (em outros termos, o pedido é de respeitar as convicções tanto do não-crente quanto do crente e de estar atento a isso). Quando se olha de perto, o texto é nitidamente mais aberto do que podem pensar alguns observadores críticos do ensino católico. Em todo caso, ele utiliza uma expressão que não deixou de provocar reação, quando fala de evangelizar educando e de educar evangelizando. Mesmo que essa expressão possa ter um sentido pejorativo,[2] pode-se, visto o passado do catolicismo, ficar desconfiado.

---

[2] De fato, uma tradição relativa à evangelização compreende esse termo como designação de uma ação que, como se vê Jesus praticá-la, põe as pessoas de pé, liberta-as de todo tipo de opressão e as quer por elas mesmas. Nesta perspectiva, evangelizar consiste em agir de modo que todos se descubram aceitos como são, consolidados na sua personalidade e livres de todo jugo. Evangelizar é, então, criar situações, relações interpessoais e estruturas de sociedade tais que um projeto desse tipo se realize. Isso implica evidentemente um respeito absoluto das consciências. E, se evangelizar é isso, a maior parte das pessoas julgará adequado dizer que se pode evangelizar educando e educar evangelizando.

2.8. A ambigüidade do termo "evangelizar"*

O termo "evangelizar" apresenta diferentes significações. Para alguns – e são os mais numerosos – trata-se de uma atividade que visa reunir pessoas na fé cristã. Para outros, trata-se de instaurar as condições sociais, relacionais e institucionais que fazem que um indivíduo possa crer-se incondicionalmente aceito e amado.

O primeiro sentido aqui evocado supõe uma instrumentalização da educação para uma religião. O segundo implica que uma parte constitutiva da evangelização seja a criação das condições de liberdade para cada um, bem como o respeito das consciências. De acordo com esta segunda definição, uma educação válida será evangelização (boa notícia), e a evangelização será uma excelente educação para a autonomia. Compreendem-se facilmente a exortação "evangelizar educando" e seu complemento "educar evangelizando". Trata-se de visar uma educação que seja libertadora e permita ao aluno descobrir-se como aceito e amado. Então, conforme o sentido que se atribui à palavra "evangelizar", os slogans "evangelizar educando" e "educar evangelizando" têm significações totalmente diferentes.

2.9. Referências e busca de sentido

Na busca de sentido, os seres humanos se referem geralmente a relatos como o Evangelho, o Corão, as doutrinas dos direitos humanos, a ideologia do progresso, poesias, romances etc. Estes discursos de referência permitem uma troca e debates sobre o sentido da existência.

Alguns discursos – os mitos especialmente ou certos contos – fornecem os elementos de relatos que permitem estruturar o sentido que se dá a acontecimentos: são discursos de referência. Assim acontece com relatos como os que falam da liberdade, do amor, da vida boa, da cura etc. Eles permitem debates que fornecem uma base partilhada, servem de referência na medida em que são bases para a construção de analogias entre diversas situações. Para as escolas, são patrimônios diversos (científico, ético, cultural, artístico, religioso etc.) que servem de referência. Não é raro que os discursos que produzem sentido se esgotem e produzam antes uma alienação: o que era criador de possibilidades mudou em normas a seguir. Há sem cessar um desafio para uma sociedade de enunciar um sentido. Isso implica um esforço de criação cultural para encontrar as palavras ou as mediações para enunciá-lo.

2.10. Distinguir técnica, ética e política e discernir a função dos paradigmas na construção de um sentido

> Se, em certas sociedades, o técnico, o ético, o político e até mesmo o religioso são considerados como uma só coisa, sua distinção nos aparece cada vez mais essencial para convivialidade.

Em nossa cultura ocidental, temos o hábito, nos debates sobre o sentido, de distinguir o técnico (estudo dos meios para atingir finalidades aceitas), o ético (debate sobre o desejável com o ideal de entrar em acordo neste assunto) e o político (estudos dos compromissos aceitáveis em nossas sociedades pluralistas em que o acordo sobre as finalidades nem sempre existe). A racionalidade das discussões passa por um acordo sobre as maneiras de abordar as situações. O conjunto dessas maneiras se chama "paradigma". É um conjunto de pressupostos que permite instituir um diálogo suficientemente padronizado para que se possa discutir. Existem paradigmas técnicos (por exemplo, a idéia do avião a jato), paradigmas científicos (por exemplo, os pressupostos da física ou da química), paradigmas éticos (como a ética dos direitos do homem ou a ética dos engenheiros), paradigmas políticos (como a democracia ou o estado socialista).

Um paradigma é constituído pelos resultados, pelos modelos, pelos pressupostos, por práticas, critérios e normas que permitem a uma comunidade existir, debater e funcionar. Ele funda eventualmente uma disciplina. O que os paradigmas científicos fazem para as ciências, os paradigmas éticos e políticos o fazem para os debates correspondentes. Os paradigmas não são nem ideologicamente nem eticamente neutros: eles são resultados de longos debates e relações de forças. Fala-se de um debate técnico quando se debatem objetivos dados para sua existência e suas implicações concretas.

Capítulo 4

A instituição-escola e as políticas da escola

1. A escola em perspectiva histórica

1.1. Nascimento histórico da escola

A escola é uma instituição social. A escola moderna substitui, de uma parte, o sistema educativo das corporações e, de outra parte, a ação socioeducativa da Igreja. É também a "fábrica" que produz tecnologias intelectuais. Institucionalmente, seu sistema organizacional se assemelha ao das empresas. Ela se tornava necessária no momento em que o fechamento dos espaços das fábricas impedia – contrariamente às explorações agrícolas e às oficinas anteriores – o acesso às situações e aos instrumentos ligados às habilidades. A força e as ambigüidades da escola moderna estão ligadas a este isolamento.

A escola moderna pode, em primeira aproximação, ser datada no início do século XIX. É uma instituição que sucede várias instituições anteriores: a Igreja (lugar onde as pessoas aprendiam o que tinham de crer nesta sociedade), a corporação (instituição econômica que promovia a formação técnica dos que dela tinha necessidade) e a família (grupo ampliado, praticamente coextensivo à sociedade civil, que dá uma formação e uma tradição aos jovens). As relações entre a escola e essas três instituições variam. A sociedade em via de industrialização suprimirá totalmente as corporações. A Igreja e a escola viverão uma longa luta em vista de manter ou de conquistar a hegemonia em matéria de educação (mas cada uma numa perspectiva de modernidade, visando a construção de uma razão – ou de uma religião – que deveria ser universal e para todos). Quanto à família, a escola retomou muitas de suas funções desde que a família passou a ser cada vez menos coextensiva à sociedade civil (mas, no período pós-moderno, podem ser esperados novos episódios na tensão entre as duas instituições).

Esta escola nasce no momento em que as fábricas se tornam o modelo de produção mais corrente em nossa sociedade. Como instituição, a escola se assemelha bastante bem à fábrica. Aliás, ambas tomam muita coisa emprestada dos conventos, que podem ser considerados como seu ancestral comum. No curso dos séculos XIX e XX, as escolas evoluirão em paralelo com as empresas. Elas se tornam em todo caso cada vez mais necessárias no momento em que as crianças não são mais admitidas nos lugares de trabalho instituídos e no momento em que se torna então impossível familiarizar-se com os instrumentos e os processos de trabalho (ou mesmo de vida) por um aprendizado no próprio lugar.

A escola, como a empresa moderna, caracteriza-se como um lugar fechado e especializado, dedicado a uma tarefa precisa. Na empresa, produzir-se-ão bens para o mercado. Na escola, especializar-se-á na transmissão dos conhecimentos. Esta especialização apresenta enormes vantagens, mas também inconvenientes: como se vai saber que o que se produz é adequado? Para as empresas, nos sistemas econômicos ocidentais, é a instituição do mercado que decide: se não pode vender os produtos, a empresa entrará em falência. Para a escola, na medida em que não foi pensada como uma instituição competitiva, mas na perspectiva de um serviço público, os mecanismos de adaptação à sociedade não são tão fáceis de encontrar. É por isso que alguns quereriam fazer dela simplesmente uma indústria de serviços de educação. Outros, porém, julgam que tal estratégia corre o risco de privar a sociedade de uma das raras instituições que transmitem valores ainda hoje.

1.2. As estratégias da escola obrigatória

O ensino obrigatório está ligado à aliança de duas estratégias: a da classe operária, que procura um acesso ao saber, e a da classe dirigente, querendo uma mão-de-obra disciplinada e adaptada ao trabalho industrial.

Muitas vezes, reformas ou mudanças se produzem na sociedade quando, por uma razão ou outra, duas forças sociais se aliam. Geralmente essas forças sociais não perseguem exatamente os mesmos objetivos, mas se encontram reunidas pelo interesse que têm num "instrumento" ou num "projeto" comum. O ensino obrigatório nasceu dessa maneira. Para a classe operária, e para o que se chamou na França de "escola republicana", o ensino era visto como a porta para uma promoção social. E é correto dizer que, em nossa sociedade moderna, saber ler, escrever e contar era uma abertura para um poder social real. Para a classe operária, a escola obrigatória parecia abrir a porta para a emancipação pelo saber. Por outro lado, a classe dirigente estava também interessada na escola. Ela tinha interesse em dispor de uma mão-de-obra suficientemente formada, disciplinada, sabendo ler e escrever. Contudo – e sem dúvida era ainda mais importante para as classes dirigentes do século XIX –, a escola ensinava aos jovens a disciplina necessária para o funcionamento de uma sociedade industrial. Além do mais, a padronização do país tinha sua utilidade, em vista de objetivos socioeconômicos e políticos: na França, por exemplo, a escola republicana serviu também ao objetivo político de uma padronização do país e de sua língua. Nos países em desenvolvimento, a escola participa muitas vezes de um projeto que faz esses países entrarem nas lógicas ocidentais do desenvolvimento econômico.

Além disso, a partir do momento em que os pais começaram a trabalhar na fábrica, tornava-se importante que os filhos estivessem ocupados e vigiados. Quando, a partir da metade do século XIX, por razões complexas, em parte humanitárias, não se quer mais mandar os jovens para trabalhar na fábrica ou na mina, a questão se põe de saber aonde enviá-los. Se eles não aprendem uma disciplina (especialmente na organização de seu tempo, igualmente uma disciplina corporal para serem capazes de ficar longo tempo no mesmo lugar), é preciso pensar que esses jovens, mais tarde, tornam-se difíceis de se integrar no sistema industrial. A mesma dinâmica pode, aliás, observar-se hoje nos países em desenvolvimento. Uma das funções primordiais da escola é ensinar aos jovens – e aos menos jovens às vezes – a observar certa disciplina no emprego do tempo e a se apresentar cada dia no trabalho (a luta contra a falta à escola não é sem ligação com a luta contra a ausência na fábrica). Nestes países, de fato – como no Ocidente no século passado – uma das dificuldades que encontra a industrialização provêm de que as pessoas não têm vontade de trabalhar mais do que o necessário para viver. Jamais se lhes inculcou uma ética que as levasse a aceitar o trabalho cotidiano na fábrica. E sem dúvida uma das funções principais da escolarização é tornar as populações aptas para a industrialização. De certo ponto de vista, a escola desempenhou uma função similar em nossos países no século XIX e no início do século XX. Como dizia um deputado, quando do debate parlamentar a respeito da escola obrigatória, é preciso que os jovens vão à escola para aprenderem a ficar tranqüilos e a se adaptar a um trabalho contínuo, durante todo o dia.

É assim que, no fim do século XIX, os interesses da classe operária e os das classes dirigentes se conjugaram para promover a escola obrigatória, símbolo ao mesmo tempo do progresso da classe operária e da industrialização onipresente.

1.3. Separação dos lugares de trabalho e de habitação

A evolução da escola moderna está também ligada à separação dos lugares de trabalho e de habitação, à desintegração da família extensa e à profissionalização das funções.

Vimos como, a partir do momento em que as pessoas vão trabalhar na fábrica e em que os lugares de trabalho e de habitação se separam, o paradigma da escola moderna se torna possível. Enquanto há dois séculos era, em geral, o mesmo lugar onde se viam desenvolver o trabalho, o aprendizado e a vida afetiva, estas funções tendem cada vez mais a ocupar outros lugares. Na fábrica acontece o trabalho (com uma cultura operária que se manterá, ao menos até a segunda metade do século XX); na casa ou no apartamento competem a vida afetiva e as atividades de execução das tarefas domésticas; na escola, enfim, são devolvidos os aprendizados dos ofícios e dos conhecimentos.

Outros elementos contribuíram para dar à escola sua fisionomia atual. Primeiramente a profissionalização das funções. A partir do século XX, o trabalho de professores "amadores" é cada vez menos estimado na escola. Acha-se cada vez menos normal que a pessoa que ensina as crianças não seja formada de modo "profissional". Antes, qualquer um que soubesse ler e escrever podia eventualmente se tornar professor de leitura. Através do século XX, observa-se uma profissionalização ininterrupta e crescente entre os professores (em paralelo, aliás, com o desenvolvimento das ciências da educação). Os métodos cada vez mais complexos para o aprendizado da leitura tornarão os não-profissionais cada vez menos capazes de cumprir essa tarefa.

É preciso acrescentar a isso a desintegração da família extensa. Cada vez mais, a família se reduz ao que se chama a "família nuclear": pai, mãe e filhos. Finalmente, ela tende quase a se reduzir ao casal. E torna-se cada vez mais evidente que o casal, isolado, não é capaz de educar completamente a criança. Enquanto, na Idade Média, a família era capaz de ensinar aos filhos tudo o que deviam saber, a família moderna reduzida não o consegue. Um bom número de funções entregues à família anteriormente vai desde então ser atribuída a outras instituições. A segurança social, por exemplo, que era o apanágio do meio familiar, vai ser transferida a uma instituição mais vasta, no nível de toda a coletividade. Do mesmo modo, a escola vai suprir os limites da família nuclear. Isso aparece com evidência no que concerne à educação sexual. Na família extensa, se o casal parental não se sentia suficientemente à vontade, qualquer que fosse a razão, para proceder à educação sexual dos filhos, outros membros da família podiam substituí-los. Ao contrário, quando o casal se encontra isolado na família nuclear, é uma outra instituição, a escola, que intervirá nos casos difíceis. É por isso que hoje se exige da escola que se ocupe da educação sexual, ao menos a título subsidiário.

1.4. Distinguir "função" e "instituições", "função" e "instrumento"

As funções da escola (transmissão dos conhecimentos, apreciação das competências etc.) devem distinguir-se da própria escola (isto é, da instituição que desempenha essas funções). A instituição escolar não é indispensável, mesmo se for preciso sublinhar a necessidade de desempenhar essas funções, e muitas vezes há a necessidade de uma instituição para desempenhá-las. Por conseguinte, a escola poderia desaparecer como desapareceram um dia as corporações.

O objetivo desta proposição está ligado à distinção entre as funções de uma instituição e esta própria instituição. Para compreendê-lo, consideremos a distinção entre a função de um instrumento e o próprio instrumento. O chicote com o qual se fazia avançar os cavalos de uma carroça no século XIX tinha por função acelerar o veículo. Era um "acelerador". Hoje, em nossos carros modernos, essa função de aumentar a rapidez do veículo é justamente realizada pelo que nós agora chamamos de acelerador. Através do tempo, a mesma função — a de fazer acelerar os veículos — foi realizada por dois instrumentos extremamente diferentes. Contudo, pode ser um acaso da história que o nome do instrumento que realiza essa função tenha mudado. Poder-se-ia imaginar que o acelerador de um carro se chamasse ainda um "chicote". A língua de Quebec* é, aliás, um exemplo surpreendente da maneira como nomes antigos podem ser utilizados para falar de instrumentos novos que realizam a mesma função que os antigos: os habitantes de Quebec, por exemplo, não saem em seu carro *(voiture)*, mas em seu *char*.**

A escola tem várias funções, especialmente a transmissão e a valorização das competências. A função de transmissão de conhecimentos é bastante universal em todas as sociedades humanas: é impossível a uma sociedade sobreviver sem transmitir o conjunto dos conhecimentos que adquiriu. Contudo, a maior parte dessas sociedades realiza essa transmissão sem ter, como nós, uma escola instituída. Há duzentos anos ainda, no Ocidente, a maior parte dos conhecimentos necessários à existência não era transmitida pela escola, mas pelas corporações ou pela Igreja. Quanto à avaliação das competências, é uma função tornada necessária nas sociedades em que as funções são fortemente diferenciadas e as competências variadas. Numa sociedade autárquica — por exemplo, numa aldeia

---

*N.T.: Canadá francófono.
**N.T.: Nome de antiga viatura puxada por animal.

da Alta Idade Média – era inútil recorrer a uma instituição para avaliar as competências de cada um. Sabia-se que, se fosse preciso abater o grande carvalho, não era ao alfenim da esquina que era preciso pedi-lo, mas a um homem forte. Todo o mundo sabia quem era capaz de fazer o quê. Por conseguinte, a função da avaliação das competências não era confiada a uma instituição particular, mas se fazia diretamente. Em nossa sociedade, ao contrário, temos necessidade de instituições capazes de reconhecer quem pode fazer o quê. Ninguém tem vontade de se encontrar numa mesa de operação nas mãos de um cirurgião que não se reconheceu como competente. Ou, se alguém sobe num avião a jato, espera que uma instituição séria tenha avaliado a capacidade do piloto de dirigir seu aparelho.

Contudo, tanto para a avaliação das competências como para a transmissão dos conhecimentos, instituições muito diversas podem desempenhar a mesma função. Na Bélgica, a avaliação das competências de um médico é deixada à universidade. O mesmo acontece para um advogado. Nos Estados Unidos, ao contrário, a instituição de transmissão dos conhecimentos (a universidade) é distinta, para os médicos e os advogados, da instituição de reconhecimento das competências: para poder praticar a medicina ou ser inscrito na ordem dos advogados, é preciso ser aprovado na *medical examination* ou na *bar examination*.

Estes diversos exemplos esclarecem a importância da distinção entre uma instituição e a função que ela desempenha. Tanto que nenhuma instituição é eterna. Viu-se no caso das corporações: pelo século XVIII, elas estavam a tal ponto esclerosadas que se tornou urgente substituí-las. Na Inglaterra, isso se fez muito cedo e sem grande cerimônia. Na França, ao contrário, foi a Assembléia Nacional que as suprimiu quando da revolução, marcando a entrada na era moderna.

As corporações estavam cada vez menos aptas a transmitir os conhecimentos necessários para a sociedade industrial. Pode-se criticar a situação da escola moderna. Talvez não esteja longe o dia em que ela desaparecerá como as corporações antigamente: em certos pontos, ela já evolui muito. Assim, uma parte importante da transmissão dos conhecimentos hoje se faz pelas empresas e por formações paralelas à escola. Talvez não estejam distantes os tempos em que a escola perderá certo número de seus privilégios como meio de acesso às profissões. Além disso, cada vez mais profissionais experimentados em sua prática têm vontade de transmitir eles mesmos seus conhecimentos e de participar da educação da nova geração. Assim, talvez a escola seja cada vez menos confiada unicamente a profissionais do ensino.

1.5. As instituições: necessárias, mas esclerosantes

As instituições educativas, como todas as instituições, são ao mesmo tempo necessárias e esclerosantes. Elas devem ser periodicamente renovadas, mas não é preciso crer que as novas instituições não terão seus limites e, muito rapidamente, suas escleroses: as instituições exigem freqüentemente reformas para se adaptar – tanto quanto possível – a sociedades mutantes. A impossibilidade de encontrar instituições adequadas não é uma legitimação válida do conservadorismo.

Esta proposição sublinha a importância das instituições. Elas desempenham um grande papel na educação, já que a família e a escola são o centro das instituições. Contudo, apenas nascidas, as instituições se tornam constrangedoras e, às vezes, esclerosantes. Desde que uma organização é criada, ela acarreta limites. Contudo, sem alguma organização, corre-se o risco de não poder fazer absolutamente nada. Se se quer preparar uma festa, será preciso organizar e, por conseguinte, repartir um número de funções e instituí-las. As instituições são, então, necessárias, mas limitam a liberdade. É por isso que devem ser periodicamente renovadas. É preciso encontrar sempre formas mais apropriadas para o que se quer fazer. E assim que essas organizações começarem a funcionar, também se verão seus limites. Em nossas sociedades, a adaptação se faz geralmente pela criação de novas instituições.

É preciso, então, reformar freqüentemente e renovar as instituições, sem esperar encontrar um dia a instituição que resolveria nossos problemas para sempre. Isso parece quase evidente. Contudo, quando se trata da instituição escolar, encontram-se professores que não parecem aceitá-lo. Assim, a propósito do ensino dito, na Bélgica, "renovado", muitas pessoas acham que, após um tempo, ele se tornou também tão inadaptado como as antigas instituições. Isso é surpreendente? Não é normal que, no momento em que o ensino tradicional chegasse ao esgotamento (isto é, ao momento em que não estaria mais adaptado à evolução de nossa sociedade pós-industrial), se tratasse de substituí-lo por uma nova forma de organização da escola e do ensino? Contudo, num período de mudança rápida, essa nova forma mostra logo que também não é adequada às novas situações.

Então, seria bom desconfiar das ideologias que visam criar uma instituição perfeita ou crer que isso tenha existido algum dia. Em todo caso, é preciso desconfiar dos discursos que legitimam uma passividade total sob o pretexto de que, após uma mudança, se encontrarão problemas semelhantes aos antigos. Afinal, algumas horas depois de ter comido, temos fome de novo. Comer não nos leva a concluir que não seria mais preciso fazê-lo. Do mesmo modo, numa sociedade em evolução, algum tempo depois da instauração de novas instituições, é preciso pensar que elas devem ser de novo reformadas.

Importa, sobretudo numa sociedade que muda rapidamente, estudar essas reformas e preparar-se para elas. O que não quer dizer que um mínimo de estabilidade não seja necessário. Mudar demais não é adequado, mas recusar mudar também não é. (Aqui ainda nos encontramos diante de uma proposição que acentua uma tensão, mas não resolve absolutamente nada.) Não basta dizer que é preciso saber mudar, mas não muito; a questão é saber determinar quando uma mudança é adequada, para quem, por que e segundo que critérios. E, para essa questão, talvez não haja respostas universais, mas é necessário, em cada situação concreta e precisa, dar uma resposta que sempre será da ordem do compromisso político.

1.6. Responsabilidade coletiva pela educação

Não é fácil determinar exatamente em que consistiria uma responsabilidade coletiva pela educação. O modelo atual, segundo o qual só a família é tida como tendo o direito e a responsabilidade de tomar decisões em relação à educação, parece não só não verificado na prática, mas também prejudicial. Duas direções de tomada de responsabilidade mais ampla parecem abrir-se. Por um lado, visto o relaxamento da família clássica, comunidades de famílias comprometidas umas com as outras poderiam dar à criança um quadro mais amplo. Por outro lado, uma democratização do poder e das responsabilidades nas instituições educativas deve realizar-se; atualmente, esse poder é possuído por uma minoria de tecnocratas.

Se se fala muito atualmente de tomada de responsabilidade coletiva pela educação, é, entre outras coisas, porque nossa sociedade é relativamente individualista. Hoje, na civilização burguesa avançada, a família nuclear se acha muito isolada para assumir a educação. Nosso modelo cultural dominante continua, contudo, a atribuir à família o direito e a responsabilidade de decidir neste domínio. Contudo, a realidade da família se modificou. Outrora, quando se dizia que a família era responsável pela educação, a noção de família designava praticamente o conjunto da sociedade civil, pois o sistema familiar lhe era quase coextensivo. Hoje, dizer que a família é responsável pela educação refere-se unicamente ao casal.

Na prática, não se deixa ao casal a responsabilidade inteira que lhe é atribuída em teoria. Por exemplo, a instrução é obrigatória.[1] Existe, além disso, uma série de outras instituições, os centros psico-médico-pedagógicos, por exemplo, que assumem a tarefa da educação. E, na própria escola, os pais têm muitas vezes bem pouco a dizer. O discurso oficial que faz da família a principal responsável da educação é mais formal que real, e ainda mais formal quando a família é desprovida de privilégios culturais. Pode-se perguntar se este discurso sempre se mantém, na medida em que manifestamente o casal isolado não é capaz de assumir todas as suas responsabilidades. Jamais, em nossas sociedades ocidentais, e sem dúvida em nenhuma outra, a família reduzida ao casal foi a única responsável pela educação dos filhos. A família foi sempre fortemente ligada à sociedade civil.

Na sociedade moderna, a educação sofre limites da família nuclear, sobretudo quando a mobilidade local e a sociedade industrial desintegraram a família extensa. Assim, quando irmãos e irmãs vivem a centenas de quilômetros, torna-se necessário encontrar um grupo intermediário entre a família nuclear e a sociedade mais ampla. É preciso preencher o hiato existente entre a família nuclear (admiravelmente simbolizada pelo apartamento em que vive, tão próxima de milhares de outras pessoas e, contudo, muito distante delas) e o

---

[1] E não a escola, notemo-lo: é sempre permitido, em princípio ao menos, dar instrução às crianças independentemente da escola ou através de um preceptor, ou mais democraticamente através de contratos de aprendizado etc.

conjunto da sociedade simbolizada pelas grandes instituições do Estado, a Seguridade Social, a Escola, os meios de transporte e de produção de energia etc. Cada vez mais, uma procura se faz para encontrar lugares mais humanos, tipos de famílias extensas, por opção, no meio das grandes cidades anônimas. Às vezes comunidades de famílias se organizam para dar a seus filhos um quadro mais amplo. Há uma procura de grupos deste gênero, um grupo intermediário entre a micro-instituição das famílias nucleares e as grandes instituições. Algumas escolas podem, aliás, ser pensadas assim como instituições intermediárias, embora seja muito difícil, na medida em que as tendências atuais da escola tendem a fazer grandes instituições copiando as grandes empresas industriais.

Por outro lado, existe um desejo de democratizar as instituições, de descentralizá-las e de participar de seu poder. A propósito da escola especialmente, uma vida associativa se desenvolve cada vez mais para permitir a mais pessoas assumir responsabilidades. Contudo, o poder na escola permanece ainda e sobretudo nas mãos de uma minoria: de diretores, de poderes organizadores, de direções pedagógicas e eventualmente de professores. Seu poder é legitimado pela competência que julgam ter. No entanto, um número contínuo e crescente de pais, até mesmo de alunos, pedem para participar da instituição escolar e desejam que o poder tecnocrático, possuído por esta minoria, seja mais largamente partilhado.

1.7. Escola neoliberal ou instituições de serviço público. Prioridade à liberdade, ao bem comum ou à igualdade

Em relação à função da escola na sociedade, duas concepções se opõem muitas vezes. Segundo a primeira, a escola é unicamente um prolongamento da família e tem, antes de tudo, como objetivo a instrução necessária ao sucesso do indivíduo na sociedade. Segundo a outra, a escola é uma instituição importante da sociedade civil e visa, numa perspectiva de bem comum, inserir as crianças num mundo que será o delas e num tecido social em que os diferentes interlocutores da sociedade e seus interesses interagirão.

Prioridade à liberdade ou ao bem comum?

Muitas vezes situa-se antes de tudo o debate sobre a escola contemporânea na perspectiva dos valores que ela veicula. É preciso também situá-lo num debate sociopolítico relativo aos objetivos societários do sistema escolar.

Numa primeira abordagem, pode-se dizer que a escola desempenha hoje duas funções muito diferentes. Na perspectiva do "liberalismo moderno" (ou neoliberalismo), a escola é vista como um lugar que o indivíduo e sua família podem usar em vista de seus objetivos individuais. No limite, a escola poderá, então, aparecer como um tipo de supermercado oferecendo às pessoas serviços educativos. Numa perspectiva mais tradicional, a escola é vista como um serviço público, contribuindo para uma coesão social e visando a manutenção da sociedade em seu conjunto. Nesta perspectiva de serviço público, são atribuídas a ela especialmente a função de propagar democraticamente os conhecimentos e a de propagar o bem (muitas vezes econômico) da nação.

Conforme o primeiro ponto de vista, a escola é um lugar em que cada um pode, numa sociedade centrada no indivíduo, aprender o que lhe será necessário para sua existência. A escola é, assim, uma instituição que visa o desenvolvimento de cada um e que distribui conhecimentos (e, portanto, poderes, bem como privilégios). Ela aparece então como um prolongamento dos pais e da família. Numa sociedade em que as funções são muito especializadas, supõe-se que ela forneça uma educação especializada que os pais não podem dar. É o que manifestam muitos pais quando dizem aos docentes: "O que se pede a vocês é ensinar às crianças o que lhes é necessário para ter sucesso na vida". (Notemos que o conteúdo deste "sucesso" se representará muitas vezes de modo muito diferente conforme as classes sociais; as classes médias altas terão especialmente tendência a acentuar o desenvolvimento pessoal, certo status econômico-social sendo considerado como adquirido; as classes menos privilegiadas visarão muitas vezes uma promoção social). Os pais que têm as capacidades culturais de escolher a escola de seus filhos farão essa escolha, segundo seus próprios critérios. Muitas vezes, por outro lado, pedirão à escola que forneça aos filhos o que eles mesmos não podem oferecer.

Nesta perspectiva, a escola moderna está situada na linha do individualismo familiar burguês que visa para cada um e para sua família sua felicidade própria e particular. Contrariamente ao que se passava no antigo regime, a família não é mais pensada como uma instituição de base da sociedade civil, mas como o lugar de interesses privados e particulares. É nesta perspectiva "liberal" que muitos insistem no fato de que a família tem o direito de tudo decidir a respeito da criança e que a escola tem como único objetivo o "bem da criança".

Uma perspectiva mais tradicional teria cuidado de articular o "bem da criança" com um "bem comum", que impediria de fazer do interesse da criança a única e última prioridade (cada vez que me referir aqui ao "bem comum" ou aos interesses da "sociedade em seu conjunto", não acredito que possa haver uma expressão não partidária destas noções; para mim, elas se referem à importância de uma superação dos interesses particulares, que será sempre motivada e legitimada por uma certa representação do "bem da comunidade". É esta dinâmica de superação que visam os conceitos de "bem comum" ou de "serviço público"). Mesmo se, tradicionalmente, se dizia que era a família que devia ocupar-se com a educação da criança, esta perspectiva se distingue da estratégia liberal da família, porque, entre os mundos tradicional e contemporâneo, se inseriu uma transformação profunda do sistema familiar. A família do antigo regime era quase coextensiva à sociedade civil: reconhecendo-lhe o direito à educação, era à totalidade do sistema social que se referia. Ao contrário, em nossa sociedade burguesa avançada, falando da família, fala-se de um grupo muito restrito – o casal – separado das outras instituições sociais, "privatizado" e perseguindo suas próprias estratégias, independentemente dos interesses da sociedade em seu conjunto. A concepção tradicional da escola estava mais centrada na sociedade civil e no serviço público do que nas estratégias da família nuclear.

A instituição-escola favorece uma coesão de nossa sociedade civil, por outro lado muito dividida. Mais que o serviço militar ao qual se atribuía às vezes essa função, ela faz todas as camadas da sociedade participarem de uma instituição relativamente unitária; mesmo se mantém, em geral, certa segregação das classes sociais, a escola "obrigatória" dá a todos um acesso a uma cultura comum (pois, mesmo que diferentes classes sociais freqüentem diferentes escolas, elas continuam teoricamente construídas conforme modelos similares). Deste ponto de vista, ela abre uma perspectiva mais ampla que a da família, ao menos da família privatizada de nossa sociedade moderna. Ela está ligada ao bem da comunidade social inteira e tem por função estabelecer um fundo cultural comum ao conjunto da sociedade. Por exemplo, em muitos países europeus, em que os imigrantes e os cidadãos de antiga cepa se encontram, a escola é o lugar principal onde se pode realizar uma integração da segunda geração. Pode-se, aliás, ver como a escolaridade desempenhou esta função de assimilação e de coesão para a sociedade americana.

Se se admite que a escola tenha assim outras funções além de prolongar a estratégia dos pais, a sociedade não pode dispensar uma política escolar: orientações devem ser dadas à instituição para que atinja um número de objetivos da sociedade.

Em particular, se se admite que a noção de justiça esteja ligada à de uma diminuição das desigualdades (ou ao menos das explorações e das dominações), importa que a escola possa perseguir esse objetivo não favorecendo só a promoção social individual, mas também restabelecendo possibilidades de maior igualdade entre diferentes camadas sociais. (Lembremos, contudo, que em nossa sociedade duas concepções da justiça se opõem muitas vezes. Segundo a primeira, a suprema injustiça seria limitar a liberdade de um indivíduo, ao passo que, conforme a segunda, seria a dominação do homem pelo homem. As estratégias para promover a justiça num e noutro sentido estão muitas vezes em oposição.) Esta concepção de uma escola que promova a justiça – e, portanto, certo bem comum – opõe-se à posição ultraliberal (ou libertária), segundo a qual a escola, como instituição que visa o bem comum, não teria mais sentido, e no futuro as instituições de educação seriam todas instituições privadas, só visando interesses particulares.

A perspectiva que defende as escolas privadas é muitas vezes tentadora para alguns partidários da escola cristã. Contudo, para os cristãos, a sociedade não pode ser concebida como um puro lugar de encontros de múltiplos interesses egoístas. Assim, segundo os ensinamentos da Igreja católica da primeira metade do século XX (Pio XI em 1929), a sociedade civil é considerada como uma instituição social importante, ao mesmo título que a família. Do mesmo modo, os últimos papas consideram como uma espécie de anomalia da sociedade burguesa avançada a dificuldade de pensar a sociedade além de uma negociação de interesses puramente particulares. E, independentemente desse ponto de vista católico, uma reflexão ética pode julgar que, mesmo que toda visão de "bem comum" seja marcada pela visão ideológica que o define de uma maneira particular, não se pode desprezar a importância da noção de bem comum como superação de um bem particular, além do bem de cada indivíduo. Portanto, é preciso reconhecer que, em certas comunidades escolares católicas, se tende a considerar a liberdade de ensino quase como o valor último... (cf. a respeito, com nove anos de intervalo, um editorial da revista *Forum* – do secretariado nacional do ensino católico belga – de 15 de outubro de 1976 e um artigo de J. de Aguirre: "Fondement de la liberté d´enseignement", *Forum*, 1-15 de janeiro de 1985. Os dois artigos promovem uma concepção muito individualista da liberdade, muito próximos de um liberalismo puro). Outros meios católicos e muitos poderes organizadores julgam, ao contrário, que a escola cristã deve perseguir interesses mais amplos, e não simplesmente os das pessoas privadas. Contudo, malgrado às vezes muito boa vontade, muitas escolas católicas ficam finalmente muito prisioneiras dos interesses particulares de sua clientela dominante.

Em resumo, a escola contemporânea é o objeto de uma luta ideológica cerrada. Alguns lhe atribuem como único objetivo os interesses dos alunos, eventualmente representados por suas famílias. Outros insistem na superação desses interesses puramente privados, numa perspectiva de serviço público ou de bem comum. E, evidentemente, existem muitas posições intermediárias.

1.8. *Estratégias individualistas ou societárias*

Quando a escola é vista unicamente como um prolongamento da ação dos pais, a pedagogia tende a se centrar, sobretudo, no indivíduo, em seu aprendizado e seus progressos. Essa tendência domina nas ciências da educação quando se apresentam como tecnologias próprias para favorecer o aprendizado dos indivíduos. Ao contrário, quando a escola assume objetivos societários, o paradigma das ciências da educação dá mais importância à classe como grupo que interage segundo um modelo diferente do da família.

Esta proposição sublinha o fato de que, para o momento, em nossa sociedade ocidental, as ciências da educação centram-se, sobretudo, no aprendizado do indivíduo. Esta dimensão é evidentemente importante. Contudo, pode-se também dar mais peso a outros elementos, quando se examina o que é o grupo classe e a maneira como aí funcionam as interações. De fato, considera-se muitas vezes a escola como uma grande família em que cada um está presente para aprender. Este modelo tem seu interesse, mas não leva em conta uma série de elementos já apresentados acima, segundo os quais a escola é também um lugar onde classes sociais têm sua estratégia própria e onde, eventualmente, vários interesses estão em oposição. Importa, então, ver até que ponto as vantagens do modelo familiar da escola superam seus inconvenientes e, sobretudo, como se pode reintroduzir tudo o que ele unifica.

Resta um debate ideológico sobre a imagem que se dará como paradigma para a instituição-escola: a imagem da família, da aldeia, da indústria, de uma instituição competitiva de serviço etc.

1.9. Aprender a analisar a crise da escola

Depois de um número de anos, é costume falar da crise da escola. Não é fácil precisar em que consiste tal crise, mas podem ser notadas muitas críticas e um número de mudanças na função da escola, especialmente em suas relações com a sociedade e com o estado. Pode-se também notar uma diferença no lugar que ocupam, no ensino, as disciplinas científicas.

Depois de mais de dois séculos, a escola parecia perseguir os objetivos que Condorcet lhe havia atribuído quando de seu famoso relatório à Assembléia Nacional (1792), em que dizia que seria "importante ter uma forma de instrução pública que não deixasse escapar nenhum talento sem ser percebido e que lhe oferecesse então todos os recursos reservados até aqui aos filhos de ricos". Tratava-se de um projeto visando ao mesmo tempo certa democratização dos estudos e uma eficácia na gestão dos talentos da nação. Durante todo esse período, houve, sem dúvida, numerosos debates sobre a escola, sem que esta fosse posta em questão. O debate visava, sobretudo, o conflito entre os partidários da escola pública e os da escola confessional. Contudo, se estas duas perspectivas de educação se afrontavam, elas continuavam, em geral, de acordo sobre a noção do que é uma escola. Veiculavam também a concepção da razão do século XVIII: ela era considerada primeiramente como universal, o que implicava uma centralização, seja pelo Estado, seja pela religião. Desde então, ouve-se dizer, de diversos horizontes, que a escola entrou em crise. Esta mudança foi especialmente analisada por B. Charlot (cf. B. C.; os comentários desta proposição se inspiram no primeiro capítulo desta obra).

Há vinte anos, em todos os países ocidentais, apareceram críticas paralelas concernentes à escola, mostrando que se trata de uma mudança no conjunto da sociedade industrializada. E como elas começaram a ser emitidas em período de crescimento econômico, é difícil ver nelas uma passagem conjuntural unicamente devida às recessões econômicas dos anos setenta.

As críticas são de todo gênero: frieza e burocracia do sistema escolar, desvalorização social dos diplomas, muito grande – ou demasiadamente fraca – seletividade, falta de contato com a "vida", discriminação social, fracassos escolares, má articulação da formação e do emprego, difusão de uma cultura arcaica e impermeável às diversas modernidades, falta de respeito por cada indivíduo e pelos grupos sociais menos adaptados, falta de iniciativa, de trabalho em equipe, de tomada de responsabilidades.

Os professores são tomados à parte: eles seriam mal formados, incompetentes, rotineiros, laxistas, por demais sindicalizados etc. Quanto a esses docentes, eles passam por uma crise de identidade profissional, social e muito freqüentemente individual. Em resumo, a relação entre a sociedade e sua escola está hoje em crise. Por toda parte se assiste a uma crítica sem precedente das escolas e de sua eficácia (relatório OCDE sobre o ensino na sociedade moderna, Paris, 1985).

Nos meios políticos e econômicos, as críticas se difundem também: a escola seria mal adaptada ao mercado de trabalho; ela corre o risco de desperdiçar o capital humano da nação; produz muitos jovens sem formação e destinados ao desemprego; e, enfim, o nível se degrada com os anos. Ouvem-se apelos para que a evolução das qualificações seja determinada pelo "mundo econômico" (o patronal). E, ao mesmo tempo, o mundo econômico – visto que neoliberalismo obriga – apela para mais desregulamentação e descentralização nas políticas da educação. As empresas às vezes projetam substituir uma instituição que julgam superada.

Em todos os países industrializados, notam-se evoluções paralelas: a duração da escolarização se alonga; o sistema de ensino está aberto a novas populações de jovens, muitas vezes na perspectiva de uma ideologia da igualdade das oportunidades; a escola está convidada a ultrapassar sua função de ensino de conteúdos cognitivos para se ocupar com a integração dos jovens na sociedade; e, enfim, ela está encarregada de preparar os jovens para a vida ativa e profissional.

Aos aspectos societários da crise, é preciso acrescentar hesitações quanto à relação do ensino com os conhecimentos. Há uns cinqüenta anos, os objetivos do ensino eram muito claros: cabeças bem-feitas, independentemente dos conteúdos. Era quase um slogan proclamar que o latim e o grego não serviam para nada, a não ser para formar o espírito. A matemática era muitas vezes ensinada com a mesma mentalidade. Os conteúdos importavam pouco (o que permite compreender a razão segundo a qual se pensava facilmente poder menosprezar esses conhecimentos padronizados que são as ciências). Pelo fim dos anos 1950, assiste-se a um interesse cada vez mais marcado pelas especializações e pelos conhecimentos disciplinares: deu-se conta de que uma cabeça, para ser bem-feita, devia também estar suficientemente cheia.[2] Depois, um quarto de século mais tarde, as críticas começam a se difundir a respeito de um ensino muito padronizado, fragmentado e carente de sentido.[3] É assim que se vê, como uma volta do pêndulo, uma insistência sobre as cabeças bem-feitas: isso se faz especialmente falando de competências e insistindo na produção do conhecimento contextualizado. Ao mesmo tempo, pode-se perceber um interesse crescente por uma abordagem que complete o ensino disciplinar pelo aprendizado da interdisciplinaridade, única capaz de explorar os conhecimentos disciplinares em situações concretas.[4] Diante desse conjunto de críticas e de demandas, muitas vezes contraditórias, a escola tenta responder. Por toda parte reformas são feitas, mas seus sucessos não são evidentes... a ponto de tanto os

---

[2] Este interesse, sem dúvida, foi desencadeado parcialmente – mas não causado inteiramente – pela resposta dos americanos ao envio do Sputnik pelos russos.

[3] Elas começaram nos Estados Unidos, com o famoso relatório encomendado pela administração Reagan: *A nation at risk*. Como que, por acaso, estas disfunções aparecem quando os docentes que tinham sido formados sob a égide da "cabeça bem-feita" se tornavam minoritários no ensino.

[4] Mas, hoje, está-se mais consciente do que há vinte e cinco anos de que a interdisciplinaridade requer métodos se não quiser terminar numa confusão. Cf. G. Fourez, 1994.

docentes quanto o público desconfiam cada vez mais de todas essas mudanças.

1.10. O nível cai?

A acusação segundo a qual o nível das escolas cai sem cessar não data de ontem, mas se repete até hoje. Não é fácil estudar a evolução do nível escolar de uma nação, apesar de alguns métodos (assemelhando-se ao estabelecimento do PNB) serem utilizáveis. Algumas análises recentes indicam que o nível escolar global dos países industrializados sobe, mas que a distância entre os mais bem formados e os menos adaptados cresce, com o risco de promover uma sociedade dual.

"Le niveau monte" ("O nível sobe") é o título do livro de Christian Baudelot e de Roger Establet sobre o ensino francês, com subtítulo: "Refutação de uma velha idéia concernente à pretensa decadência de nossas escolas" (Paris, Seuil, 1989. Os números entre parêntesis nas páginas seguintes se referem a essa obra). Esta velha idéia, nossos autores a põem em evidência utilizando citações que vão de 1820 a 1988, nas quais diversos prognósticos proclamam periodicamente a decrepitude do ensino e especialmente do conhecimento da ortografia. Seria possível que, ao passo que a pedagogia esportiva chega a melhorar de um modo surpreendente a maior parte dos desempenhos, a escola veja sem cessar cair seu nível? Pode-se pretender que o nível do ensino caia se em 1988 saíram quase tantos bacharéis C quantos diplomados no ensino primário há um século? "É preciso saber se foram os alunos cada vez mais sem valor ao longo das gerações que produziram todas estas maravilhas técnicas em perpétuo progresso" (14).

A noção de "nível dos estudos" não é fácil de definir ou, antes, de construir de modo coerente. Em todo caso, é possível definir um nível médio de uma fração escolar de uma geração:"seria o conjunto dos desempenhos e dos conhecimentos escolares que poderia praticar a média dos indivíduos desta fração escolar" (19). Contudo, tal definição encontra grandes dificuldades, por várias razões.

Primeiramente,"os desempenhos exigidos dos alunos de certa idade não param de se modificar" (22). Não podem ser utilizados os mesmos critérios para definir o "nível" numa sociedade em que a retórica é essencial e numa outra mais tecno-científica. É assim que, "desde o século XIX, o intelectual de referência mudou de natureza" (34). O ser humano culto – e seu "nível" de desempenhos intelectuais – muda com as culturas. Impossível então comparar de maneira estritamente igual os desempenhos dos jovens de 1890 e de 1990.

Logo, é preciso saber se vão ser comparados os níveis dos alunos que freqüentam os mesmos estudos ou, antes, os de conjuntos demográficos equivalentes; em outros termos, serão comparados os bacharéis de 1900 e de 1990 ou os 10% mais educados da população nessas datas? Os resultados serão muito diferentes. Não seria surpreendente, por exemplo, que um docente de uma seção que perde sua posição dominante (pensemos nas greco-latinas) tenha a impressão de que o nível de seus alunos cai – e que não seria de admirar se os melhores se dirigissem para uma outra seção (como as latino-matemáticas). Segundo o ponto de vista adotado, os resultados variarão, já que, por exemplo, em 1880, apenas 8% da população obtinha o certificado de escola primária – e só 2% o ultrapassava – ao passo que hoje conseguir o bacharelado é comum.

Enfim, uma avalição global do nível escolar pode encobrir análises interessantes. É possível, por exemplo, que uma alta de nível médio dissimule "um salto para frente prodigioso de uma minoria e uma estagnação, até mesmo regressão, da massa" (31).

Dificuldades do mesmo gênero aparecem na história da economia. O Produto Nacional Bruto (PNB) de uma sociedade é apenas uma noção teórica disfarçando diferenças de contexto muito importantes. E, contudo, os economistas concordam em encontrar certa significação neste conceito. Do mesmo modo, Baudelot e Establet vão tentar estabelecer um PNB da formação. Para medi-lo, referir-se-ão a três domínios principais: a escola, a economia, o exército.

A evolução da freqüência à escola é bastante notável. Durante os últimos oitenta anos, a duração média da permanência na escola de um francês foi mais que o dobro (35). Não foi fácil levar todas as crianças à escola primária: em 1931, a taxa de escolarização não ultrapassava ainda 87% (36). Quando se reclama da baixa do nível escolar, é preciso ouvir, nos anos 1920, personalidades conservadoras se queixarem de que os jovens camponeses são tentados pela instrução (41). Assim, um "notável" adverte: "Não é preciso instruir o futuro agricultor como se fosse um cidadão do mundo" (41). E nossos autores comentam: "Quem ousaria hoje ter tal opinião numa sociedade econômica que confronta o mais modesto dos agentes com as tecnologias e com os mercados mundiais? Os agricultores, em particular!" (41). Diferentes gráficos são esclarecedores sobre a "queda dos níveis". Dos nascidos em 1883, cerca de 60% deixavam a escola sem nenhum diploma; dos de 1960, não mais que 20%. Da geração de 1883, apenas 10% iam além do "certificado de estudo"; para 1960, serão 75%. A geração de 1883 produzirá cerca de 10% de bacharéis; a de 1960, 50%.

Mas não se vendem diplomas baratos? Para responder a essa questão, nossos autores examinam o impacto do progresso da diplomação escolar sobre a produção nacional e sobre as rendas dos interessados. Para eles, "a resposta não causa dúvida alguma: o progresso é real" (57). Eles constatam de fato uma associação rigorosa entre o nível da formação e o nível de riqueza. "A correspondência é tão clara que se pode ter a medida econômica para um indicador do nível escolar e vice-versa" (57). A formação aumenta a produtividade, ao passo que as novas tecnologias têm um duplo efeito: "por um lado, elas reduzem numerosos trabalhadores ao desemprego ou à desqualificação pela robotização ou fragmentação das tarefas; por outro lado, elas exigem dos que as servem qualificações elevadas que implicam conhecimentos novos e relativamente sofisticados (65). Isso é particularmente verdade na agricultura. Depois das práticas artesanais e rústicas, há verdadeiras rupturas: escolares, econômicas, sociais e culturais" (67).

O exército podia, graças aos testes pelos quais fazia passar os militares, dar uma idéia do "nível" de um contingente. Em 1945, ele tinha estabelecido para os militares seis classes estatísticas, dos mais fortes aos mais fracos. Mas se se distribuem os convocados de 1974 segundo as tabelas de 1948, "a classe dos mais fortes, que agrupava em 1948 10% do contingente, agrupa em 1974 65% dos recrutados no teste de inteligência geral, 25% no teste dos conhecimentos matemáticos, 28% num teste de atenção, 23% num teste de linguagem, 38% num teste de compreensão mecânica. Simetricamente, a classe mais fraca, que contava 10% do efetivo em 1948, é praticamente dispensada (de 1,5 a 3,5 conforme os testes): o nível ainda subiu" (80). Esses resultados são "confirmados, em suas tendências de alta, por pesquisas análogas conduzidas com a ajuda de testes psicométricos, civis ou militares, em todos os países industrializados" (81).

Contudo, esta alta média de conjunto é acompanhada de um crescimento da dispersão: "a elite escolar aumenta numericamente, mantém seu nível e se destaca mais nitidamente do pelotão. O pelotão central cresce, perde o fôlego e se desfaz. A uma grande distância, elementos menos numerosos penam para superar seu atraso" (86).

1.11. Estratégias diferenciadas segundo os lugares

Se se analisam as diferentes estratégias sociais em relação à escola, pode-se distinguir "a elite" que termina o ensino geral, "o centro" que trabalha em seções para a vocação técnica e profissional, e "o final do pelotão", refratário ao sistema escolar. O nível da elite, controlado nacional e internacionalmente, sobe, formando uma classe de "quadros" cada vez mais importantes e partilhando certos valores sociais. Cada vez mais jovens acedem ao "centro", mas uma análise mais fina mostra a que ponto denominações semelhantes disfarçam diferenças de projetos e de esperanças. Quanto ao "final do pelotão", ele tem cada vez mais dificuldade de se situar na sociedade. Estas análises mostram como, por trás de considerações pedagógicas, se põem as questões de política escolar.

Segundo a análise de Baudelot e Establet, a qualidade dos bacharéis pode ser constatada em diversos efeitos sociais. Assim, "o tecido maciço da elite com manutenção do nível é um fato social de amplidão bastante forte para ter, desde agora, transformado em profundidade um número de setores da vida econômica e social: faz-se cada vez mais freqüentemente e cada vez mais por mais tempo a fila para visitar uma exposição, entrar num museu ou comprar lugares de concerto ou de ópera..." (88). A leitura também aumentou e tudo parece indicar que é de qualidade (90-99). A elite intelectual dos países industrializados é o objeto de pesquisas nacionais e internacionais, cujo objetivo é manter sua formação em níveis válidos e equivalentes. Ela é assim fortemente controlada de sorte que, um pouco por toda parte, os "quadros" formam uma elite social, econômica e escolar. Tudo indica que o nível dos bacharéis sobe. Do mesmo modo que há uma elite "internacional" dos jogadores de tênis, o conjunto das pessoas que fizeram estudos superiores forma um grupo social bastante homogêneo (uma de suas características é talvez justamente a prática do tênis!). Aliás, "no conjunto da escolaridade, as crianças da elite permanecem mais tempo na escola e nas organizações mais caras; elas são, então, beneficiadas, em média, de subvenções totais superiores em 65% às dos filhos de operários" (114). Contudo, "a alta do nível às vezes mede e não mede o grau crescente de adaptação da população saída das escolas às transformações incessantes de nossa sociedade" (119). "O desenvolvimento das competições individualistas rechaça o aprendizado e a concepção das associações solidárias" (119). Há, então, desenvolvimento de uma elite, mas de uma elite adaptada a uma sociedade de produção e de consumo; não se trata de uma alta de nível em absoluto.

O fenômeno escolar mais marcado dos anos setenta é o acesso a diplomas secundários de nível intermediário de uma massa de jovens "que se deveriam contentar, em 1967, com um certificado de estudos ou mesmo com nada" (121). Este crescimento numérico de diplomas contribui para a elevação do nível de uma geração, tanto mais que se continua a registrar um progresso na concessão de certificado escolar. Contudo, "o balanço comporta um passivo: aqui a subida dos efetivos é acompanhada de uma baixa dos desempenhos". Resulta que "a distância entre o topo e o centro aumentou; o centro é, em 1982, mais dispersado e menos bem definido que em 1967" (121).

Nos anos 1960, os alunos que procuravam os diplomas intermediários o faziam geralmente segundo uma estratégia bastante clara. Sem dúvida, tinham chegado (ou se tinha chegado para eles) à conclusão de que não eram feitos para o ensino geral, e sua orientação para estudos mais técnicos procedia "de uma estratégia realista que abria os caminhos de uma qualificação operária reconhecida" (123). Esses alunos viviam sua orientação "ao mesmo tempo como uma instância de relegação e como uma grande escola da elite operária, com todos os sentimentos de altivez que lhe são associados. O aluno que é desviado hoje (...) do nobre caminho se sente, ao contrário, apenas 'orientado'" (124). "Não se pode falar, neste centro escolar, de um nível ao mesmo título que para o bacharelado" (124).

Segundo os países, o ensino profissional é mais ou menos bem articulado com as empresas, oscilando entre duas imagens da formação: o aprendizado no lugar de trabalho, com um apoio escolar, e uma fórmula exclusivamente escolar que se vê aparecer mais tarde. Essas formações profissionais podem ser de valor muito diferente: coexistem, sob a mesma denominação e às vezes na mesma aglomeração, seções hoteleiras de três estrelas, equipadas com cozinhas ultramodernas, com restaurante aberto ao público, em construções de vanguarda, praticando uma seleção impiedosa e estabelecimentos desarticulados, com ladrilhos quebrados, em que os docentes vivem na morosidade (127). Por outro lado, as origens escolares e sociais dos alunos aí mantidos são bastante distintas para testemunhar esta diversidade (128).

Entre os jovens que freqüentam esses estabelecimentos, percebe-se "uma enorme diversidade de origens familiares, de passados escolares, de comportamentos a respeito da escola, do trabalho ou do futuro" (132). Baudelot e Establet analisam a imagem da vida "de sucesso" segundo esses jovens. É evidente que "o sucesso está exclusivamente associado às dimensões individuais e familiares da existência: trabalho, felicidade, família, mulher, filhos, carro, dinheiro. As dimensões coletivas e políticas brilham pela sua ausência: nenhum sinal de revolta, nenhuma referência à luta ou à aventura, nenhum projeto de mudar a vida ou o mundo. Nem Marx nem Rimbaud... O individualismos prevalece" (135). O objetivo real parece ser "o acesso à segurança alcançada pela obtenção de um emprego estável e interessante, por uma vida em família ou como casal, uma habitação" (135).

Além desta parte mais íntima partilhada, diferenças aparecem. Baudelot e Establet as agrupam em torno de três temas: fazer, ter e ser. Há uma imagem de domínio da própria existência expressa pela frase "Fazer o que se quer, o que agrada". Este modelo "pode ser assimilado ao grau máximo de confiança e de domínio do futuro manifestado na população estudada" (141). Há sobretudo o fato de alunos que, graças a uma boa escolaridade anterior, foram aceitos em seções afamadas e seletivas. Ao contrário, não será nenhuma surpresa encontrar ao lado do ter (e todos esses complementos de objeto) os que têm menos: alunos que repetiram no primário e se acham num estabelecimento e numa seção que não quiseram. Muitas vezes seus pais são operários ou empregados sem qualificação (140). Enfim, o pólo "não faltar nada e ser" atrai sobretudo as meninas e os alunos das seções do setor terciário: jovens tendo repetido pouco no primário e que escolheram essas seções. Mais que um salário elevado, esses estudantes valorizam "a possibilidade de dispor de tempo livre, o ambiente e o interesse pelo trabalho" (140).

As formações profissionais fornecidas por esses diplomas intermediários são, então, muito heterogêneas. Algumas seções podem praticamente ser assimiladas, por seu nível intelectual e social, ao ensino geral (para o qual muitas vezes são previstas pontes estreitas). Outras seções vegetam muitas vezes, tanto mais que continua importuna a norma do nível universitário que impede a busca de uma formação profissional adaptada (146).

Enfim, subsiste como um espinho no pé do sistema escolar um núcleo irredutível de jovens (cerca de 15%) para o qual a escola fracassa na transmissão dos conhecimentos fundamentais: a leitura, a escrita, o cálculo. Resta, portanto, saber o que se analisa considerando esses conhecimentos. A ortografia, por exemplo, foi, desde o século XVII, uma norma social "para distinguir o homem de bem dos ignorantes e das "simples mulheres" (Dicionário da Academia). Para as classes populares, "o saber gramatical é apenas uma terminologia suplementar que reforça o caráter estranho dos conteúdos escolares" (156). Não é o caso de certos conhecimentos científicos e de suas terminologias? Jamais houve, aliás, como alguns imaginam, "uma idade de ouro pedagógica em que o sucesso era universal" (156). Os aprendizados elementares e fundamentais são "aprendizados objetivamente difíceis que não vão por si a não ser para uma minoria" (156).

Quando se quer – assim como tenta o governo francófono belga – estabelecer no nível do saber o equivalente do SMIC,* choca-se com um problema importante de política escolar: que lugar atribuir às formações teóricas e às habilidades práticas, ao estudo e aos esportes, às ciências e às letras, à cultura geral e à preparação para o mundo do trabalho? Mas, diante dessa questão política, "há todas as chances de ver os agentes sociais implicados se oporem: os especialistas das diversas disciplinas, os pais de alunos de diferentes meios, os empregadores e os sindicatos de salariados, os docentes e os mestres de aprendizado" (198). Quanto à questão do nível escolar, ela pode aparecer então como expressando, "no registro escolar, a vontade civilizadora dos reformadores burgueses, obra empreendida de longa duração e começada do alto e pelo alto" (182). Os exames de nível sendo "ritos de passagens" (175).

Essas conclusões estabelecidas há uma dezena de anos por Baudelot e Establet parecem manter sua validade.[5] É assim que o Ministério da Defesa francês estima que, entre 1981 e 1994, os desempenhos intelectuais dos jovens com muitos diplomas melhoraram cerca de 2%. Ainda mais, "as produções dos melhores

---

* N.T.: *Salaire Minimum Interprofessionel de Croissance* (Salário Mínimo Interprofissional de Crescimento, *Dicionário "Petit Robert"*, Paris, 1989).
[5] Segundo um estudo da Direção da Avaliação e da Prospectiva (DEEP) do Ministério da Educação Nacional francês, assinado por Claudine Peretti e Claude Thélot. Cf. jornal *Libération* de 3/5/96, p. 22.

alunos de hoje são muitas vezes mais satisfatórias do que outrora. Elas raramente são menos satisfatórias". Isso significaria que, contrariamente ao discurso ideológico das classes sociais mais privilegiadas, "educação de massa e seleção de uma elite escolar de excelente qualidade, e mesmo de qualidade crescente, não são incompatíveis".

1.12. *Autonomia relativa da escola no século XIX*

Na Europa ocidental, pelo fim do século passado, embora assumindo funções ideológicas importantes, a escola se situou em certo equilíbrio diante das contradições sociais que ela veiculava. Durante uma época relativamente longa, ela chegou assim a evoluir de uma maneira relativamente autônoma em relação à sociedade. Quando se tentar rearticulá-la com o mundo da produção, a escola entrará em crise.

Bernard Charlot fez uma análise da evolução da escola na qual esta proposição e a seguinte se inspiram (cf. B.C.). Ela propõe a imagem de uma escola estável, o que não significa de modo algum uma ausência de tensão social. Assim, a educação se fez bem diferentemente segundo as classes sociais: em geral, a escola secundária para os filhos da burguesia e as escolas primárias e as fábricas para os filhos do povo. A reprodução das classes sociais é então sistemática e desejada. Essa situação se degradará com a industrialização crescente e o lento acesso das classes médias às "humanidades". Vista a evolução social do século XX, essa situação se tornará totalmente inaceitável pelos anos sessenta.

A escola "tradicional" vivia tensões ideológicas múltiplas. A industrialização crescente levava o patronato a desejar uma população livre dos particularismos locais e das tradições sustentadas pela religião. A burguesia declara querer a igualdade e é uma das bases do sistema econômico liberal do século XIX. A Revolução Francesa proclama a necessidade de favorecer o talento de todos, quaisquer que sejam suas origens. As classes dirigentes querem que o povo se adapte à industrialização, mas elas têm ao mesmo tempo medo de que, sabendo ler e escrever, ele ultrapasse os limites que lhe são concedidos. Receia-se também que a instrução o faça abandonar as tarefas produtivas que dele se esperam. O mundo dos trabalhadores está em plena mutação. Os companheiros artesãos, com sua altivez e sua capacidade de resistência social devida à qualificação, desaparecem para deixar o lugar a um novo tipo de operário, o homem da máquina, que inventará outros tipos de resistências, mais coletivas, mais disciplinadas e mais ligadas a análises de sociedade. Dois conflitos estão sem cessar subjacentes à escola do século XIX: o que confronta com a burguesia liberal mais moderna no partido conservador clerical saudoso do antigo regime e aquele em que a burguesia faz frente à classe operária.

Se, no século XIX, existe certo consenso em torno da escola, ele está baseado em compromissos. Formam-se jovens com valores diversos: respeito da ordem social, ética do trabalho, senso de medida, justiça, pontualidade. E sem se perguntar se essas virtudes são baseadas na moral leiga ou na religião (é, aliás, assim que certo pluralismo se estabelecerá pouco a pouco). Proclamar-se-á na escola uma cultura científica, tendo a pretensão de uma vocação universal, mas muito apta a eliminar os particularismos e a permitir a industrialização. Mas essas mesmas qualidades ligadas à disciplina, à técnica, à racionalidade e à moral permitem o desenvolvimento de uma identidade operária. O consenso sobre a escola se torna possível na medida em que se supõe um universo intelectual e moral, o da "cultura", e que este universo seja separado do mundo do trabalho onde se vive o afrontamento social. O que não impede que a burguesia prefira muitas vezes que a formação profissional aconteça na fábrica, pois se pensa que os operários aí aprendem melhor a docilidade e o trabalho. Como diz Charlot: "Não é, então, por cegueira pedagógica que a escola francesa é tradicionalmente separada do mundo da produção, mas em virtude de um duplo consenso: o que sustenta a escola leiga enquanto fica à distância dos conflitos sociais mais sensíveis e o que afirma que a formação profissional deve desenvolver-se na oficina e não na escola" (B.C., p. 65).

Este equilíbrio vai desgastar-se após a Primeira Guerra Mundial e entrar em crise nos anos 1960. A indústria, de fato, exige cada vez mais formação para os trabalhadores. Então, prolonga-se a escolaridade e exige-se cada vez mais da escola que assegure funções anteriormente assumidas pela família ou pela fábrica. As classes sociais menos privilegiadas querem ter cada vez mais acesso ao ensino, e este tende a se tornar gratuito além dos cursos primários. Numa sociedade em que reina o "taylorismo" (trabalho racionalizado) e o fordismo (trabalho em cadeia), a escola é chamada cada vez mais a socializar os jovens. Tanto que as negociações coletivas, sob o controle do Estado-Providência, substituem cada vez mais as lutas sociais de outrora. A escolarização crescente é percebida como um progresso e deseja-se que a escola se articule cada vez mais com a realidade econômico-social e que assim ela "se abra para a vida". As demandas externas se tornam, então, cada vez mais insistentes sobre uma escola que continua a crer-se um universo cultural autônomo. Algumas crises, então, estão próximas.

1.13. Desestabilização da escola nos anos 1960

Nos anos 1960, as demandas feitas à escola aumentam. O sucesso escolar se torna essencial para a socialização dos jovens, e o fracasso escolar se torna um problema social. O debate se desencadeia sobre a adequação da formação escolar para a carreira, e a escola entra em crise. Essa crise é provocada pelo aparecimento, na escola, da concorrência para o emprego e o status social. A escola, cada vez mais centrada no rendimento na carreira, não vive apenas uma crise pedagógica, mas uma crise de sentido.

No século XIX, as classes sociais menos privilegiadas reivindicavam o direito à instrução; nos anos 1920, é a escola única (isto é, as pontes estreitas entre as seções) que se torna o lance (do jogo) da sociedade; nos anos 1960, é o direito ao sucesso escolar; e nos anos 1980, o direito ao emprego. Pouco a pouco a escola secundária muda de status. Enquanto, no início do século, era o veio reservado aos ricos e ao pequeno grupo em promoção social ascendente, agora a escola se torna pouco a pouco necessária para todos, ela monopoliza a formação e se torna um lugar de conflito para o status social. Enquanto naquele tempo se parava a formação para entrar na fábrica ou para assumir um outro emprego, hoje, parar a escolarização é, para muitos, sinônimo de fracasso.

O fracasso escolar não é simplesmente um problema pedagógico. É também um problema causado pelo fato de que o status social está, hoje, ligado ao nível de escolarização. No século XIX, o status social das crianças de uma família se reproduzia normalmente, qualquer que fosse o sucesso escolar. Não é mais assim. Ainda mais, o sistema capitalista liberal se acomoda bastante bem a uma maior mobilidade social: afinal, uma fábrica moderna necessita de engenheiros, e não é preciso que eles provenham de famílias socialmente privilegiadas. O que é indispensável para a economia liberal é uma reprodução ampliada dos postos de trabalho e das relações sociais de uma geração a outra, mas não a reprodução familiar das situações de classes de pais para filhos. Simplesmente, a escola não é mais de modo algum o lugar de uma cultura, malgrado tudo bastante desinteressada: ela se torna o lugar de uma concorrência social. No fundo, o ensino secundário tradicional – as humanidades – apresentava realmente uma dimensão desinteressada, na medida em que quase não dependia dele o status social já assegurado pela família. Hoje não é mais assim. A legitimação de um status social passa pela aquisição de competências; e supõe geralmente que é a escola que vai dá-las. As famílias – sobretudo as que compreendem a natureza do sistema – vão investir na formação escolar.

Compreende-se, nesta perspectiva, além da tragédia individual e familiar que pode representar o fracasso escolar, a razão do debate sem fim em torno da adequação da formação ao emprego. Já que hoje é a escola, e não a origem social, que escolhe, seleciona e orienta, haverá muita exigência com ela. Na prática, existe censura de que forma mal. Mas as demandas em matéria de formação não são nem claras nem unânimes. Se as grandes empresas desejam engajar pessoal dotado de uma sólida formação geral e de uma boa capacidade de adaptação, os patrões de algumas organizações, mediocremente dinâmicos, preferem muitas vezes jovens mais imediatamente adaptados a seu posto. Onde a unanimidade se faz, é para se queixar da escola sob pretexto de que ela não fornece a formação adequada. Pode-se, contudo, perguntar se, finalmente, a causa da queixa não é muito simplesmente o mal-estar proveniente do fato de que nossa sociedade induz uma concorrência desenfreada entre indivíduos cada vez mais competentes.

O mal-estar é sem dúvida aumentado pelo fato de as famílias muitas vezes ainda guardarem uma imagem bastante arcaica da preparação para o trabalho. Naquele tempo, de fato, a preparação para um ofício se fazia pela aquisição de conhecimentos e de habilidade extremamente precisos. Este aprendizado se fazia, aliás, muitas vezes na empresa ou em contato estreito com ela. Aprendia-se um ofício bem definido, e é o que hoje muitas famílias continuam a pedir à escola no momento em que as empresas modernas exigem mais uma formação geral de base. A escola não pode, então, responder à demanda dos pais quando exigem conhecimentos precisos, imediatamente úteis. Bem mais, qualquer que seja a solidez da formação fornecida, o mal-estar subsistirá, já que o jovem que sai da escola será imediatamente colocado em competição com outros. Neste sentido, a frustração de que falam tantos pais diante da instituição escolar talvez tenha mais a ver com a organização da sociedade do que com o valor dos ensinamentos. Como diz Charlot: "Articulado com a realidade econômica e com o mercado do trabalho, o sistema escolar se torna estruturalmente instável" (B.C., p. 142).

Ligada a essas frustrações, a escola passa por uma crise de sentido. Na época da estabilidade escolar, as "humanidades" exprimiam a pertença a uma tradição, a uma sociedade, classe social, família, nação, eventualmente a uma Igreja etc. O sentido vinha da adesão a coletividades e idéias-forças. Hoje, a escola vê este horizonte cultural se desmoronar para se tornar um lugar onde, antes de tudo, indivíduos visam carreira. Deste modo, ela é menos portadora de sentido, mas se torna "um lugar incontornável e muitas vezes enfadonho onde cada um defende suas chances de futuro" (B.C., p. 158). A prioridade da competição leva assim a modificar a significação dos conhecimentos. Estes se tornam cada vez mais aptidões sem finalidade conhecida e, portanto, desprovidos de sentido. O sentido do conhecimento tende a se reduzir à função que desempenhará na carreira (e, espera-se, na escola). Como, em tal quadro, dar ao projeto pedagógico de uma escola uma perspectiva entusiasmadora? O próprio fato de que a escola entra em projetos de carreira torna mais difícil sua tarefa tradicionalmente cultural. De fato, "em certo nível, o da experiência cotidiana da escola, todos os jovens sofrem pelo fato de que os conhecimentos veiculados pela escola não dão mais sentido à existência, não iluminam mais a sociedade e o mundo" (B.C.,

p. 168). Aí se encontra um problema levantado por sociólogos, como Bellah ou Lipovetsky (depois de Tocqueville, que já falava disso em 1835): o da articulação, numa sociedade individualista, do projeto de uma pessoa com a "grande sociedade".

Em tal contexto, Charlot estima que três estratégias são possíveis (B.C., p. 116). Uma, neoliberal, acentuaria ainda a diferenciação social pela escola; ela não faria mais que agravar a crise. Uma outra, reformista e progressista, "assegurando a todos um sucesso escolar mínimo e uma inserção social pelo menos aceitável, aplacaria a crise sem por isso resolvê-la". Uma terceira, de tipo revolucionária, implicaria uma transformação profunda das estruturas da sociedade.

1.14. Docentes em crise?

Em muitos países ocidentais, os docentes, enquanto comunidade profissional específica, entraram em crise. Existe uma crise de confiança entre eles e a sociedade civil. Eles não estão à vontade em relação ao lugar dado ao ensino no funcionamento da economia. Os objetivos dados à sua ação não são mais claros. Sua imagem e sua identidade se tornaram vagas. Sua falta de formação social e política os impede de se situar adequadamente no meio dos conflitos que lhes concernem. Uma solução para esta crise passa, então, por uma melhor tomada de consciência do contexto econômico, social e político do ensino.

Na França, na Espanha e na Comunidade Francesa da Bélgica, importantes greves recentemente chamaram a atenção para as frustrações e até mesmo a cólera dos docentes. Em outros países, situações semelhantes podem ser observadas: frustração dos professores que têm a impressão de não chegar a cumprir bem seu ofício numa sociedade que lhes pede muito, sem por isso apoiá-los.

Alguns observadores falaram de uma crise de confiança entre a sociedade civil e os docentes (cf. *La revue nouvelle*, maio de 1989, p. 100). No comentário desta proposição, vamos analisar esta crise de diferentes pontos de vista, de modo a poder discernir algumas entradas e saídas. Contudo nos limitaremos, na medida do possível, à análise, deixando ao leitor o cuidado de tomar posição.

Alguns fatores que influenciam essa crise estão ligados a situações particulares e, portanto, conjunturais. Entre eles, notam-se falta de habilidades de alguns ministros da educação ou disposições políticas (como a repartição de recursos na Bélgica entre os flamengos e os valões). Outros fatores concernem a um setor particular, como o do ensino profissional fraco em que se encontram alunos completamente desgostosos com a escolarização (por razões estruturais, pois estas seções se tornaram as "latas de lixo" em que a sociedade lança os que ela não pode ou não quer integrar). Mas certos fatores são mais globais. Proponho aqui uma análise que põe em evidência elementos econômicos, divergências de objetivos, imagens culturais e ideológicas e uma falta de "politização" entre os docentes.

Nas sociedades ocidentais onde os fatores econômicos constituem a instância dominante, os professores têm interesse em integrar em suas análises sua ligação com o sistema de produção da nação.

Os docentes trabalham no setor não mercantil da economia. Eles estão aí lado a lado com enfermeiras, educadores, assistentes sociais e algumas outras profissões. Sua sorte sem dúvida não é das mais invejáveis, mas muitos concordam em dizer que, comparados, por exemplo, com as enfermeiras que trabalham em fins de semana, tendo só férias curtas e mal pagas, eles não são os menos aquinhoados. Alguns grupos dentre eles (por exemplo, os "licenciados", ensinando em escolas elitistas) têm até mesmo um poder social. Contudo, em relação ao setor mercantil, os docentes se sentem mal tratados. Ainda mais, sentem muitas vezes que, em relação a outros universitários que trabalham em estabelecimentos privados, seu status econômico é fraco. No setor não mercantil, eles ocupam sem dúvida uma situação intermediária.[6]

As profissões que acabamos de mencionar apresentam características econômicas particulares que estão na base de sua situação de crise: o que elas fazem não é automatizável. Não existe nenhuma maneira de programar bem o melhor modo de ser professor, enfermeiro ou educador. Em relação aos ofícios em que o impacto das tecnologias se faz sentir, o ensino – como o setor dos cuidados dos enfermeiros ou o trabalho social – exige uma grande presença humana. Se se quer medir a produtividade pela taxa de enquadramento dos alunos, há perda de produtividade (se, ao contrário, levam-se em conta a modificação das funções desempenhadas pelo sistema educativo e a alta do nível da instrução das populações, não é de modo algum certo que a "produtividade" tenha diminuido – cf. proposição 1.10, neste capítulo). Além do mais, é impossível enviar as crianças para se formarem em Taiwan, no Haiti ou num outro país em desenvolvimento (como não é possível para lá enviar nossos enfermos): o ensino não beneficia, então, as mãos-de-obra baratas desses países. Seu custo relativo é, então, bem mais elevado do que, por exemplo, o de nossas roupas. Em resumo, numa sociedade que aumenta sem parar sua produtividade em termos quantitativos e manda trabalhar em outros países mais baratos para ela, o ensino parece custar caro e, comparativamente com outros setores, cada vez mais caro.

---

[6] No cume da hierarquia do não-mercantil, é preciso sem dúvida colocar os médicos. Aliás, não é por puro acaso que os médicos foram os primeiros que se puseram em greve neste setor. Com efeito, é freqüente que, num setor "que perde seu dinamismo", os grupos mais privilegiados sejam os primeiros a se revoltar.

A isso é preciso acrescentar a gestão, às vezes injusta, dos sistemas educativos. Num país como a Bélgica, por exemplo, parece impossível saber exatamente o número de professores e de alunos. Ainda mais, com ou sem razão, numa sociedade cada vez mais neoliberal, censuram-se ao ensino os defeitos que se encontram, desde alguns anos, nos serviços públicos das "social-democracias" até mesmo dos países socialistas. O ensino, como serviço público, é cada vez mais o alvo de todas as sortes de "desregulamentações" visadas pelos neoliberais. E é tanto mais vulnerável que é difícil encontrar indicadores para determinar seu rendimento.

No quadro econômico e social, a profissão docente, em seu conjunto, perde seu dinamismo. É, aliás, uma profissão em via de feminização, com todas as desvantagens que isso pode representar em nossa sociedade sexista.[7] Acima do mercado, este grupo social se encontra em competição cada vez mais marcada com outras instâncias prontas para fornecer formações diversas: desde as empresas dos diversos meios de comunicação social passando pelas agências de emprego e outras.

Enfim, ao menos em alguns países, a profissão docente se ressente do peso da massa dos que gostariam de sair da profissão, mas não podem. Contribuem especialmente para esta falta de mobilidade certa burocratização e a dificuldade de se reciclar (seja por medo do ambiente competitivo e da insegurança do mundo mercantil, seja muito simplesmente por causa dos problemas administrativos devidos à mudança de ofício, por exemplo, no ponto de vista do afastamento).

---

[7] Numa sociedade sexista, uma profissão em via de feminização perde seu status socioeconômico, e uma profissão em perda de status socioeconômico se feminiza.

Em resumo, o mundo docente, considerado como uma parte da produção nacional, pode ser analisado como um setor em perda de produtividade, de rendimento e de poder social.

Se se consideram agora os objetivos perseguidos pelo ensino, descobrem-se múltiplas tensões, até mesmo contradições.

Há antes de tudo a tensão entre o desempenho e a educação. Pede-se aos docentes que formem jovens autônomos, evoluídos, eficazes e "competitivos" na selva do mercado de trabalho! Desejam-se jovens "cultos", mas tudo, em nossa sociedade, parece dizer que os conhecimentos são mercadorias a comprar e a vender. Muitas vezes há tensão entre o projeto dos pais e o dos educadores (o que é um fenômeno novo se se refere às sociedades em que educar e socializar encobriam uma só realidade). O lugar dos conhecimentos como mediação para uma autonomia e uma solidariedade não é esclarecido.

Há em conseqüência a perda de credibilidade no ideal de "democratização", tão caro a muitos docentes. Todo o mundo, em nossa sociedade, não está mais persuadido da pertinência do objetivo que Condorcet atribuía, há dois séculos, à nação francesa: "ter uma forma de instrução pública que não deixasse escapar nenhum talento sem ser percebido e que se lhe oferecessem, então, todos os recursos reservados até então aos filhos de ricos". Para muitos, hoje, o ensino não visa senão a satisfação de seus "clientes".

Os próprios empregadores não estão sempre de acordo com suas exigências em relação ao sistema educativo. Alguns exigem trabalhadores preparados para trabalhos precisos, mas cada vez mais exigem pessoas adaptáveis e capazes de tomar iniciativas.

Enfim, existe também um desacordo quanto à função do Estado no ensino. Alguns reclamam um sistema mais eficaz, mais econômico e mais racional; para isso, é necessária certa centralização. Outros, porém, apelam para a iniciativa de todos os níveis, o que exige uma menor racionalização e centralização. A isso, é preciso acrescentar as divergências entre diversas redes de ensino de uma parte e entre os objetivos das administrações dessas redes e os dos docentes.

Em resumo, os objetivos do ensino em nossa sociedade ocidental são vagos, o que só pode acarretar uma impossibilidade de avaliação e uma frustração entre os docentes.

A essas considerações sobre os objetivos, é preciso acrescentar o problema da imagem que os docentes têm de si mesmos. São "clérigos" que se percebiam a serviço de valores e da sociedade. E eis que, pouco a pouco, através de todos esses conflitos, descobrem-se trabalhadores como os outros. Cheios de ideal, sentem-se explorados pela sociedade (e sobretudo pelas classes sociais mais privilegiadas que os utilizam sem recompensá-los, seja com honorários adequados, seja com o respeito que esperam os clérigos). A perda do ideal de democratização lhes tira uma boa parte de sua legitimação. E a perda de prestígio dos serviços públicos lhes retira o que restava de sua imagem. Eles se sentem abandonados (como as outras profissões do setor não mercantil) e sós. Em resumo, os docentes se sentem como profissionais em perda de poder e de status social.

Para complicar esta crise, é preciso acrescentar o que se poderia chamar de analfabetismo social e político de uma parte dos docentes. Sua formação, centrada na classe e nas relações interpessoais, formou-os pouco para as relações longas; eles só raramente aprenderam a análise de sociedade. Muitos, então, sentem-se logo desorientados quando estão envolvidos num conflito sociopolítico. Nisso são típicos das novas classes médias individualistas que se sentem perdidas diante das complexidades, dos bloqueios, da burocratização, até mesmo diante das corrupções dos mundos políticos, econômicos, sociais, sindicais. Trata-se de uma "grande sociedade" por oposição à "pequena sociedade" constituída pela família, pelos amigos e, para os docentes, pela classe. Quando essa grande sociedade mobiliza seu espírito, por exemplo, diminuindo os créditos para o ensino, sua reação consiste com mais freqüência em se revoltar do que em procurar como agir nessa "grande sociedade". As classes médias ficam muitas vezes presas a seus privilégios (que continuam não obstante magros) e não compreendem que estes possam ser questionados. Quando elas se encontram envolvidas num conflito social, têm tendência de achar isso escandaloso; elas têm dificuldade de descobrir seus aliados e seus adversários e não percebem facilmente as oposições de interesses; por isso, sentem-se traídas e não se inserem facilmente no político-social. Todas essas características das classes médias são partilhadas pelos docentes.

É característico, a esse respeito, que, nos conflitos sociais concernentes ao ensino, os docentes tenham dificuldades em distinguir seus interesses dos das direções das escolas, dos gestores das redes ou ainda dos pais. Mas a unanimidade se faz facilmente diante dos "maus políticos". A análise e a organização política ou societária não são muitas vezes o forte dos docentes. Por acréscimo, como a maior parte das classes médias individualistas, os docentes são cada vez menos sindicalizados, aumentando, por isso mesmo, a burocracia sindical de que se queixam por outro lado. Eles carecem assim de organizações que poderiam servir de mediação em vista de uma participação na vida social e política. Acontece-lhes mesmo exigir que se lhes confie inteiramente a gestão do sistema educativo, esquecendo que nossas democracias repousam na distinção entre o poder que compete ao povo e os funcionários que se supõem estar a serviço da vontade popular legitimamente expressa. A relação ambígua dos professores com os pais dos alunos é também típica a esse respeito. Por ocasião de diversas greves, ouviu-se dizer que estavam em completa solidariedade com os pais, ao passo que, de fato, eles entram em greve porque a maioria da população (os pais, portanto) não joga seu peso político para exigir o sistema educativo que eles promovem. Contudo, por outro lado, os pais, muitas vezes também de mentalidade de classes médias, sentem-se tão perdidos quanto os docentes: eles acham escandaloso estar implicados, por causa de seus filhos, num conflito social que não tinham querido. A situação dos professores em nossa sociedade é bastante típica de uma "sociedade despolitizada" (Tenzer, 1990).

Esses diversos elementos levam a ver a profissão docente como bastante corporativista, levada à revolta social mais que às reivindicações, integrando elementos sociais, econômicos e políticos, e estruturada por organizações político-sociais. Em resumo, a profissão docente dificilmente se mostra capaz de se articular politicamente numa sociedade que, efetivamente, ela quereria servir.

O conjunto dessa análise pode fazer compreender a situação dessa profissão em crise. Ela fornece também um elemento importante de estratégia em relação a essa crise: importa, como prioridade, que os docentes integrem, em sua própria imagem, sua relação com as estruturas sociopolíticas da sociedade e aprendam a superar, ao menos em certos momentos, a pequena sociedade que podem constituir sua classe e suas relações interpessoais com os alunos.

1.15. A escola, uma instituição sobrecarregada

Diante das múltiplas demandas que lhe são feitas, a escola aparece cada vez mais na situação de uma instituição "sobrecarregada", o que aumenta a crise que vive.

As demandas múltiplas que atingem a escola não são unicamente relativas aos empregos. Assim, pede-se também que ajude os jovens a se desenvolver, a se tornar práticos, a se arranjar na sociedade e a diminuir as desigualdades sociais etc. Antigamente se lhe pedia praticamente desempenhar a única função de transmitir um patrimônio cultural e intelectual a uma minoria privilegiada. Já era muito. Do resto, era a família que era tida na obrigação de se ocupar.

É assim que a escola se assemelha um pouco à instituição do casamento, na medida em que essas duas instituições sociais estão "sobrecarregadas". Espera-se demais delas. Isso coloca a barreira do sucesso tão alta que se torna quase impossível atingi-la. Para o casamento, o problema vem de se exigir tanto da família (pensemos especialmente no sucesso afetivo do casal que dela se espera) que muitos divórcios provêm de uma insatisfação diante dessas expectativas irrealistas. De modo semelhante, espera-se tanto da escola – desde o sucesso intelectual até a ajuda às adolescentes grávidas, passando pela "vigilância" sobre uma juventude que o sistema socioeconômico não chega a absorver – que a escola perde o fôlego. Alguns se interrogam a esse respeito e sugerem que ela não deveria ocupar-se com tanta coisa. Não se poderia limitar sua função, deixando a outras instituições mil e uma tarefas que ela tende a assumir hoje?

1.16. Entre os conhecimentos e as competências

O ensino se acha preso entre a tendência a privilegiar os conteúdos de conhecimentos e as competências. Esta tensão comporta um sentido pedagógico (inclusive na significação da didática) e um sentido societário (em ligação com a evolução de nossa sociedade). Ela interpela a formação dos docentes.

Já mencionamos a maneira com que o ensino está preso na tensão "cabeça bem-feita" e "cabeça bem cheia" (proposição 1.9., neste capítulo). Depois do sistema de humanidades clássicas em que os conteúdos quase não tinham importância, passou-se, nos anos cinqüenta, à valorização dos "conteúdos disciplinares". Disso resulta atualmente uma tensão entre "competências" e "conhecimentos", as primeiras estando centradas no aprendiz, os segundos nos conhecimentos padronizados e socialmente instituídos (muitas vezes apresentados como universais). A recente disciplina chamada "didática" é, aliás, marcada por essa questão. De fato, ela se define muitas vezes como a ciência dos métodos que visam transmitir aos alunos conhecimentos estabelecidos. Trata-se, então, de integrar os alunos nos conhecimentos estabelecidos (científicos) – o que, aliás, tem muito sentido. Ao contrário, quando a formação está orientada para competências a serem adquiridas, visa desenvolver as possibilidades dos jovens e valorizar os conhecimentos constituídos em e para contextos precisos. Esta distinção entre esses dois tipos de conhecimentos remete à distinção entre as ciências disciplinares e as tecnologias ou entre um estudo das ciências e uma "alfabetização" científica e técnica. Compreende-se, neste contexto, o interesse de uma educação centrada nas competências (que reúne sem dúvida o que tinha de melhor o sistema de humanidade clássica). Contudo, a insistência nas competências não é sem ambigüidade, na medida em que ela pode facilmente levar a pôr a escola e os alunos a serviço da economia que exige pessoas competentes.

Esta problemática coloca questões sérias sobre a formação dos docentes. Centrada mais geralmente em conteúdos disciplinares, ela tende a formar pessoas que se valorizarão mais pelas disciplinas do que por aquilo que podem dar aos alunos. Deseja-se formar docentes que vejam sua disciplina como uma mediação na formação dos alunos ou como um fim em si? Essas considerações remetem à questão da interdisciplinaridade e à prática de seus métodos nas formações universitárias ou nas escolas que formam os docentes.

1.17. A violência na escola

A violência que faz sua aparição nas escolas é um sintoma ao mesmo tempo da sufocação da instituição "escola" e dos problemas profundos de uma sociedade que se dualiza cada vez mais. Não só uma crise pedagógica, mas uma crise de sentido.

Tornou-se banal mostrar que as escolas são palcos de uma violência cada vez mais forte. O fato de o ambiente escolar não ter mais o caráter "sagrado" de outrora indica uma mudança profunda dos laços entre a sociedade e a escola. Esta não chega mais a gerar uma motivação positiva das famílias e dos jovens que a consideram como uma instituição social entre outras. Esta dessacralização leva uma parte da população a ver a escola como um serviço de que eles são os clientes.

Contudo, não há só a violência dos jovens na escola. Uma parte dos jovens percebe a escola como um lugar de violência instituída, na medida em que a sociedade os força a freqüentá-la e a nela ficar, sem lhes pedir sua opinião, e isto até uma idade em que outras sociedades os teriam considerado como adultos. Além do mais, a sociedade quase não lhes promete perspectivas de integração no mundo econômico. Esta violência institucional é ainda mais forte quando os alunos pertencem a subculturas diferentes da cultura dominante (por exemplo, as do quarto mundo ou dos meios da imigração – e especialmente as que não partilham a herança judeu-cristã do Ocidente). A esses alunos, que ela deve manter além da adolescência, a escola impõe valores que não são os deles – às vezes até em nome da modernidade, da liberdade e da laicidade.

Esses jovens, assim "agredidos" pela escola, são muitas vezes também deixados à sua própria sorte por uma sociedade em que o fosso que separa os mais privilegiados dos outros se aprofunda cada vez mais. Talvez não seja por acaso que a crise da escola estoure nos países industrializados no momento em que as diferenças de rendas aumentam de novo, depois de mais de um século de diminuição. Em todo caso, não é surpreendente que algumas escolas sejam lugares simbólicos onde se manifestam esses conflitos por violências de todo tipo. À dualização crescente da sociedade responde uma dualização do sistema escolar. Ao lado de escolas relativamente bem integradas no tecido social e capazes de se aplicar a suas tarefas de ensino e de educação, outras se tornam lugares cada vez mais desorganizados, onde todo ensino é uma façanha. Professores e educadores se devotam muitas vezes com uma generosidade e uma engenhosidade notáveis, mas tendo muitas vezes a impressão de estarem abandonados pelos responsáveis da educação pública. Tem-se de lidar com uma verdadeira dualização: de um lado, o ensino cada vez mais eficaz e, de outro, exatamente o que é preciso para evitar (às vezes por pouco) revoluções. Diante de tal situação não bastarão paliativos. Será preciso remontar às causas e então diminuir a dualização da sociedade. E, na escola, é preciso repensar as relações educativas e didáticas de sorte que os jovens aí se sintam mais respeitados e, sobretudo, estejam seguros de que a formação que lhes é dada servirá a eles.

1.18. Escola, Estado, Igreja, sociedade civil

Nossa instituição "escola" é uma instituição ligada à modernidade e, então, às ideologias da universalidade da razão e do Estado. Num período pós-moderno, as interações entre o Estado e a sociedade civil[8] se repensam e se renegociam, mas não sem tensões.

---

[8] O conjunto das instituições organizadas por cidadãos fora do Estado.

A escola moderna nasceu no fim do século das Luzes, no momento em que as instâncias políticas (o império napoleônico, por exemplo) estavam em ressonância com ideologias da modernidade que, como a filosofia hegeliana, exaltavam as ciências, o progresso e a razão universal, tidos como encarnados no Estado. O sistema escolar sucedia assim às Igrejas, entrando em concorrência com elas (pois as Igrejas também queriam certa universalidade). Durante quase dois séculos, todo progressista nos países industrializados achava que o Estado devia gerir a escola em nome das ciências e da razão, para o maior bem da comunidade, e em vista de uma maior democratização. É nesta perspectiva que, segundo os países, diversos arranjos foram imaginados para gerir as relações entre a Igreja e o Estado em relação à educação. A função da sociedade civil em relação à escola estava reduzida ao mínimo.

Em nossos tempos ditos "pós-modernos", esta crença na possibilidade de o Estado promover e gerir o universal é questionada. Ao mesmo tempo, muitos, mesmo entre os crentes, não julgam normal que Igrejas administrem o sistema escolar no lugar dos pais. Duvida-se também da existência de uma razão que, como instância universal, poderia organizar a sociedade. O fracasso dos países socialistas marca sem dúvida o limite dos projetos centralizadores que pretendiam funcionar em nome de uma compreensão científica do social. Esta mudança, contudo, não acontece sem dificuldade. Primeiramente, porque a rendição de um Estado que organizaria racional e leigamente o ensino continua difícil para muitos militantes de esquerda (como continua também vivo em certos católicos o desejo de ver a Igreja cumprir essa função para seus filhos). Em seguida, porque as organizações da escola, que os séculos precedentes nos legaram, deixam traços institucionais e, com eles, lóbis desejosos de não perder sua penhora sobre redes escolares. E, enfim, porque não é certo que o abandono da situação atual não deixaria o campo livre para um relativismo cultural debilitante que não seria temperado senão pela tecnocracia e por uma mercantilização maior do ensino.

Numerosos sinais fazem crer que o conjunto da população deixou de se reconhecer na partilha de influência entre o Estado e a Igreja nestes domínios. A maior parte, contudo, pensa que o Estado mantém uma função na regularização da liberdade de ensino, antes de tudo para evitar que o sistema escolar seja confiscado em benefício dos mais privilegiados e, em seguida, para organizar políticas escolares escolhidas democraticamente (especialmente para fazer do ensino um serviço público e para determinar objetivos pedagógicos, sociais, culturais e econômicos). Em todo caso, vozes se fazem ouvir para propor uma maior liberdade em vista de desenvolver uma escola mais enraizada na sociedade civil e mais próxima das populações e de suas convicções. Contudo, se a imagem de comunidades autônomas que organizam escolas em torno de grupos locais é claramente atraente – sobretudo entre as classes médias superiores – muitos também são os que temem que tal perspectiva não seja mais que uma miragem – até mesmo um "ardil da história" – que leva finalmente a mais tecnocratização e à mercantilização quase total dos sistemas escolares.

1.19. Os bodes expiatórios do sistema escolar

> Diante da confusão desencadeada pelas crises da escola, são muitos os que procuram uma causa simples que permitiria conhecer imediatamente suas razões.

Quase ninguém gosta naturalmente da desorganização e da violência, mas raros são os que escapam de slogans como: "a causa de tudo isso é a droga" ou "são os estrangeiros que invadem nossas escolas", ou "é... devido ao relaxamento dos costumes", ou "... à falta de esforço e de rigor", ou "devido às reformas promovidas sem cessar pelos políticos ou pelos pedagogos", "aos políticos que só procuram rendimento material, bem como sua reeleição", "aos estudantes malandros", "aos estudantes que namoram em vez de trabalhar", "aos docentes progressistas" ou "aos docentes conservadores", "aos pais" etc. Para análises tão simplistas, só falta propor estratégias "abobrinha...". Isso faz pensar que um sinal de maturidade é ser capaz de assumir responsabilidades sem procurar acusar os outros ou encontrar bodes expiatórios.

2. O "renovado" e a crise atual

2.1. As estratégias personalistas e democratas se encontram para tecnocratizar?

As recentes renovações do ensino parecem ser o resultado de projetos "personalistas" (às vezes ligados ao ensino católico) e de projetos de democratização (às vezes ligados ao partido socialista ou aos movimentos leigos). Pode-se perguntar se, por um "ardil da história", isso não termina na tecnocratização do ensino, na elaboração de escolas muito grandes e na psicologização do ensino; neste caso, isso deixaria ver, no nível educativo, as instituições de gestão das grandes empresas contemporâneas.

As renovações, como a instauração da instrução obrigatória, geralmente não foram o resultado de uma só estratégia sociopolítica, mas de uma aliança entre duas correntes. O caso da Bélgica é claro neste nível.

De uma parte, na Bélgica, o "renovado" decorre do projeto de democratização devido ao partido socialista. De fato, há quarenta anos, o ensino era muito hierarquizado; as humanidades greco-latinas sendo a via real que levava à universidade; todo aluno saído de um meio socialmente privilegiado seguia esse percurso. Se alguém tivesse feito as "humanidades modernas", assim eram chamadas então (científico A), não podia praticamente continuar nada na universidade a não ser cursos de matemática ou de física, ou, com um vestibular, cursos de engenharia (mas mesmo para cursos de engenharia o caminho usual eram as humanidades greco-latinas, seguidas de um ano especial de exatas). Ainda mais, as humanidades greco-latinas, que apelam sobretudo para a inteligência verbal e analítica, estavam em consonância mais com as classes culturalmente privilegiadas. É assim que, desde a idade de 12 anos, o futuro dos alunos se decidia pela escolha seja das greco-latinas, seja das ciências modernas, seja do ensino técnico. Foi preciso esperar uma lei de equivalência dos diplomas, em 1964, para que os que não tinham escolhido "o bom caminho" pudessem não obstante ter possibilidades de acesso à universidade. Até 1964, um aluno que tivesse seguido a seção latino-matemática não podia fazer a filologia clássica, nem o direito, nem mesmo as filologias germânica ou romântica. Em 1968, com o "renovado", instaura-se um sistema pelo qual a criança não escolhe senão pouco a pouco sua orientação definitiva no ensino secundário. Nesta perspectiva, essa escolha é progressiva, após a experiência, no primeiro ano de "renovado", de um pouquinho de latim e de iniciação técnica. Esta estratégia do partido socialista e de outras partes do movimento operário permitiu certa democratização do ensino belga, na medida em que se tornou pensável para quem não tinha começado seus estudos com os privilégios de uma família "culta" chegar à universidade ou ao ensino superior.

De outra parte, nos anos sessenta, educadores, pertencentes sobretudo à corrente "cristã", mas também à corrente leiga, estavam cansados de um sistema escolar que, segundo eles, não respeitava suficientemente os alunos em sua individualidade, porque os obrigava a seguir um programa relativamente rígido. Assim se exprimia uma atitude "personalista", que queria dar uma maior importância a cada aluno e a cada indivíduo, tanto lhe abrindo opções diversas como modificando a maneira de avaliar seus conhecimentos e suas possibilidades de passagem de classe. Em relação com os movimentos ditos de educação nova, tratava-se de visar antes de tudo a criatividade e o desenvolvimento dos alunos.

Essas atitudes e esses projetos se aliaram para fazer o "renovado". Mas quando se considera este de perto, é esclarecedor comparar sua evolução com a do sistema econômico. A empresa do início do século se caracterizava por um sistema hierárquico em que o patrão detinha esta função por causa de seu status, muitas vezes hereditário e mais ligado à propriedade do que à competência. Do mesmo modo, nesta época, o professor possuía um status tal que sempre tinha razão, mesmo quando estava errado. Paralelamente, na empresa "do papai", as relações sociais eram duras, e se alguém "não fosse conveniente" era simplesmente despedido. Na escola, na mesma época, se um aluno era "embotado", devia repetir o ano ou ir para outra escola. Tanto na empresa como na escola, a disciplina era estrita, sem medo dos conflitos: as tensões entre professores e alunos, entre patrões e operários, a competição entre as empresas ou entre os alunos, não eram dissimuladas. Aliás, no tempo das férias, os alunos não hesitavam em cantar: "Os cadernos ao fogo e o professor no meio". Ao contrário, na gestão moderna das empresas, à americana, os conflitos são geralmente velados. Apela-se para a psicologia industrial e, quando se quer despedir alguém, tenta-se "agradecer" com tanta habilidade que ele se sente quase na necessidade de manifestar gratidão por ter sido afastado. A escola "renovada" pratica a avaliação de tal maneira que os conflitos são um pouco velados: não se despede mais o "embotado", mas se reorienta; o centro psico-médico-social intervirá desde que surja um problema. Ainda mais, no ensino moderno, como na empresa, dá-se uma grande importância à competência. Não é mais em nome de um status que o professor recebe o mandato de ensinar, mas porque aprofundou uma disciplina científica e adquiriu um diploma confirmando sua competência. Paralelamente, nas empresas, os filhos de família não podem mais retomar a direção (de uma empresa) a menos que tenham efetivamente dado prova de sua capacidade. Na empresa "de papai", a marca era relativamente familiar, como aliás na escola da mesma época. As empresas contemporâneas crescem até se tornarem multinacionais. Assim também as escolas se acham implicadas num sistema escolar que tem tantas coisas a gerir que elas se devem consolidar, formar Centros de Ensino Secundário. Uma escola muito pequena não é mais viável. Como na empresa, é à força de gestão e de habilidade psicossociológica que cada indivíduo recebe seu lugar num sistema em que são abundantes as coações.

É assim que se pode perguntar se a instauração do "renovado" na Bélgica não é simplesmente uma adaptação do sistema de educação ao sistema econômico. Parece que a escola copiou o modo de organização da empresa. Parece que administrá-la é como administrar as empresas. E na época em que estas não são mais dirigidas por proprietários mas por gestores, as escolas são, também elas, administradas em nome de uma competência, ao passo que elas o eram em nome de uma visão mais filosófica do mundo.

Poder-se-ia parafrasear aqui o conceito hegeliano de "ardil da razão" ou de "ardil da história". Não que a história seja um sujeito que teria armado um ardil e assim orientado o sistema escolar em certa direção, mas, por uma série de mecanismos de tipo microscópico, inconscientes na maior parte dos agentes, chegou-se a um resultado diferente do previsto por aqueles que decidiam. O ensino "renovado" tinha sido determinado por políticas de democratização ou por atitudes pedagógicas personalistas. Mas finalmente se chegou a uma tecnocratização do ensino. Tudo se passa como se a história tivesse conseguido obter por ardil outra coisa diferente do que os agentes sociopolíticos tinham querido. O que quer que seja esta metáfora (do ardil), a história da escola mostra até que ponto um sistema escolar e um sistema socioeconômico podem refletir-se. A escola nasceu na Europa no mesmo momento em que a fábrica; e até a instauração do "renovado" parece que ela copia o sistema socioeconômico (ver nota da p. 93).

	SISTEMA FAMILIAR	SISTEMA PROGRAMADO
E	Professor: status	Professor: competência, diploma
S	Autoridade hierárquica	Autoridade funcional
C	O prof. sempre tem razão	A ciência tem razão
O	Aluno embotado	Aluno reorientado
L	Disciplina estrita – algazarra	Gestão psicopedagógica
A	Concurso, competição aberta	Exame, competição disfarçada
	Escolas familiares	Escolas de grande porte
	Relações formais	Relações informais
E	Patrão: status (propriedade)	Gestor: competência
M	Autoridade hierárquica	Autoridade funcional
P	O patrão sempre tem razão	Tecnocracia
R	Pessoal despedido	Pessoal agradecido
E	Conflitos de classes	Psicologia industrial
S	Competição, indivíduo	Competição disfarçada, equipe
A	Fábricas familiares	Multinacionais
	Relações formais	Relações informais

2.2. Os "golden sixties"

Conforme as conjunturas econômicas, viu-se a escola dos anos 1950, em seções muito hierarquizadas, pôr-se numa espécie de tronco comum quando dos *golden 60*, para deixar aparecer na crise econômica estratégias mais diversificadas segundo as seções e as classes sociais.

Esta proposição insiste no fato de que as estratégias sociais dependem da expansão ou da recessão econômica. Em período de expansão, encontra-se diante de um "bolo" cada vez maior que, por conseguinte, se está mais disposto a partilhar. Por ocasião de uma recessão ao contrário, há penúria e a luta se torna violenta. Assim, por ocasião de um *boom* econômico, tudo tende a valorizar a igualdade; mas, durante uma crise, as diferenças se manifestarão de novo. É assim que, antes da abundância dos anos 1960, o sistema escolar era muito hierarquizado e só as classes privilegiadas tinham um acesso relativamente fácil à universidade. A escola deixava aparecer as diferenciações e estratificações sociais. Aliás, no decurso desses anos, os ricos e os pobres não se vestiam do mesmo modo, não freqüentavam os mesmos sistemas de ensino e de lazeres, e finalmente não iam aos mesmos lugares de trabalho. É válido lembrar que não existiam ainda primeiras e segundas classes nos bondes. A expansão econômica dos anos 1960 atenuou essas diferenças. Vê-se o patrão e seu trabalhador trajar o mesmo tipo de roupa, uma espécie de uniforme: mais freqüentemente um jeans. Nos bailes, era esnobe ir com casaca ou vestido longo. Uma familiaridade maior se instaurou nas relações econômicas e sociais; o patrão e o trabalhador se falam quase como iguais... e em algumas escolas alunos começam a tutear os professores. Mesmo a diferença entre os sexos foi fortemente atenuada, nem a roupa nem o penteado permitem distinguir os homens das mulheres. Depois, vindo a crise econômica, começou-se a procurar os símbolos das diversificações sociais. Ninguém quer mais freqüentar os mesmos lugares. E as vestes e os penteados se diferenciam de novo.

Diante dessas evoluções, o sistema escolar belga dos anos 1960 (como o da maior parte dos países industrializados) dotou-se com o "renovado", espécie de tronco comum, ligando o ensino técnico e profissional com o ensino geral; mas os anos 1970 viram reaparecer a diferenciação das seções e/ou das escolas.

2.3. Estratégias sociais diante da renovação

A instauração do "renovado" permitiu ver as estratégias de diferentes classes sociais, seus interesses divergentes, seus acessos diferentes às culturas. São estratégias sociais mais que considerações puramente "pedagógicas" que permitem compreender as políticas escolares.

No momento em que o "renovado" apareceu na Bélgica, as estratégias das classes sociais se diferenciaram. Assim, as classes médias superiores e as classes dirigentes não foram favoráveis a esse tipo de ensino para seus filhos mais dotados. Para estes, elas preferiam esperar e ver o que daria o futuro do "renovado". Por outro lado, para seus filhos menos brilhantes, o "renovado" parecia apropriado, na medida em que permitia seguir uma estratégia de desenvolvimento. Quanto às outras classes sociais, o "renovado" respondia à sua dificuldade de inserção no sistema elitista das greco-latinas.

Esta diferença de interesse segundo as classes sociais teve efeitos em certas cidades em que o "renovado" ladeava o "tradicional": as escolas que permaneceram "tradicionais" se puseram a recolher alunos vindos, sobretudo, dos meios socioculturais privilegiados. Foi assim que se pôde ver, às vezes, uma diferença de clientela conforme as escolas "renovadas" ou não. E como, ainda mais, todas as escolas do Estado tinham passado para o "renovado", a diferenciação social se fazia segundo as linhas das redes de ensino. Como, na Bélgica, o objetivo político do pacto escolar tinha sido de pôr fim a tal diferenciação, não foi sem razão o reaparecimento dessa diferenciação nas motivações do ministério da educação para impor o "renovado" ao sistema de ensino livre.

As diferentes estratégias das classes sociais diante do "renovado" permitem compreender melhor o funcionamento no ensino daquilo que os economistas chamam de efeito Mathieu. Esse efeito exprime um princípio segundo o qual as classes mais privilegiadas se acham geralmente em posição de tirar de toda reforma vantagens próprias. Muito depressa, de fato, elas acham o meio de utilizar as brechas dos regulamentos ou das práticas para obter vantagens, mesmo quando as reformas eram destinadas a promover uma maior igualdade. É assim que, quando há uma reforma, pode-se dizer que, a longo prazo, ela muitas vezes tem por efeito acentuar as vantagens dos que já delas usufruem e fazer os desfavorecidos perderem o pouco que tinham.

2.4. Funções históricas da escola

Entre as funções principais, históricas, da instituição "escola", pode-se contar: a transmissão dos conhecimentos, o aprendizado de uma disciplina de vida própria para a sociedade industrial, o "asilo de jovens", a mobilidade social individual e às vezes coletiva, a certificação das competências, a unificação da sociedade etc.

Contrariamente ao que pensam alguns, as funções da escola não se limitam à transmissão de conhecimentos. Já detalhamos várias dessas funções no texto acima. Assim, a transmissão do aprendizado de uma disciplina de vida própria para a sociedade industrial é: ser capaz de ficar no trabalho durante muito tempo todos os dias. A função de "asilo de jovens" mostrou sua utilidade no momento em que os pais trabalhavam na fábrica e em que as escolas impediam as crianças de se tornarem "garotos de rua". Esta função reapareceu recentemente quando, diante do desemprego crescente, governos prolongaram a escolaridade, querendo, ainda aí, evitar que houvesse muitos jovens na rua. A função de unificação da sociedade, obtida fazendo passar todos os jovens por uma escola tendo os mesmos princípios, foi igualmente mencionada.

A função da escola relativa à mobilidade social deve ser analisada. Por um lado, permitindo certa mobilidade individual, a escola introduz uma flexibilidade sem a qual os elementos mais dinâmicos das classes sociais desfavorecidas se tornariam por demais turbulentos. Por outro lado, "desnatando" as classes desfavorecidas, a escola reforça a estratificação em classes sociais. Ainda mais, nossa sociedade viu uma modificação importante em seu sistema de reprodução das classes sociais. Antigamente, as classes privilegiadas se empenhavam para que seus filhos retomassem sua posição social de uma geração a outra (o símbolo deste sistema poderia ser a fábrica retomada pelo "filhinho de papai" ou, em sua falta, pelo genro). Hoje, numa sociedade mais tecnocrática e mais liberal, a pressão social para tal reprodução diminuiu, mesmo se, individualmente, as famílias privilegiadas querem que seus filhos guardem seu status na sociedade. No nível coletivo, a conseqüência mais aparente do conjunto dos mecanismos de reprodução de sociedade é a reprodução das classes como conjuntos, mas não como famílias. Tudo se parece passar como se o "sistema" aceitasse facilmente que filhos de operários entrem na classe dirigente. Mas os mecanismos sociais continuam a funcionar de tal sorte que subsiste uma classe dirigente, bem como classes subalternas. Assiste-se, então, à reprodução das estratificações sociais – e a escola nisto participa de maneira importante –, mesmo que o "pessoal" dessas camadas sociais possa mudar de origem.

2.5. Escola, Igreja da sociedade civil; religião civil

A escola cumpriu, pelo fim do século XIX e durante o século XX, a função de "Igreja da religião civil". Ela foi especialmente a guardiã do mito da sociedade, de sua instituição e de suas ideologias legitimadoras.

Como sublinhou Ivan Illich, a escola se tornou uma instituição central de nossa sociedade: "O sistema escolar atual desempenha a tríplice função comum às Igrejas mais poderosas da história. Ele é o guardião do mito da sociedade, a institucionalização das contradições desse mito e o lugar do ritual que reproduz e vela as tensões presentes entre o mito e a realidade" (I. Illich, em *Deschooling Society,* New York: Harper, 1971, p. 37).[9] Este mito da sociedade, como todo mito, não pode ser completamente definido. Contudo, o nosso compreende certamente a crença nas ciências, nas tecnologias, na liberdade de cada um, na livre empresa, na importância da consciência etc. A escola fala desse mito; ela o institucionaliza também em seu ensino e na maneira de distribuir seus diplomas e suas recompensas. Enfim, sustentando que tudo funciona bem nesta perspectiva, a escola vela as contradições do mito de nossa sociedade, por exemplo, velando os limites das ciências e das tecnologias ou sustentando que a competição social é tal que, sempre, o "melhor" vencerá. (Cf. a esse respeito a famosa peça de Pagnol: "Topaze"; ou também a canção de Tom Paxton: "Qu'as-tu appris à l'école, mon fils".)

---

[9] Esta obra foi publicada em francês sob um título que altera sua significação: *Une société sans école (N.T.: Uma sociedade sem escola).* De fato, Illich não quer suprimir as escolas, mas critica o lugar central que tomou em nossa sociedade a instituição "escola": "desescolarizar a sociedade" não é fazer uma "sociedade sem escola", mas retirar da instituição escolar alguns de seus poderes de monopólio.

Sociólogos americanos, depois de Robert Bellah, observaram que, em sua sociedade pluralista, nasceu uma espécie de "religião civil". Trata-se de uma visão da vida em comum, de rituais e de símbolos, partilhados pela maioria, que servem de cimento para a sociedade. Eles "religam" (cf. a palavra "religião") as diferentes partes da sociedade numa globalidade e desempenham assim uma função reservada tradicionalmente à religião (cf. a sociologia de Durkheim). Neste processo, a escola tem uma função importante. É de fato o lugar onde se aprende o que é preciso crer em nossa sociedade (especialmente as ciências, a democracia, a competitividade etc.) e o que é preciso fazer para ser um bom cidadão. Este paralelo entre a instituição "Escola" e a instituição "Igreja" explica sem dúvida também porque elas entraram em competição praticamente há dois séculos.

2.6. As ideologias do desenvolvimento

Em resposta à revolta contra as instituições que sacudiu as sociedades pelo fim dos anos sessenta, cada vez mais se exigiu da escola um desenvolvimento pessoal e menos um saber que favorecesse a ação. Pode-se, contudo, perguntar se o que as famílias exigem da escola não é simplesmente o que elas mesmas podem dar a seus filhos (em todos os pontos de vista: conhecimentos, afetividade e relações, distinção social, privilégios etc.).

No decurso dos anos sessenta, em resposta ao crescimento econômico e à crença de que este duraria sempre, as atitudes diante do ensino e do saber se modificaram. Enquanto que tradicionalmente se considerava o saber como o acesso a certos privilégios sociais, uma boa parte da população começou a achar que suas conquistas sociais eram irreversíveis e, por isso, acentuou mais o desenvolvimento pessoal que a promoção social. De certa maneira uma ideologia de classe média invade a escola. Os meios de "esquerda" exigiram menos uma democratização pelo ensino já que não adotaram a ideologia da democracia cultural, isto é, não deram prioridade à inserção na cultura, julgando que os debates sociais estavam ultrapassados.

Muito depressa, desde que apareceu a crise econômica nos anos setenta, percebeu-se que, para largas porções da população, a sociedade de abundância não existia e que uma luta para adquirir seu lugar ao sol tinha sempre seu sentido. As classes sociais privilegiadas exigiam da escola os conhecimentos necessários para a manutenção de seu status, ao passo que as outras exigiam bastantes conhecimentos para não serem lançadas nas masmorras de uma sociedade dual.

2.7. Os status do saber

> Em resposta à irrupção do individualismo previsto por Tocqueville, tanto o trabalho quanto o saber mudaram de status: eles são muitas vezes menos procurados por si mesmos do que em vista de um sucesso numa carreira.

Tocqueville tinha previsto que, com o avanço das sociedades "democráticas", os indivíduos se voltariam cada vez mais para sua família e seus amigos, "deixando de boa vontade a grande sociedade a si mesma". Para muitos, o mundo econômico e social só é interessante na medida em que permite a estabilidade do universo familiar e amigável (a "pequena sociedade"). Daí o desinteresse cada vez maior pelo trabalho enquanto contribuição para esta grande sociedade. Ao passo que, no início do século, muitos operários e comerciantes tinham prazer de ver sua contribuição, por um trabalho bem-feito, para a "grande sociedade", hoje uma das atitudes mais freqüentes é pedir ao trabalho só dinheiro. Enquanto há um século um comerciante de uma pequena cidade se valorizava a seus próprios olhos cuidando do abastecimento correto de seus concidadãos, hoje é o lucro que se torna a fonte primeira de valorização. O trabalho, como mediação para levar alguma coisa aos outros, desaparece para se tornar só uma maneira de "fazer dinheiro". O prazer que vem da integração na "grande sociedade" corre o risco de desaparecer, o trabalho sendo puramente instrumentalizado para outros fins, e não para os seus fins próprios.

De modo semelhante, o saber mudou de status para muitos. Apesar de, intrinsecamente, o saber (como, aliás, o trabalho) ser sempre uma mediação em vista de um projeto, ele manteve durante muito tempo seu próprio valor, na medida em que permitia às pessoas inserir-se melhor no universo. Na sociedade individualista, ele se torna, para muitos, um puro instrumento em vista de uma carreira. Perde assim seu elo com o que ele torna possível intrinsecamente. Ao mesmo tempo, como o trabalho, ele perde seu componente contemplativo. Tende a se tornar uma mercadoria como as outras. Tal situação tende a fazer o ensino e a escola perderem seu status na "grande sociedade" e sua função de religião civil, para reduzi-los à produção de serviços de formação e de aprendizado na sociedade pós-industrial.

2.8. *As noções da escola única*

Malgrado a existência de uma escola "única" em muitos pontos de vista, os ensinos profissionais e técnicos muitas vezes subsistiram como pais pobres da escola. E como eles desempenham uma função no sistema social, quase não há chance de que isto se modifique logo. Quanto ao termo "escola única", seu uso está longe de ser padronizado.

Na maior parte dos países ocidentais, a "escola" se tornou uma "escola única" no sentido sociológico da palavra. Numa escola fragmentada, como acontecia no século XIX, ou hoje ainda em outros países, os que passam por certa forma de escola (a escola média ou técnica, na Europa até há pouco; ou a escola tradicional na Índia) não podem encontrar ponte para um outro tipo de escola (o ensino geral, no Ocidente; ou a escola britânica na Índia). Hoje, no Ocidente, existem as pontes – em teoria, ao menos, e muitas vezes na prática – entre diferentes tipos de ensino. Pode-se, então, dizer, neste sentido, que existe uma escola única (não confundir com um contexto diferente, em que a mesma expressão "escola única" se referia a um sistema em que não haveria mais ensino livre ou privado). Contudo, é preciso reconhecer que as pontes continuam ainda muito teóricas e que alguns ensinos profissionais e às vezes técnicos têm tendência de formar camadas subalternas da sociedade, que quase não têm esperança de poder atingir um dia o status cultural ou social dos que freqüentaram o ensino geral.

2.9. Ideologia da imediatidade ou da mediação

Em nossa sociedade contemporânea se opõem as ideologias da imediatidade (ligadas a um desenvolvimento às vezes hedonista, às vezes personalista) e as ideologias da mediação dos conhecimentos. Elas poderiam ser reconciliadas por representações ideológicas da autonomia obtida pela mediação de certos conhecimentos. As mediações permitem dar uma imagem do sentido e constituir a liberdade das pessoas.

Numa cultura em que a TV e a tecnocracia modificaram a relação com o tempo e com as pessoas, vêem-se nascer ideologias da imediatidade. Aí, é preciso entender a recusa de toda demora entre o desejo e sua satisfação. Essas maneiras de ver implicam muitas vezes uma recusa das mediações necessárias ao saber e à realização de projetos. Às vezes essas ideologias estão ligadas a um puro hedonismo (procura do prazer direto). Outras vezes, elas se apresentam sob a forma do respeito da pessoa, especialmente de duas maneiras. Antes de tudo, há uma maneira de louvar a espontaneidade como se, espontaneamente, as crianças ou os jovens fossem encontrar a totalidade de nossa cultura. Contudo, não é deixando as crianças olharem a neve ou uma borboleta, ou uma paisagem, que elas aprenderão a cristalografia, a biologia ou a geografia. Mesmo que seja importante respeitar e cultivar sua curiosidade, há coisas que não aprenderão senão aceitando a mediação de grades de leitura e de conhecimentos organizados e padronizados, vindo especialmente das disciplinas que se chamam científicas. A mediação deste patrimônio cultural é essencial para certo acesso à nossa cultura. Igualmente, o conhecimento não é simples contemplação da realidade, mas antes sua representação através de certas mediações culturais convencionais. Mesmo que se possa facilmente ver por que se sublinha muitas vezes a importância da pesquisa espontânea, é preciso saber também se confrontar com o caráter mediato e socialmente organizado dos conhecimentos. O desejo de um saber imediato e puramente contemplativo talvez faça parte da recusa da grande sociedade e de suas mediações, de que falava Tocqueville. A recusa das mediações implica finalmente que se torne escravo, através da tecnocracia (isto é, através do funcionamento cego e sem negociação humana dessas mediações).

Por outro lado, a partir do momento em que o conhecimento é percebido como uma maneira de construir sua autonomia, de comunicar com outros e de participar da vida social, ele toma ao mesmo tempo sentido e finalidade. Na sociedade contemporânea, como o tinha adivinhado Tocqueville, o que causa obstáculo à liberdade não é o autoritarismo cego das hierarquias ou da sociedade, mas a incapacidade das pessoas de constituir seu projeto e de se associar para realizá-lo. Isso é o necessário para que os jovens tenham de si mesmos uma imagem que lhes permita considerarem-se como agentes, entre outros, de uma "dignidade humana". A função simbólica dos conhecimentos, enquanto representações que criam um laço de sociedade, deve então ser sublinhada. É particularmente importante nos cursos de ciências. Se estas são apresentadas como um saber absoluto que é preciso integrar – e é muitas vezes assim que são ensinadas –, elas não farão senão gerar uma sociedade tecnocrática e carente de sentido. Se, ao contrário, elas são compreendidas como uma mediação humana, uma modelação padronizada e socialmente instituída, para comunicar e participar da construção de nossa história, malgrado sua complexidade, então elas poderão constituir uma parte essencial da formação e serão produtoras de sentido.

2.10. Qual é o centro: o aprendiz ou a sociedade?

Diante dos impasses do individualismo e das tecnocracias, pode-se propor uma escola centrada ao mesmo tempo na sociedade e no aprendiz. Quanto às ciências e às tecnologias, importa devolver-lhes o lugar de uma mediação humanamente construída de um viver junto, antes que apresentá-las como a verdade ou o indispensável.

A escola contemporânea se acha confrontada com uma sociedade ao mesmo tempo individualista e tecnocrática. Estes dois aspectos são, aliás, as duas faces de uma mesma medalha. De fato, quando o individualismo deixa de boa vontade a grande sociedade entregue a si mesma, ela se acha despolitizada, sem que haja debates e negociações relativos à sua gestão; em conseqüência, ela não pode ser administrada senão pela inércia de seus sistemas técnicos e burocráticos.

Diante dessa situação, a valorização do indivíduo, de sua autonomia e de sua liberdade é não só grande mas também incontornável. Em tal sociedade, todo sistema educativo que não der um lugar central a esse conjunto de valores fracassará: importa, então, que a escola se centre no aprendiz. E, contudo, é preciso também que as ideologias veiculadas pela escola denunciem a ilusão de que se pode ser livre e autônomo sem levar em conta a grande sociedade e sem nela se inserir. Trata-se, então, de se apoiar ao mesmo tempo no indivíduo aprendiz e na sociedade, na criatividade pessoal e nos conhecimentos padronizados das disciplinas.

Para que tal perspectiva possa tornar-se operacional, os conhecimentos, e especialmente os conhecimentos científicos, devem ser claramente situados. Não são verdades eternas ou necessárias que seria preciso possuir, mas representações do mundo que podem servir de mediações eficazes entre nossos projetos e sua realização. Tal epistemologia remete a seu lugar os conhecimentos como mediações e como representações simbólicas entre o indivíduo e o mundo em seu conjunto.

2.11. *A desclericalização da profissão docente*

A profissão de docente, em nossa sociedade individualista e tecnocrática, tende a se desclericalizar em muitos sentidos do termo. Para não ser encerrados num impasse, os docentes têm de integrar ao mesmo tempo a dimensão socioinstitucional de sua profissão e a relação pedagógica.

Antes, quando a escola desempenhava, mais que agora, a função de Igreja da religião civil de nossa sociedade, os docentes se percebiam como clérigos,[10] que têm uma decorrente de sua função institucional. Na medida em que a escola é, hoje, muitas vezes compreendida como uma indústria dos serviços de educação, esta função privilegiada escapa aos docentes. Como os médicos, eles perderam sua função de notáveis para assumir a de técnicos. Daí uma crise, pois eles partilham agora da sorte de todos os outros cidadãos. Não sendo mais tidos como detentores de uma missão tão especial, estão sujeitos a todos os perde-ganhas da vida social e econômica. Enquanto que antes se percebiam como "consagrados" à educação e à relação pedagógica, sua situação na sociedade agora lhes é redefinida. Para não se fechar num impasse, eles têm de levar em conta e analisar sua profissão ao mesmo tempo em sua dimensão pedagógica e sua dimensão socioinstitucional e política.

2.12. Capital humano, capital social

As escolas têm de escolher suas estratégias e saber se elas privilegiarão, na ação educativa, mais o indivíduo ou o ambiente social e o "capital humano" ou o "capital social". As ciências da educação e muitas escolas muitas vezes privilegiaram o "capital humano", mas a integração na sociedade poderia ser tão importante para a educação como a atenção única ao indivíduo.

---

[10] O que levou o diretor de uma escola belga a exclamar, diante de seus professores, em 1964, quando da primeira greve dos médicos na Bélgica, com indignação e incredulidade: "Vós vereis, se isso continua, nós também faremos greve um dia". Ele pensava de verdade como um clérigo e de modo algum como um empregado.

Para perceber a tensão entre as duas estratégias escolares e pedagógicas à qual esta proposição faz alusão, uma comparação com a situação americana pode ser útil. Há alguns anos, nos Estados Unidos, relatórios alarmantes foram publicados por diferentes grupos. Depois do famoso "A Nation at risk", no início dos anos 1980, apareceu uma quantidade de outros relatórios, um bom número apelando para a mudança. Praticamente todos testemunham certa deterioração do sistema escolar americano. Estes estudos tratam de todos os aspectos da educação e do sistema escolar. O acento está posto, sobretudo, na profissão de docente e nos programas. A avaliação (*assesment*) – muitas vezes compreendida de maneira tecnocrática – parece uma palavra-chave: se se chegasse a compreender o que se passa, poder-se-ia ver o que deveria mudar no comportamento dos professores, dos administradores e dos estudantes. Mas, "grosso modo", deu-se pouca atenção aos aspectos culturais e aos ambientes sociais, bem como às motivações nas famílias" (John Ratté: "A report card sure to provoque", em *Commonweal,* 10/4/87, p. 216-219. Esta proposição inspira-se muito neste artigo). Tudo parece acontecer como se a educação pudesse ser pensada para formar alunos individualmente, sem levar em conta o ambiente social.

Pesquisas recentes, a este respeito, produziram resultados interessantes. Em 1987, um relatório importante, "Public and Private High Schools", foi publicado por James S. Coleman e Thomas Hoffer (Básica Books, 268 p.). Este livro teve um eco particular, pois Coleman, pesquisador afamado, tinha sido o autor, há já algum tempo, de uma avaliação do sistema escolar, controvertida na época, especialmente por causa de suas conclusões relativas ao impacto das escolas privadas e públicas sobre os alunos e de seu julgamento pedagógico severo sobre a evolução das escolas públicas. Outros trabalhos vieram em seguida, especialmente "High School and beyond", publicado em 1982. Depois de um estudo baseado em testes de desempenho, o autor concluía que, mesmo quando se tem em conta a origem socioeconômica e cultural dos alunos, as escolas católicas e, em menor grau, outras escolas privadas tinham uma eficácia pedagógica superior.

O último estudo publicado contém algumas surpresas. Os autores acham que "os resultados pedagógicos superiores que provêm da freqüentação das escolas católicas são particularmente significativos para os alunos vindos, de uma maneira ou de outra, de meios familiares menos privilegiados". Os fracassos escolares são menores nas escolas católicas que nas escolas públicas e nas outras escolas privadas. E, para as classes médias, os fracassos são mais freqüentes nas escolas privadas não-católicas – com a condição de não incluir os estabelecimentos em que se pratica uma seleção intelectual elitista (*high-performance*).

Os autores assinalam a este efeito sua admiração: "Nós não esperávamos que, nas escolas privadas não-católicas, se constatasse uma falta de vida comunitária que pudesse servir de base para a integração social, que protegesse contra os fracassos escolares e apoiasse as exigências pedagógicas. Nós não esperávamos tampouco constatar nas escolas católicas um efeito protetor tão significativo".

Reações bastante vivas são esperadas da parte das escolas privadas que devem manter sua clientela. Procuram-se as que fariam exceção: assim, J. Ratté observou que os internatos e as escolas privadas que desenvolvem fortemente o aspecto paraescolar deveriam ser separadas do conjunto.

Sem dúvida, a situação sociológica americana está muito distante da situação belga para compará-las legitimamente. Mas as hipóteses teóricas enunciadas pelos autores podem fazer refletir. As escolas, dizem eles, servem a nação ou a família. As escolas públicas americanas eram outrora bem enraizadas nos quarteirões e na cultura local, visto que elas eram operacionais. Atualmente, pensam eles, só as escolas católicas parecem ainda capazes de fornecer, graças ao apoio ideológico de crenças e de disciplinas, uma comunidade operacional para a criança. As escolas privadas não fazem mais referência a comunidades de famílias, mas "recebem seus alunos de um conjunto de pais que partilham os mesmos valores e possuem bastantes rendas para poder sustentá-las".

Levando a análise mais a fundo, os autores utilizam a distinção entre o "capital social" e o "capital humano". Esta última noção faz referência ao potencial dos educadores (pais ou docentes): sua educação, sua cultura e seu sucesso profissional. O capital social, ao contrário, é gerado pela rede relacional na qual se está inserido. Para os autores, os fracassos das escolas provêm da ausência neste nível. Em outros termos, pais que freqüentaram a universidade, bem ricos, mas demais ocupados profissionalmente, sem enraizamento num quarteirão ou numa comunidade de dimensão humana, às vezes sem estabilidade afetiva, podem "comprar" para seus filhos bons professores, programas escolares de bom desempenho, mas não podem oferecer-lhes a rede humana que serve de base para um sistema de valores. A escola privada, quando não é construída senão sobre um agregado de pais, não parece capaz de construir essa rede. As escolas católicas americanas, ao contrário, chegariam a fornecer um capital social, graças ao sistema de normas e de sanções sociais partilhadas pelas comunidades que as sustentam. Fora dessas redes locais, a sociedade americana não oferece, como capital social, senão a rede da cultura da juventude, dominada pelos meios de comunicação social e pelo consumo. E isso não ajuda senão a ensinar a leitura, a escrita e o cálculo...

No fim de sua obra, os autores propõem seus remédios; eles consistem principalmente em reforçar as estruturas sociais capazes de enriquecer o capital social, especialmente o paraescolar, as associações de pais, as relações professores-alunos etc. Eles acrescentam uma sugestão que poderia parecer bizarra se se esqueceu que a origem da escola moderna está ligada à separação dos lugares de trabalho e de habitação: que as escolas se situem no lugar de trabalho, lá onde os pais passam uma boa parte de seu tempo. Pode-se, contudo, perguntar se, com a perda de identidade cultural e de solidariedade nos lugares de trabalho, as empresas mantêm suficiente "capital social" para ainda desempenhar tal função.

Poderia ser desastroso transportar para nós o que poderia ser válido só no cenário americano, mas este novo relatório Coleman deve ser lançado no dossiê da "crise da escola". Como renovar esta instituição para que possa enfrentar os problemas causados pelo individualismo atual? Como ultrapassar as considerações econômicas para perceber que algumas questões culturais são essenciais se a Europa não quer, ela também, ser uma "nation at risk"? Como dar às escolas oficiais os meios de manter uma identidade cultural e um projeto de sociedade que as tendências à privatização e à tecnocracia corroem? Como, para o ensino livre, conservar seu potencial cultural, embora se abrindo a um sadio pluralismo, necessário também para a integração na sociedade (e sem dúvida para a fé religiosa quando esta se recusa a se tornar gueto)?

Essas considerações levam ao menos a questionar um paradigma da escola segundo o qual ela seria uma espécie de laboratório em que se formariam os indivíduos em ambiente fechado. Pareceria que, qualquer que seja o nível de formação dos docentes, isso não bastaria. Seria preciso também chegar a situar os jovens em um quadro de sociedade mais amplo que dê sentido à sua formação. A questão da escola não seria, então, simplesmente um assunto de muito dinheiro ou de técnicas pedagógicas... É também uma questão societária. O que, aliás, remete a um outro debate: é preciso definir os docentes como instrutores de disciplinas ou como educadores numa sociedade? A direção de uma escola só pode ser pensada no nível da eficácia da instrução ou deve ultrapassar este quadro tecnocrático para participar de uma verdadeira política escolar, com todos os debates que isso implica.

2.13. Políticas do ensino

Na crise atual da escola, diversos modelos ideológicos estão em concorrência e servem de base para as políticas de diferentes ministérios da educação nacional. Assinalemos, entre outras, as orientações social-democrata, liberal-autoritária e nacional-produtivista. O lance desses debates é sem dúvida o tipo de sociedade para o qual nos dirigimos: tecnocrata ou participativo, dual ou integrado?

Há trinta anos, o debate sobre a natureza e as finalidades do sistema escolar está em bom caminho. A reforma Haby na França e o "renovado" na Bélgica se inscreviam numa lógica ligada ao crescimento econômico e visavam inicialmente uma diminuição das desigualdades numa perspectiva de tronco comum. Situando-se, contudo, numa linha bastante individualista, essas reformas quase não colocavam as questões do sentido da formação. Elas chocam com numerosos obstáculos, desde a reticência dos docentes à mutação da sociedade depois do choque petroleiro de 1973. Os temas do emprego vão tomar cada vez mais importância, pois se começa a pedir à escola que resolva o problema do desemprego, mesmo que a instituição escolar não esteja de modo algum equipada para enfrentar esses problemas que vêm das estruturas econômicas.

É conforme as flutuações da situação econômica que as orientações variam. No início dos anos 1970, vê-se revalorizar o trabalho manual para evitar que, com o ensino renovado, alguém ainda aceite tarefas repetitivas da fábrica. Depois se falará em promover as tecnologias, melhorar a formação de todos, prolongar os estudos (ao mesmo tempo para ocupar os jovens sem emprego e para que eles se adaptem às indústrias contemporâneas). O tema do fracasso escolar torna-se cada vez mais importante, pelas razões analisadas anteriormente (cf. proposição 1.10 deste capítulo) e também pelas repetições que custam caro, tanto pelos danos psicológicos que provocam quanto por seu peso nos orçamentos da educação pública.

Com a crise econômica, um segundo eixo ideológico aparece: o projeto de igualdade social abriu brecha. Em nome do liberalismo e da modernidade, propor-se-á uma escola que, no limite, se reduziria a uma indústria dos serviços da educação. As ciências da educação permitem, aliás, a essa indústria nova dotar-se de suas tecnologias próprias. Na lógica liberal, a tendência é fazer da escola uma butique que cada consumidor escolherá ou não freqüentar. A ideologia liberal vê isso com maus olhos, porque a escola deveria ficar gratuita ou porque ela seria um serviço público. Ela preconiza a pluralidade dos estabelecimentos em concorrência, cada um tendo o direito de recrutar seus professores e de se organizar como bem entender. Nesta perspectiva, a escola romperia com a tradição estabelecida na Revolução Francesa pelo relatório Condorcet, tradição que visava uma igualdade de oportunidades, e não privar nenhum talento da possibilidade de se desenvolver, tradição que ligava também modernização e democratização.

Em relação à tensão entre o projeto social democrata da escola (ligado a certa centralização e a uma função importante dada ao Estado) e as ideologias neoliberais (que queriam um "deixar fazer" total da parte do Estado), pode-se ver perfilar a hesitação entre uma sociedade moderna e pós-moderna. Conforme a modernidade (muitas vezes simbolizada pela laicidade), o Estado (retomando de fato certas funções das Igrejas) simboliza o progresso, a razão e a busca de uma sociedade justa. Tem-se a tendência a lhe dar todos os poderes sobre o sistema educativo. Em nossa cultura pós-moderna, não acontece o mesmo: uma utopia se desenha, a sociedade civil poderia libertar-se de um Estado tornado tecnoburocrático para devolver o poder à base. Contudo, o que não é muito claro é saber qual seria o resultado de uma total liberdade deixada à base.

Uma grande criatividade ou uma proliferação de desigualdades acompanhada de um grande desperdício econômico?

Um terceiro eixo atravessa os debates recentes relativos à escola. Há, segundo Charlot (cf. B.C., p. 205), um coquetel ideológico, uma mistura de modernismo tecnológico, de tradicionalismo pedagógico, de nacionalismo econômico, de elitismo e de cientismo. Ele apregoa uma modernização nacionalista, competitiva e tecnocrática. Nesta perspectiva, ele quer descartar elites intelectuais e técnicas.

Diante da evolução do modo de produção de nossa sociedade pós-industrial e dessas diferentes orientações ideológicas, Charlot se arrisca a fazer conjeturas relativas ao futuro (cf. B.C., p. 243-268). Ele pensa que o parcelamento do trabalho, com a monotonia e o enfado que ele gera, causa mais problemas do que resolve. A falta de motivação dos trabalhadores e sua resistência passiva ou ativa custam caro; os jovens aceitam cada vez menos essa existência. Por outro lado, as novas tecnologias de robotização fazem evoluir a demanda dos empregadores. O bom operário de amanhã já está prefigurado pelas ideologias dos círculos de qualidade. Ele terá uma sólida formação geral, compreendendo uma cultura tecnológica e econômica de base, com possibilidades intelectuais e sociais diversificadas: capacidade de se representar as conexões e de assimilar plasticidade, flexibilidade. A formação não poderá limitar-se a um período inicial da vida; ela deverá ser continuada. Nesta perspectiva, abandonar-se-ia a hierarquia "abstrato-concreto" para requerer a manipulação de linguagens simbólicas e o domínio de configurações complexas, singulares e concretas: a escola teria de ensinar os jovens a dominar, estruturar, modelar, formalizar problemas e projetos da maneira que existem e não como são pensados por uma disciplina científica.

A função da escola pode ser decisiva em relação à aquisição dessas aptidões (mesmo se não é a instituição escolar que escolhe as políticas). O conjunto da população possuirá um domínio do tipo descrito acima ou ele será reservado a uma elite? No primeiro caso, a sociedade poderia ser muito participativa, ao passo que, no segundo, haveria problema com uma sociedade dual e tecnocrática em que uma elite ocuparia os empregos interessantes e competitivos (o resto da população sendo deixado a vegetar com a garantia das rendas suficientes para que não explodam muitos e grandes distúrbios sociais). O movimento S.T.S. (S – *Sciences* – ciências; T – *Technologies* – tecnologias; S – *Sociétés* – sociedades) e o da alfabetização científica e técnica colocam a questão de conhecimentos que seriam articulados com situações concretas que as pessoas encontram, e não com as já estruturadas pelos paradigmas dos cientistas ou dos tecnocratas (cf. Waks em Fourez, 1986).

2.14. Interdisciplinaridade

Em sentido amplo, este termo – mal padronizado e, portanto, mal definido – designa toda tentativa de ultrapassar as separações causadas pelas disciplinas. Em sentido estrito, designa uma iniciativa que mobiliza disciplinas em vista de criar conhecimentos que representem adequadamente uma situação precisa ligada a um contexto e um projeto. A interdisciplinaridade é a operação pela qual se utiliza um conceito, uma competência ou uma iniciativa que vêm de um contexto e vão para um outro.

A prática da interdisciplinaridade em sentido amplo não se preocupa com métodos e estratégias de pesquisa. Para a interdisciplinaridade em sentido estrito, visa-se uma criação de conhecimentos particular mais bem adaptada a uma situação precisa, como nós o mostraremos para as ilhotas de conhecimentos. Quanto à transdisciplinaridade, ela não está propriamente falando da criação de novos conhecimentos sobre uma situação, mas de uma prática de construção de analogias para diferentes situações. Importa perceber que essas analogias não são dadas, mas são aventadas, no quadro do projeto do aprendiz.

2.15. As ilhotas de conhecimentos

A expressão "ilhotas de conhecimentos" ou "de racionalidade" designa a representação de uma situação realizada em função do projeto que se tem, do contexto e dos destinatários do que se terá construído.

Muitas vezes "ilhotas de conhecimentos" são interdisciplinares. Elas são uma resposta à questão "De que se trata nesta situação?". O termo "ilhota de conhecimentos" pode parecer um pouco ameaçador, mas de fato nós o construímos desde nossa mais tenra infância na medida em que, diante de uma situação, elaboramos uma representação. Importa que os aprendizes percebam que, quando se sentem constipados, eles se constroem uma representação de sua situação; quando fazem compras, constroem uma outra representação etc. Desse ponto de vista, pode-se dizer que todos os conhecimentos representativos na construção de habilidades são ilhotas de conhecimentos, isto é, respostas à questão "Tudo bem considerado, de que se trata?".

2.16. Algumas balizas do mundo escolar

O sistema escolar europeu evoluiu com vários eixos como balizas: uma democratização da sociedade (a escola para todos), um projeto econômico (o bem da nação e o progresso econômico) e o desejo de construir um mundo mais justo (a ideologia do progresso humanizador).

Quando se tenta avaliar a escola, diversos sistemas de medidas podem ser utilizados. São as finalidades da escola. Assim, o critério de democratização é importante: trata-se de ver como os benefícios da escola podem atingir toda a população. O critério econômico é outro: ele valoriza o sistema escolar na medida em que promove o crescimento econômico. É o que, antigamente, se chamava o "bem da nação". Uma outra perspectiva ainda dará uma importância à construção de um mundo mais justo, supondo-se que a instrução está sempre em progresso. Enfim, pode-se insistir na maneira com que a escola pode introduzir mais igualdade. Contudo, isso merece uma reflexão separada que apresentaremos na proposição seguinte.

2.17. As ideologias da igualdade

Como definimos a igualdade: a dos meios, dos resultados, de tratamento, das oportunidades ou segundo os "méritos" (e como julgar méritos?)? Que resultados visa a escola: uma sociedade igualitária, meritocrática? E que justiça: distributiva, corretiva?

"É preciso, dir-se-á, que a escola seja igualitária." Mas que igualdade? A dos meios e das oportunidades: um igual acesso ao que a escola pode oferecer? A dos resultados: a mesma instrução para todos? A do tratamento: uma mesma atitude da escola para todos? Uma resposta igual da escola para os esforços de cada um? Aceitar-se-ão desigualdades em função dos "méritos de cada um"? Assim, uma escola que trata cada um segundo seus méritos é igualitária? O slogan que sugere evitar dois pesos e duas medidas é viável na medida em que jamais há duas situações idênticas? Quanto à justiça, deve ela ser distributiva (a mesma coisa para cada um)? Ou corretiva (mais para quem tem menos)?

Certamente há que refletir muito sobre essas diferenças. Assim, há um sentido em convidar um educador a tratar seus alunos da mesma maneira? E a convidar um pai (ou uma mãe) a tratar seus filhos de modo idêntico? Que diferença pôr entre a instituição "escola" e a instituição "família" nestas matérias?

Capítulo 5

Aprender a analisar

1. Da ilusão da objetividade total à análise das ideologias

1.1. Ser consciente das ideologias veiculadas

Todos os cursos, já pelo conteúdo, os exemplos, os métodos e as representações do conhecimento, veiculam valores e ideologias. Pode-se vê-lo nos manuais e, *a fortiori*, nos cursos orais. Ser consciente disso permite evitar fazer passar sem querer valores que se preferiria não promover. Segundo as matérias, contudo, os conteúdos ideológicos podem ser mais ou menos explícitos. Veicular uma ideologia num ensino não é necessariamente negativo.

Um discurso ideológico em sentido amplo é um discurso que veicula uma imagem da sociedade, e uma de suas funções importantes é legitimar certas práticas, mobilizar as pessoas, motivá-las. Além do mais, esses discursos velam sempre, até certo ponto, os critérios aplicados, os lugares de origem do discurso etc. Seu efeito é tanto uma coesão social quanto uma descrição do mundo. Proposições como: "Os homens são mais racionais que as mulheres", "Este comportamento é chantagem", "Os alunos desta escola são bem educados" e "A matemática é uma ciência rigorosa" são outras proposições ideológicas. Todo discurso que trata de valores é evidentemente ideológico neste sentido. Este sentido amplo deve ser distinguido das ideologias no sentido mais restrito, que visa os sistemas organizados de crenças e de legitimação últimas, como as religiões ou certos pensamentos filosóficos (cf. o capítulo 6 sobre o pluralismo).

Ideologias são comparadas à presença de micróbios no intestino: é um sinal de saúde. Mas do mesmo modo que todos os micróbios não são equivalentes, assim também é com valores e ideologias veiculados nos cursos. Esses valores podem ser analisados através dos manuais que os difundem, e seu caráter escrito facilita essa análise. Mas também se pode analisá-los em exposições orais (gravá-los em vídeo, por exemplo).

É bastante evidente que cursos como os de moral, de filosofia ou de religião são profundamente ideológicos. Os de francês, de história, de geografia, de economia veiculam também visões da sociedade e são então manifestamente ideológicos. Veremos que mesmo os cursos de ciências o são. Contudo, os cursos de "ciências humanas" veiculam mais explicitamente valores e discursos ideológicos do que os chamados "de ciências". Isso implica que, nos cursos de ciências, os alunos estão **muitas vezes mais** dispostos a crer cegamente no que lhes é ensinado **e, então, a** manifestar muito menos espírito crítico do que, por **exemplo, num** curso de religião ou de moral. Às vezes, de maneira **paradoxal, quanto** mais os cursos são científicos e técnicos, mais têm efeitos ideológicos importantes, porque o espírito crítico dos alunos está concentrado unicamente nos conteúdos técnicos; isso pode impedir de ver toda a estruturação mental que passa em torno desta tecnicidade.[1]

---

[1] Os cursos de ciências veiculam ideologias diante de alunos e de docentes que não contam encontrá-las aí. É, muitas vezes, no implícito desses cursos que passa a ideologia. O que faz pensar na história do contrabandista que passava cada dia na fronteira com uma bicicleta que ele roubava, sob o olho crítico dos aduaneiros que, sabendo que ele era ladrão, revistavam cada dia sua bicicleta.

Alguns vêem a dimensão ideológica dos discursos como um problema. É verdade que algumas teorias da ideologia (as que vêm de Marx ou de Manheim, por exemplo) tendem a não ver nos discursos ideológicos senão máscara, manipulação e astúcia imorais. Ricoeur propôs, ao contrário, uma teoria mostrando que o caráter ideológico dos discursos é necessário a toda linguagem significativa. O que não impede que isso possa colocar questões éticas em relação à maneira com que assim se influenciam os alunos. O que remete às proposições relativas a essa influência e às atitudes éticas que lhe podem corresponder (capítulo 1, 1).

1.2. Analisar os manuais (mesmo os de ciências)

Em um manual de ciências, e *a fortiori* em outros cursos e manuais, podem-se especialmente analisar as ideologias na apresentação da história das ciências, na imagem social da disciplina, na representação destes elos com as outras instituições sociais, na apresentação dos métodos e da objetividade científica, e finalmente nas estruturas que representam o saber.

Esta proposição resume minha obra: "Pour une éthique de l'enseignement des sciences" (EES).[2] Para perceber elementos ideológicos veiculados no ensino das ciências, pode-se prestar atenção sobre certas situações: valores e ideologia passam cada vez que se fala da história das ciências, cada vez também que se fala da maneira com que uma disciplina se situa na sociedade (por exemplo, quando se diz que a matemática educa para uma abordagem lógica de certos problemas ou quando se fazem ligações

---

[2] Alguns desses pontos de vista foram retomados em G. Fourez, *La construction des sciences*, Bruxelles: De Boeck Univ., 3ª ed., 1996.

entre a química e a indústria ou entre a biologia e a ecologia etc.), cada vez também que se fala do trabalho das ciências ou de sua utilidade na sociedade.

Além dessas situações, as ideologias se manifestam quando se apresenta o método científico, quando se fala de sua objetividade, quando se diz como é preciso observar ou como se pretende provar em ciência. É então que se dá uma representação particular dos métodos científicos que finalmente vai influenciar a maneira com que os alunos verão não só as ciências, mas também o mundo e a sociedade.

Enfim, e bem mais do que se crê, as estruturas nas quais se representa o saber são importantes: o exemplo da matemática moderna e das estruturas organizacionais da sociedade é indicativo neste ponto. Do mesmo modo, o ensino da contabilidade apresenta, numa aparente objetividade absoluta, toda uma maneira de ver a vida social e econômica (cf. Bardos, 1985, p. 41).

O fato de haver ideologias e valores num curso de ciências não é um defeito (não mais, repitamo-lo, que a existência de bactérias nos intestinos de alguém). Geralmente, os docentes não estão conscientes disso e não é intencionalmente que os transmitem. É, aliás, impossível saber exatamente o conteúdo ideológico de um discurso; e é então normal que não se esteja a par de todas as dimensões ideológicas que se veiculam. Contudo, a capacidade de se dar conta deste fenômeno faz cada vez mais parte do que se pode esperar de um professor das ciências. Às vezes, aliás, os professores desejam modificar algumas de suas maneiras de ensinar quando se tornam mais conscientes de seus conteúdos ideológicos. A análise das ideologias num curso é um exercício importante.

Para perceber o conteúdo ideológico de um curso, podem-se reescrever algumas passagens de manuais ou exprimir de modo diferente certos aspectos do curso oral. O contraste mostra muitas vezes que há opções a fazer e que estas não são ideologicamente neutras. Por exemplo, dizer: "Esta lição vai ensiná-los a observar a natureza" é diferente de: "Nós vamos estudar as técnicas de observação dos biólogos de solo". As três mensagens seguintes não são idênticas: "Esta garrafa está cheia pela metade", "Esta garrafa está vazia pela metade" e "Esta garrafa de um litro contém meio litro". Ou ainda: "Com duzentos francos franceses, podem-se comprar um filé, um CD e um bilhete de cinema" e "Com duzentos francos franceses, podem-se comprar dois pães, um pacote de margarina e cinqüenta quilos de carvão". Ou enfim: "O ser humano tem necessidades" e "Definição do organismo humano e de suas necessidades orgânicas". Em cada um desses casos, a escolha que o docente fizer tem um impacto ideológico diferente.

É possível, assim, estar atento ao que um ensino veicula como visão do mundo e ao seu efeito sobre os alunos. Contudo, é impossível dominar completamente os efeitos ideológicos dos discursos que se fazem. O professor que o quisesse logo se tornaria doido. Mas há um sentido em conhecer os vieses que se adotam espontaneamente de maneira a equilibrar melhor os impactos ideológicos dos discursos.

1.3. As ideologias veiculadas nas instituições de formação dos docentes

A estrutura institucional belga "licença" mais "complemento pedagógico para os docentes" veicula uma imagem tecnocrática de um conteúdo científico universal a transmitir por meios pedagógicos eficazes. Ela camufla a elaboração de múltiplas linguagens em torno da prática social "docente". As ideologias relativas à formação dos mestres e dos regentes dão, ao contrário, importância à didática e à educação geral.

Na Bélgica, a formação de um docente consiste numa "licença" de conteúdo científico, completada por uma "agregação" percebida principalmente como uma **formação pedagógica**. Grosso modo, isso dá a imagem de uma **formação científica** que determina os conteúdos de saber essenciais **para o docente**, completada por uma formação psicopedagógica destinada a encontrar meios de transmitir esses conhecimentos. É, aliás, o esquema adotado pelo paradigma da disciplina nascente que é a didática. Segundo esta ótica, o saber científico é percebido como independente do que vai servir para os alunos a quem se vai ensiná-lo em seguida. É um saber apresentado como detentor de um valor em si, universal. O que essa perspectiva esconde é que mesmo o saber científico é estruturado por aquilo que se visa: especialmente certo domínio do ambiente, tal qual é percebido pelos paradigmas e pelas disciplinas, num dado contexto. Como explicaremos mais adiante, os conteúdos ensinados não decorrem imediatamente dos discursos científicos como são desenvolvidos na pesquisa e/ou na universidade. Entre estes conhecimentos padronizados na disciplina e os conhecimentos ensinados, há uma distância que o conceito de "transposição didática" pode simbolizar.

Além disso, essa estrutura institucional camufla que, em certos casos, a formação dos cientistas em vista do ensino poderia ser diferente da formação dos cientistas destinados à pesquisa. Assim, um docente é obrigado, às vezes mais do que outros, a fazer novas sínteses em função de um objetivo preciso. Há meio de ser muito bom pesquisador sem dever fazer tais exposições.

Depois de tudo, julga-se bastante normal, quando se trata de formar um engenheiro, dar-lhe uma educação diferente da de um pesquisador de laboratório. Percebe-se de fato que seu saber deve ser estruturado por um projeto social — neste caso um projeto social técnico. Haveria lugar para refletir do mesmo modo sobre como um futuro docente deveria ser formado em vista de poder estruturar o saber científico na perspectiva do que se desejar que os alunos aprendam.

1.4. A produção de textos alternativos

> Na produção de um manual científico, entram numerosas opções ideológicas que podem facilmente ser percebidas como produtoras de textos alternativos.

Esta proposição apenas comenta a possibilidade de escrever, sobre a mesma matéria, manuais que veiculam ideologias diferentes. Uma maneira de se convencer de que efetivamente ideologias percorrem o ensino das ciências é escrever textos que veiculam ideologias opostas. É o que foi feito em "Pour une éthique de l'enseignement des sciences" (EES) a respeito da introdução de um manual de biologia; e é o que pode ser feito também a respeito de outros textos tirados de manuais de ciência (cf. proposição 1.2. neste capítulo). Assim, um estudante pode perguntar que imagem ideológica diferente é veiculada pelas duas frases seguintes: "Agora, vai-se provar que a distinção entre matéria condutora e matéria isolante é um fato" e "Vai-se mostrar por alguns exemplos o interesse que às vezes pode haver em distinguir entre corpos isolantes e condutores".

Um exercício para estudantes seria tomar um texto de manual de ciência e ver como reescrevê-lo, mudando sua estrutura, os exemplos, uma série de comentários societários ou ainda apresentando de outra maneira a história das ciências.

1.5. Debate ideológico a respeito do "inato" e do "adquirido"

A questão da "inteligência" dos alunos é mais complexa do que ideologias espontâneas possam fazer crer. O QI mede o quê? Uma inteligência psicológica "natural" e "hereditária", uma adaptação a uma dada sociedade ou uma mistura de tudo isso? A ideologia da "inteligência natural" legitima ensinos elitistas e o descuido dos fatores sociais ou relacionais. A ideologia das "determinações sociais" legitima estratégias de correções das desigualdades. Estas duas ideologias estão ligadas a grupos sociais e de associações solidárias precisas.

Tornou-se corrente pretender medir a inteligência, como se faria com a superfície de uma peça. Contudo, pode-se também perguntar: "O que é a inteligência?". Somos levados então a reconhecer que, em suma, o conceito de "inteligência" é um conceito teórico construído para falar de ações humanas. Como todo conceito teórico, ele decorre parcialmente de convenções, determinadas pelos projetos para os quais foi construído.

Quando se mede por testes o quociente intelectual, mede-se a capacidade de um ser humano em se adaptar a certo número de problemas que provêm do ambiente como está estruturado em nossa sociedade. Em outras culturas, as "marcas de inteligência" estarão ligadas a outros comportamentos diferentes dos nossos. Sem dúvida, quase não há sentido em atribuir ao conceito de inteligência uma significação universal e estritamente delimitada.

Para compreender a ligação da inteligência com situações, consideremos o impacto do álcool sobre a "inteligência". Após beber um copo, alguns se sentirão mais inteligentes. Outros dirão que não é exato, já que o álcool diminui certos reflexos. Mas como entre os reflexos diminuídos se acham também os reflexos de inibição, alguns são melhores até para resolver certas questões quando beberam um copo. Num sentido, pode-se dizer que o álcool os torna mais inteligentes! Este exemplo mostra que a noção de inteligência se refere a um conceito "construído" e não a um dado universal, definido de uma vez por todas.

Muitos questionam se a inteligência é um dado de "natureza" ou um dado de "cultura". Em termos mais simples, alguém é mais ou menos inteligente porque "nasceu assim" (a noção do "inato") ou, antes, porque se achou num meio cultural em que aprendeu a "se virar" e, assim, a desenvolver suas capacidades? Até certo ponto, a "inteligência" pode estar ligada a dados biológicos, devidos a fatores genéticos e hereditários; pode-se falar então de "inteligência natural". Mas a "inteligência" pode também ser desenvolvida por causa de um meio em que foi "despertada". As representações que distinguem as causalidades biológicas ou "inatas" da inteligência de suas causalidades sociais ou relacionais introduzem problemas difíceis de resolver. É de fato impossível determinar, num caso preciso, o que viria do "inato" ou o que viria da "cultura".

As distinções do inato e do cultural são, contudo, o objeto de um enorme debate, e isto por razões profundamente ideológicas. Se a inteligência é determinada pela biologia, para que promover programas sociais para dissimular a falta de inteligência de alguns? Ao contrário, a posição segundo a qual a inteligência é determinada socialmente legitima medidas sociais para tornar cada um "inteligente". Além disso, as classes sociais privilegiadas têm interesse em falar de uma inteligência "inata", pois seus privilégios serão legitimados. Sua posição social pode, então, justificar-se por um apelo a uma "hierarquia natural".

Às vezes há também interesse em defender uma noção "biológica" da inteligência para legitimar atitudes racistas. É assim que autores sustentaram que certas raças eram menos ou mais inteligentes que outras. É verdade que alguns grupos humanos (talvez se pudesse falar de raças) podem ter possibilidades que outros não têm; a cor da pele, por exemplo, pode permitir uma menor ou maior resistência ao sol. Algumas características biológicas poderiam, então, condicionar uma capacidade de adaptação mental, em resumo: a inteligência. Mas ainda é preciso saber como se vai definir a "inteligência", isto é, a que ambiente se dirá que é útil se adaptar? Depois de tudo, sabemos que, em nosso ambiente tecnológico, nós, ocidentais, somos muito inteligentes; mas sabemos também que poderíamos parecer muito estúpidos, deixados a nós mesmos, em pleno centro da Amazônia.

1.6. Competências negligenciadas

> Existe uma multidão de competências as quais alguns dizem que não são "ensináveis" na escola, acrescentando que importa finalmente que os alunos façam suas escolhas e se tornem "autônomos". Infelizmente, a maior parte dos alunos vive em famílias que não podem formar seus filhos para essas competências. Isso cria profundas desigualdades sociais.

Certas competências são muitas vezes negligenciadas no aprendizado formal que os sistemas escolares oferecem. Pensemos em todas estas práticas que se dizem "naturais" ou não-ensináveis como "escutar", "utilizar bem um especialista" (como um médico ou um garagista), "negociar com câmbio", "ler uma instrução de uso" etc. As competências desse gênero são extremamente importantes na vida corrente, mas como o sistema escolar não sabe muito bem como abordá-las, eles as remetem aos aprendizados que se fazem em família. Em princípio, isso quase não causa problemas nas famílias culturalmente privilegiadas: pais, tios, tias etc. sentem prazer em educar os jovens. Mas, numa boa parte das famílias, não se sabe o que fazer com tal missão. Reenviar para a família uma boa parte das competências da vida cotidiana significa uma ausência de educação correspondente. Isso quer dizer concretamente que, se alguém vem de uma família em que as pessoas não se escutam (ou de uma em que não se observam sistematicamente), a pessoa será privada de toda ajuda instituída para adquirir essas competências. Trata-se aí de uma fábrica de desigualdades sociais. Por conseguinte, importa que a escola aceite essa missão de formação para esse tipo de competências. E, para começar, seria preciso que o sistema escolar se ocupasse, ele mesmo, em formar bem seus docentes nesse sentido.

1.7. Epistemologia com ou sem sujeito

Nos relatos que apresentam as práticas e os métodos científicos, alguns sempre encobrem o sujeito na medida em que se apresenta uma problemática. Assim, antes de dizer que "à comunidade científica pareceu interessante distinguir...", eles dirão "nós achamos uma distinção". Muitos cientistas veiculam assim uma epistemologia "sem sujeito".

A proposição "o quadro é verde" parece ser "puramente objetiva" no sentido de "sem nenhuma interferência do sujeito e de suas crenças". Ora, seria mais correto dizer "a representação que eu adoto para o momento deste objeto me faz referir-me à cor verde". Não saberemos jamais se o verde de meu vizinho é o mesmo verde que o meu. Aparentemente todas as proposições totalmente objetivas falam de sujeitos que modelam a situação na qual estão. Assim, se digo que isto é uma tesoura de unha, trata-se de uma interpretação que eu, "sujeito do conhecimento", faço do que tenho diante de mim. Do mesmo modo, falar da verdade da teoria da gravidade é emitir uma interpretação dos objetos que caem. Todo conhecimento tem uma dimensão de interpretação. Assim, a objetividade não é de modo algum a ausência do sujeito do conhecimento objetivo. É o resultado do risco que assume o sujeito de representar nossos modos de tal ou tal maneira. Todo conhecimento é a estruturação do mundo pelo sujeito conhecedor. Isso não quer dizer que o conhecimento não seja objetivo num sentido bem preciso, mas lembra que o descompromisso em nossos conhecimentos não existe... mesmo que alguns prefiram um conhecimento absoluto.

1.8. Epistemologia e ensino

Para poder compreender o sentido de um ensino e mostrá-lo aos alunos, uma formação em epistemologia é útil. Ela permite especialmente compreender melhor as forças e os limites das representações científicas, o que permite talvez encontrar pistas para compreender por que quase não se formam docentes em epistemologia. Pode-se defender o projeto que exigiria tanto dos docentes quanto dos alunos uma sólida formação em epistemologia.

Que diferenças há entre um material isolante e um material condutor? Isso quer dizer a mesma coisa que "quais são as diferenças que, de nosso ponto de vista, achamos importantes tomar em conta em nossa situação?". Que diferenças há entre uma cidade e uma aldeia? Significariam a mesma coisa? Que diferenças jurídicas há entre torturar um animal qualquer, torturar um mamífero ou torturar um peixe? Que diferenças há entre as ciências sociais e as ciências naturais? Por que se distinguem ciências e tecnologias? Que diferenças há entre um homem e uma mulher? Entre dois tipos de animais? Etc. Questões desse tipo e muitas outras são estudadas em epistemologia e em sociologia das ciências. Os docentes deveriam ser formados nelas desde a mais nova idade; dito de outro modo, deveriam ser previstos cursos de epistemologia muito cedo na formação. Desde a primeira infância é preciso explicar aos alunos como eles construem seus conhecimentos. O que significa que noções de epistemologia deveriam estar na bagagem mínima do jovem em formação.

1.9. Relativismo desencantado versus relatividade dos discursos. Universalismo iterativo

Importa não confundir um relativismo desencantado (para o qual toda posição vale uma outra) com a atitude que leva em conta que todo saber é construído num lugar (social, econômico e cultural) preciso e com uma perspectiva e uma finalidade; em outras palavras, os conhecimentos são relativos ao seu lugar de produção e às suas finalidades de produção. O filósofo Michael Walzer insiste na diferença entre os que consideram que existem competências ou conceitos universais que superam os debates humanos e os que falam de um universal *a posteriori* construído pela transferência de uma noção ou de um método a diversos lugares. Walzer fala então de universal iterativo.

Quando se insiste em que construir um conhecimento é escolher uma representação de nossas situações e que cada pessoa conhece as coisas à sua maneira, sempre única, não se vai cair no que se chama o relativismo? A cada um seus conhecimentos, e tanto pior – ou tanto melhor – se não se vê a mesma coisa. No limite, o relativismo intelectual é pretender que há uma infinidade de representações de uma situação e que "todas têm o mesmo valor", porque cada uma foi criada nas necessidades de uma situação. O relativismo intelectual diria que todas essas representações têm o mesmo valor. Ele concluirá talvez que elas não valem grande coisa. O relativismo moral, de que se fala muitas vezes, é uma posição filosófica que exprime que, todas as opções éticas sendo subjetivas, não existe norma clara sobre o que "É PRECISO FAZER". Em conseqüência, aqueles para quem a existência de uma moral e de uma crença única é muito importante rejeitam tal relativismo como a peste. Contudo, há uma grande diferença entre dizer que o modelo que se escolhe para representar uma situação é equivalente a qualquer outro e dizer que essa representação está ligada aos nossos pressupostos filosóficos, práticos, éticos, religiosos. Vê-se sempre de certo ponto de vista, mas nem todos os pontos de vista têm o mesmo valor. Há aqueles para quem existem representações universalmente válidas, como "a terra esférica" e aqueles para quem a representação esférica é claramente apenas uma representação entre outras (mesmo que, para muitos problemas, seja nitidamente mais interessante ver a terra como uma esfera do que como um elipsóide).

1.10. O arrazoamento pela razão

Esta bela expressão indica que a razão só considera como real o que ela "arrazoou". Este jogo de palavras fala da violência da razão que põe o mundo em suas categorias. Assim a razão oferece este paradoxo de empobrecer nossas visões do mundo, embora lhes dando compreensão e operacionalidade.

Se eu digo "isto é uma maçã", valorizo uma série de elementos de que muitos dirão serem os mesmos em todas as maçãs. Neste caso, a noção de maçã será utilizada quando todos esses elementos estiverem presentes. Ao contrário, outros insistem no fato de que, quando digo que isto é uma maçã, dou pouca importância às diferenças que podem haver. Mas, de todo modo, dizer "eis uma maçã" é colocar este objeto numa estrutura cognitiva que dá importância à categoria "maçã". Assim, coloca-se o objeto na "razão" da língua francesa em que há maçãs. Neste sentido, "arrazoa-se" o objeto fazendo dele uma maçã. Organiza-se o mundo desprezando outras maneiras de ver. Educar é sempre uma maneira de fazer alguém entrar em certa perspectiva. Não se lhe dá somente "razão", mas é "arrazoado" no sentido de atacá-lo e de obrigá-lo a se instalar nas categorias que foram utilizadas. Esta expressão de Isabel Stengers fala de uma parte de um "arrazoamento" como uma maneira de coagir e como uma maneira de se integrar num sistema racional.

1.11. A transversalidade a priori ou a posteriori

Alguns pensam que uma competência (resumir, por exemplo) é transversal quando as práticas de resumo são todas expressões desta competência geral. Outros, ao contrário, pensam que a noção transversal de "resumir" é o resultado de uma construção num contexto particular depois transposto para outros lugares; quando a transferência foi assim construída, pode-se falar da transversalidade da noção em relação aos contextos que assim foram atravessados.

Quando se fala da competência de "resumir", isso significa que há a idéia de resumir que "supera" uma série de realizações particulares ou isso quer dizer que, tendo feito um resumo num contexto, se decidiu chamar com o mesmo nome "resumo" alguma coisa que se fez num outro contexto? Ter-se-ia começado, por exemplo, por resumir peças de teatro, depois se teria utilizado a mesma palavra para falar da síntese do itinerário que se faz na véspera de uma viagem importante. Num caso se diz que o conceito "resumir" existe em si mesmo e se acha realizado em muitas situações; é um conceito transversal neste sentido de que se aplica a muitas situações, independentemente das disciplinas e dos contextos. É o que se chama a "transversalidade superante";

ela supõe que a categoria é dada de uma vez por todas. No outro ponto de vista, o conceito "resumir" é obtido pela analogia que se construiu passando de um conceito a um outro. Ter-se-ia começado por fazer uma síntese de uma coisa para em seguida provar que isso funciona mais ou menos de modo semelhante em muitas outras. É assim que se teria uma concepção iterativa do conceito. Falar-se-ia de "resumir" em todas as situações interessantes de serem consideradas como resumos; dito de outro modo, é depois que se fizeram as coisas que se julgam semelhantes nos diferentes contextos que se decide finalmente designá-las com a mesma palavra: resumir.

2. As linguagens diversas que falam das ações pedagógicas

2.1. Quatro dimensões da ação pedagógica

Quatro linguagens podem ser distintas a respeito das ações pedagógicas: a primeira (psicologizante) fala dos processos da aprendizagem; a segunda (sociologizante) fala do ambiente, das instituições, dos projetos sociopolíticos; a terceira (técnica) refere-se às práticas científicas ligadas às disciplinas ensinadas; a quarta, enfim, reestrutura em torno de um projeto social de ensino conteúdos e objetivos "científicos". Esta última linguagem é o lugar principal do ensino.

Algumas palavras aqui para definir estas quatro linguagens. A primeira, ligada à matriz disciplinar da psicologia, parte de uma imagem do indivíduo. Pergunta-se como um indivíduo, com suas particularidades psicológicas, pode aprender. Esta linguagem está ligada à contribuição da psicologia para as ciências da educação. Numa perspectiva psicológica, por exemplo, pode-se perguntar sobre o efeito das memórias curtas e longas sobre a aprendizagem; sobre a diminuição de rendimento depois de certo tempo de trabalho ou sobre as vantagens de tal ou tal relação pedagógica. A segunda linguagem estará centrada no paradigma da sociologia, isto é, no estudo do ser humano em grupo, em seu ambiente. Nas ciências da educação, esta linguagem intervirá especialmente para descrever as estruturas institucionais que podem mais ou menos favorecer a aprendizagem. Esta abordagem poderá examinar como, estatisticamente, para um grupo, modificações no ambiente podem favorecer um maior conhecimento. Além disso, esta dimensão sociológica das ciências da educação mostrará a ligação do ensino com projetos de sociedade e como ele é o lugar de interesses sociais e de conflitos ou de negociações sociopolíticas. A abordagem sociológica do ensino terá, então, dois eixos. O primeiro leva em conta que a aprendizagem se faz em grupo e graças a instituições sociais, ao passo que o segundo se prende mais à dimensão sociopolítica do projeto de educar e da escola em particular.

Por método, a primeira linguagem considera então o indivíduo como isolado; a segunda leva em conta que o ensino se faz numa sociedade, com seus projetos, suas instituições, suas políticas. A terceira linguagem é a dos conhecimentos disciplinares e das práticas científicas, como a física, a história ou a lingüística. Ela se refere assim a um número de tecnologias intelectuais desenvolvidas e padronizadas no Ocidente, que nos parece importante transmitir a outras gerações. Esta linguagem técnica está ligada diretamente aos projetos dos cientistas, isto é, à sua maneira de compreender o mundo. Ela não está centrada diretamente no interesse dos alunos, mas antes no de uma comunidade científica. Assim, o discurso da física está estruturado em torno de um projeto que tende a explicar e a realizar experiências com uma natureza inanimada. Este gênero de projetos favorece alguns desenvolvimentos e elimina outros que não serão "pertinentes".

A quarta linguagem determina conteúdos de ensino. Com efeito, jamais se ensina diretamente a linguagem utilizada na prática científica. Mesmo na universidade, um curso ensina os conhecimentos que julga importantes para os estudantes, no contexto em que eles se situam. Para determinar um conteúdo de ensino, ele é organizado em torno de um projeto determinado da sociedade. Assim, num curso de física para o ensino secundário, será colocada a questão: "O que é importante ensinar a estas crianças?". É este projeto que determinará o conteúdo de um manual. O princípio de organização do manual não é, então, a disciplina científica, mas uma concepção particular do que é bom ensinar às crianças, aqui e agora. Designa-se às vezes a passagem da linguagem disciplinar à do ensino pelo termo "transposição didática". A transposição didática se elabora sob o impulso de uma representação do que é válido para a sociedade e para suas crianças. Trata-se, então, no sentido próprio do tema, de um projeto político.

2.2. Ensinar: o que, quem, para que, para quem?

A formação de um professor deve tocar pelo menos em quatro domínios: sua disciplina, os processos de aprendizagem e de educação num dado ambiente, instrumentos de análise para poder avaliar um ensino numa dada sociedade. Em outros termos, para ensinar matemática a João, não basta conhecer a matemática, nem mesmo a matemática e João, é preciso saber que elementos da matemática se quer impor na aprendizagem de João no mundo em que ele vive, para que e para quem.

Muitas vezes se considerou que o mais importante para a formação de um docente é que ele conheça bem o que ensina. A primazia é então dada à sua formação disciplinar. Esta prioridade à disciplina não é, contudo, tão tradicional como se diz. Antes dos anos 1950, era sobretudo a personalidade dos docentes que contava. Era ainda a época das humanidades em que o que havia na cabeça, supostamente bem-feita, era a menor das preocupações dos educadores. Depois de quase meio século – e certamente depois do desafio que foi o Sputnik para a ciência ocidental –, todo o mundo está de acordo em dar importância aos conteúdos. É assim que uma insistência maior geralmente foi dada à formação de professores competentes na disciplina que eles ensinam.

Contudo, como diz um slogan anglo-saxão, para ensinar o latim ou a matemática a João, não basta conhecer o latim ou a matemática. O conhecimento de João é importante: os docentes têm necessidade de conhecimentos suficientes em psicologia. Esta formação concerne tanto aos processos de aprendizagem quanto ao desenvolvimento – e aos bloqueios – da personalidade. Mas "João" não é um indivíduo solitário. É por isso que os docentes devem também ter certa competência em psicologia social e em sociologia. Em psicologia social, pois, na escola ao menos, não é à soma de indivíduos que eles dão cursos, mas a um grupo. Em sociologia, enfim, pois eles devem levar em conta o fato de que, além do grupo-classe, o aluno participa de outros grupos (família, classe social, comunidade ética, grupo religioso etc.) e que estes condicionam fortemente suas atitudes e suas possibilidades.

Enfim, o ensino escolar não é um projeto neutro que se faz a pedido dos alunos. Impõe-se-lhes a aprendizagem de certas matérias e exige-se deles certas competências. Trata-se de um processo agressivo, visto que alguns jovens não gostam da escola (cf. proposição 2.3 do capítulo 1 e 1.17 do capítulo 4). Importa, então, que os docentes sejam capazes de analisar por que e para quem se impõem certas aprendizagens aos alunos. Sem isso, os alunos terão o sentimento de que se lhes impõe alguma coisa arbitrariamente. Isso leva a exigir para os docentes uma formação que, ultrapassando o paradigma mais clássico da pedagogia, ensina a analisar os projetos de sociedade: finalmente é de uma formação sociopolítica que se trata. Por outro lado, este tipo de formação política é também necessário se não se quer que o docente fique perdido num funcionamento de sociedade cujas regras e coações ele mal conhece. Seria preciso, então, que os professores recebessem, além de uma formação em sua disciplina e além de sua formação em psicologia, um número de instrumentos de análise de sociedade que lhes permitam compreender melhor para que, para quem e por que fazem o que fazem.

2.3. Fazer um programa, ato político

Um programa escolar (por exemplo, de matemática, de economia ou de francês) não se estrutura em torno de uma racionalidade científica, mas em torno de um projeto de sociedade (o que se quer ensinar aos jovens?). Estabelecer um programa é, então, um ato político. Este deve integrar as possibilidades e as coações que provêm de uma parte dos conhecimentos científicos e das capacidades de aprendizagem de outra parte. As comissões que preparam os programas não devem compreender unicamente "cientistas", mas também pessoas que possuam instrumentos de análise social e simples cidadãos.

Esta proposição diz em torno de que se estrutura a racionalidade de um programa escolar. Finalmente, este não se organiza em torno de uma disciplina científica, mas em torno de um projeto de sociedade: o que se quer ensinar a estes jovens, hoje, aqui? Determinar um programa escolar é assim uma ação política no sentido mais estrito da palavra: trata-se de impor normas e dispositivos que serão sancionados pelas autoridades, e isto em função dos projetos e da visão da sociedade que se tem.

Contudo, é preciso ter em conta um número de coações. Primeiramente as exigidas pela necessidade de certa coerência: é impossível sem isso ensinar uma disciplina científica ou uma escolha de questões que dela surgem. Outras coações vêm dos alunos: cada idade tem seus limites. Uma outra coação provém da inércia e dos limites do corpo professoral. Um programa que, em abstrato, seria genial, mas que o corpo professoral não está pronto a (ou não é capaz de) aplicar nas classes é inútil. Talvez não se levasse bastante em conta esse dado, por exemplo, por ocasião da matemática moderna ou do ensino dito renovado. Hoje, ainda, o acento posto nas competências que os alunos devem adquirir choca com um corpo docente pouco preparado para tal projeto.

O estabelecimento de programas e de projetos de ensino é finalmente de tipo "político" (com, muitas vezes, um componente econômico); isso aparece claramente quando se considera como os objetivos do ensino puderam variar nas últimas décadas. Assim, há pouco tempo, as empresas pediam trabalhadores que conhecessem com precisão um número de coisas bem delimitadas. Hoje, em conseqüência das mudanças tecnológicas onipresentes, a demanda se orienta mais para um pessoal adaptável, capaz de raciocinar de maneira mais abstrata e de mudar de tarefa várias vezes em sua carreira. As pressões sobre os programas e os conteúdos de ensino seguem essas demandas (ou essas necessidades). Essas orientações quase não têm a ver com os conteúdos propriamente científicos dos programas.

Se há acordo no ponto de vista exposto, pode parecer incongruente que as comissões que preparam programas não contem às vezes senão com cientistas. Em que, de fato, uma formação de licença em matemática, por exemplo, prepara para decidir o que é importante ensinar aos jovens de nossa sociedade? Os cientistas estão bem habilitados a dar opinião sobre as coações ligadas à sua disciplina científica. Eles podem também mostrar como, segundo sua própria análise, sua disciplina pode contribuir para a formação dos alunos. Contudo, se se trata de desenvolver um programa em função das necessidades da sociedade, sua competência fica relativamente fraca ou se limitará a certo amadorismo (mas este é às vezes um *insight*). Assim, historicamente, muitos programas de ciências foram justamente criados com um certo *insight* – por uma reunião de professores, como se dizia antigamente – sem que os que os elaboravam tivessem recebido uma preparação específica diferente de seu maravilhoso conhecimento do "terreno". Contudo, na medida em que as ciências humanas progrediram e permitem analisar ao mesmo tempo um número de coações sociais e coações ligadas à psicopedagogia ou à gestão de um corpo de docentes, torna-se cada vez mais incongruente não confiar o estabelecimento de programas científicos a comissões multidisciplinares (nas quais participantes "ingênuos", isto é, não-especialistas, podem ser de grande apoio). A tendência atual vai, aliás, para essa direção. Contudo, a decisão concernente aos programas de educação não pode – a menos que não se queira uma tecnocracia – ser deixada simplesmente nas mãos de peritos (mesmo que estes tenham evidentemente uma função importante a desempenhar). É um ato propriamente político no sentido mais estrito do termo: trata-se de chegar a compromisso de sociedade que determinará uma norma a ser sancionada. Continua aberto o problema de ver como, numa sociedade em que as especializações são múltiplas e muito desenvolvidas, os cidadãos podem ter sua palavra a dizer nestas decisões concernentes à educação. Uma abordagem multidisciplinar e política (no sentido mais nobre do termo) do estabelecimento dos programas poderia inspirar-se em métodos elaborados pela avaliação social das tecnologias. Estes métodos levam de fato a fazer cruzarem-se abordagens muito variadas para tratar da complexidade desse tipo de problema. Importaria que o conjunto dos docentes tivesse certa formação que lhe permitisse compreender este gênero de processo.

2.4. As resistências dos docentes às mudanças

A falta de formação dos docentes para a análise social contribui para sua resistência a mudanças (aceitação cega dos programas, sindicatos pesados, crença ingênua na utilidade de sua disciplina etc.). Nem sempre é fácil para alguém que foi formado para transmitir uma cultura imaginar-se em uma posição totalmente diferente: a de inovador. Geralmente, não se aceita mudar de teoria ou de prática senão quando se é acantoado a ponto de tomar consciência de que se tem mais a ganhar do que a perder.

Uma das razões das dificuldades às vezes ligadas às mudanças a operar num sistema de ensino reside na inércia do corpo docente. E esta inércia provém muitas vezes, entre outras causas, de que os professores não foram formados para enfrentar mudanças. De fato, quando um docente foi mais ou menos condicionado por sua formação a não se considerar senão como um técnico de uma disciplina e eventualmente como o portador de uma pedagogia, compreende-se facilmente que ele terá dificuldade de aceitar mudanças profundas, como as que nossa sociedade exige às vezes. Se, ao contrário, por sua formação, os docentes podem imaginar-se e representar-se como atores sociais participantes de um projeto de sociedade, é provável que sejam mais flexíveis para se adaptar às transformações que o projeto suscita e, se for preciso, para promovê-las.

2.5. A avaliação na educação

A avaliação na educação é a transmissão de um esclarecimento sobre o desempenho ou a competência de um indivíduo em relação a certos critérios. O conhecimento desses esclarecimentos dá ao educando (mas também aos que têm um poder sobre a situação) um poder de ação. Se os critérios não são precisados, a avaliação quase não tem sentido e corre o risco de se tornar não a avaliação de um desempenho, mas a da pessoa. Os critérios de avaliação – bem como a pesquisa de indicadores de aquisição de competências – não são frutos de uma ciência neutra: eles traduzem opções e valores. A distinção entre avaliação formativa e certificativa remete também a questões de sociedade. A avaliação formativa se faz para o aluno e em função de seus interesses, ao passo que a avaliação certificativa abrange os interesses de outros grupos sociais. Quanto à avaliação "somativa", ela pode ser formativa e/ou certificativa se procura os interesses do aluno e/ou os de outros. Por outro lado, alguns docentes, submetidos a fortes pressões, tornaram-se tão preocupados com a certificação que eles se esquecem de que ela não é o primeiro objetivo do ensino: eles são como os que saem para caçar crocodilos e acabam secando o pântano...

Esta proposição marca a diferença entre avaliar um número de desempenhos e avaliar um indivíduo. Avaliar desempenhos é dar uma informação a alguém sobre o que é capaz de fazer. Assim, testes podem informar a alguém se é ou não capaz de resolver cálculos integrais e se adquiriu uma competência neste domínio. Trata-se da avaliação de desempenhos. Posso avaliar da mesma maneira a capacidade de um aluno em ortografia. Pode-se falar de uma avaliação objetiva no sentido de uma avaliação conforme um número de critérios e de objetivos socialmente definidos, por exemplo, a capacidade de fazer cálculos. A objetividade da avaliação, como toda objetividade, baseia-se em seu caráter convencional e social: um acordo suficientemente realizado sobre os critérios.

Mas se se trata de avaliar se é um "bom" aluno, a questão se torna então totalmente diferente. A menos que se dêem critérios socialmente reconhecíveis (e então convencionais), a avaliação de um "bom aluno" é subjetiva, senão arbitrária. Importa, por conseguinte, precisar os critérios que se utilizam numa avaliação. Ainda mais, diferentemente se avaliará (se se julga importante fazê-lo) o progresso ligado a um desempenho e o valor absoluto desse desempenho.

Importa evitar misturar diferentes tipos de critérios, porque então ninguém aí se reconhece mais. Se se associa a avaliação do esforço do aluno com a de seus resultados, corre-se o risco de criar muitas complicações; porque se, depois de enormes esforços, não chego a calcular corretamente, mereço um zero em cálculo e um dez em aplicação; a média entre as duas avaliações (a dos resultados obtidos e a dos esforços) não é então nada esclarecedora.

Não há critérios neutros na avaliação. Na prática, os professores o sabem, aliás, muito bem, quando dizem que, para seus cursos, eles são muito exigentes sobre tal ou tal ponto, por tal ou tal razão. Quando um professor diz que, em absoluto, tal aluno merece tantos pontos para seu curso de ciência, ele se engana, na medida em que não descreve os critérios que escolheu mais ou menos livremente (ou que lhe são impostos explícita ou implicitamente). Afirmar a objetividade absoluta (e não relativa de critérios aceitos) de um exame é absolutizar seu ponto de vista pessoal. No ensino, os critérios se reduzem sempre aos projetos de sociedade que se quer promover, e não são determinados por uma espécie de "neutralidade científica", mas antes por opções que dependem do sociopolítico.

Enfim, a distinção entre avaliação formativa e somativa remete também à questão "Para quem se avalia?". Quando se trata de avaliar para favorecer a formação de um aluno, pode-se dizer que geralmente é para ele que o processo se desenvolve. A avaliação somativa, ao contrário, visa muitas vezes os interesses da sociedade, da escola, até mesmo do eventual empregador. Os alunos, aliás, o percebem, mesmo se, normalmente, são incapazes de se expressarem a esse respeito.

2.6. Avaliação e status do erro

O status do erro muda. Uma diferença maior entre a avaliação formativa e a avaliação certificativa é que há uma diferença enorme quanto ao status do erro ou da disfunção. Com efeito, por ocasião de uma avaliação certificativa, o estudante vai ser aprovado pela sociedade. Isso pode levá-lo a dever repassar seu exame, a repetir seu ano ou a mudar de orientação. O erro é uma catástrofe, porque deixa o avaliado diante de seu examinador, que deve certificá-lo referindo-se aos interesses da sociedade. Na avaliação formativa, o erro deveria poder ser acolhido muito positivamente, já que é graças aos erros que se aprende.

Por ocasião de uma avaliação formativa, o erro se torna muito interessante, pois é quando ele vem que se aprende. Se fizer tudo corretamente, não aprenderei nada da avaliação. Contudo, se, ao contrário, cometo erros, eles me forçam a refletir e a encontrar novas soluções. Na avaliação formativa, a descoberta de um erro é, se se é coerente, uma coisa positiva a ponto de ser desejada, já que vai contribuir para a formação. Ao contrário, na avaliação certificativa, o aluno tem interesse de escondê-lo. É assim que, na cultura da escola atual, a avaliação certificativa, tendo tomado a supremacia, torna-se difícil para alguns alunos perceberem que podem aprender com seus erros. Eles tentam, ao contrário, escondê-los de seus professores, a fim de obter bons resultados. Os docentes, aliás, caem muitas vezes na rede, agindo como se a única diferença entre esses dois tipos de testes fosse que a avaliação formativa não conta para o crédito. Perde-se, então, de vista que conhecer suas fraquezas é identificá-las para melhorar a situação.

Poder-se-ia, na avaliação formativa, tomar uma atitude semelhante à dos cientistas ou dos tecnólogos diante de uma experiência. Quando eles fazem um teste, se este acontece como previsto, eles não aprendem grandes coisas de novo. Mas quando a experiência produz efeitos imprevistos, torna-se interessante. Aliás, na vida corrente também, enquanto algo funciona bem, não se é tentado a aprender mais. Ao contrário, quando algo não vai bem, aprende-se.

3. Tecnocracia e ciências da educação

No contexto do estabelecimento de uma política de ensino, estas proposições aplicam às ciências humanas um número de elementos ligados à filosofia das ciências. Elas se baseiam no fato de que, de uma parte, o que é apresentado em geral como puramente empírico é sempre o fruto de certa construção, ela mesma ligada a uma matriz disciplinar. Além disso, concretamente elas analisam as ciências da educação, as ideologias que podem estar presentes. Enfim, elas sublinham que ao mesmo tempo a força e a fraqueza das ciências da educação provêm do paradigma que as estrutura. Esta afirmação se verifica, aliás, para toda ciência.

Estas proposições (3) remetem à filosofia das ciências. Por esta razão, não serão muito desenvolvidas aqui.

3.1. As ciências da educação como tecnologias intelectuais

As ciências da educação desenvolveram, depois de alguns decênios, tecnologias intelectuais capazes de analisar bom número de fenômenos pedagógicos e de representar os efeitos das intervenções praticadas na educação. Elas criaram novos paradigmas, utilizando de maneira interdisciplinar elementos de outras disciplinas: psicologia, sociologia, ciências políticas etc. Elas chegaram assim a construir uma representação teórica das atividades de ensino que permitem ultrapassar as representações vagas que consistem principalmente em receitas ou em slogans do gênero: "Fazei como eu faço".

As ciências da educação operaram uma "ruptura epistemológica" pela qual elas se constituíram como uma disciplina, tendo construído seu próprio objeto. Como nas outras ciências, essa "ruptura" permite falar do objeto de estudo com "objetividade", referindo-se a critérios convencionais socialmente definidos e discutíveis. Entre outras coisas, ela permitiu dar-se conta da multiplicidade dos estilos de ensino. Reconhecer-se em "ciências da educação" não significa necessariamente que se é "bom" docente, mas indica que se compreende e que se pode representar diversos mecanismos em ação no ensino e comunicá-los numa linguagem estabelecida para este efeito. As ciências da educação são, então, uma disciplina científica, distinta da arte de ensinar. O advento das ciências da educação, como para as outras ciências, coloca no domínio de um debate científico questões que outrora podiam ser disputas entre docentes com objetivos ou estilos diferentes. As ciências da educação são, como a geografia, uma disciplina essencialmente interdisciplinar. Com isso se quer dizer que, em seu paradigma, se podem distinguir diversas disciplinas que contribuem para a estruturação desses conhecimentos. Contudo, o paradigma hegemônico das ciências da educação se apóia mais na psicologia e nas ciências do indivíduo do que nas ciências do coletivo.

3.2. A força das ciências da educação

Graças a seus paradigmas e a suas representações teóricas, as ciências da educação chegaram a instaurar um debate racional (isto é, que precisa seus critérios) nas decisões educativas. Elas chegaram assim a ultrapassar o dogmatismo de muitos pedagogos precisando os critérios e os campos da aplicação de seus discursos. Este debate racional pode servir de base para uma representação dos docentes como "profissionais".

Falar de um debate "racional" significa simplesmente que as ciências da educação se fazem numa comunidade científica sendo determinados um vocabulário preciso, métodos comuns, referências claras, que permitem ultrapassar o que correria o risco de ser apenas uma opinião subjetiva e não uma reflexão partilhada.

3.3. Ideologias nos paradigmas das ciências da educação

Os paradigmas, isto é, os pressupostos das ciências da educação, dão mais ou menos importância, em suas análises, aos fenômenos coletivos e individuais. Esta importância pode exprimir-se em proposições-slogans do gênero: "É sempre em sociedade que se aprende" ou "É finalmente sempre o indivíduo que aprende". Essas proposições são evidentemente corretas na medida em que são praticamente tautológicas. Sua função não visa, então, tanto dar uma informação quanto marcar uma ruptura em relação a práticas que não levariam bastante em conta uma dessas dimensões. Neste sentido, são proposições tipicamente ideológicas; elas permitem uma mobilização (função positiva das ideologias); na medida em que pretendem também legitimar certas práticas, correm o risco de velar os critérios precisos em razão dos quais se quer dar mais importância à coletividade ou ao indivíduo.

É impossível separar totalmente as ciências da educação de representações ideológicas da sociedade. Estas representações são muitas vezes utilizadas para legitimar políticas particulares. Importa, então, distinguir entre as análises "locais", graças às quais as ciências podem examinar situações "racionalmente" (isto é, com critérios convencionais precisos), e as análises globalizantes, que estão muitas vezes em relação com rituais que legitimam ou racionalizam opções. No seio das ciências da educação, constata-se um debate ideológico caracterizado: alguns insistem no indivíduo isolado, outros na cooperação indispensável para a vida humana. Ambos são claramente necessários. É geralmente em função de interesses, de associações solidárias ou de decisões pessoais que a insistência se faz mais num sentido que noutro. Contudo, concretamente, ensinar conhecimentos é sempre ao mesmo tempo permitir a um indivíduo desenvolver sua autonomia e socializá-lo através dos conhecimentos ao menos parcialmente padronizados (e muito padronizados se se trata de disciplinas científicas).

3.4. A construção dos conceitos pedagógicos

Em ciências da educação (como nas outras disciplinas), mesmo conceitos tão elementares como "conteúdo de conhecimentos" ou "aprendiz" não são empíricos. Eles são obtidos pelo viés de uma representação teórica que seleciona o que se julga finalmente importante quando se fala de aprendizagem.

Trata-se de uma utilização direta de resultados de filosofia das ciências que mostram que os conceitos de base que se utilizam numa disciplina são sempre o resultado de teorias aceitas, implícita ou explicitamente. Os conceitos científicos provêm, aliás, geralmente de metáforas cujo funcionamento foi apurado. Mesmo conceitos tão estáveis como o da roda ou o da gravidade necessitam, para funcionar, de uma modelação de seus conteúdos.

3.5. Ciências da educação, tecnocracia, direção da escola

Malgrado toda a contribuição das ciências da educação, não se pode dela deduzir uma política pedagógica (seja no nível institucional, seja no nível societário). Tal atitude tecnocrática desprezaria ao mesmo tempo os aspectos ideológicos presentes nas práticas científicas e as dimensões ética e política das decisões de opção de finalidades. Contudo, as ciências da educação podem ajudar a estabelecer uma política e a "dirigi-la", especialmente precisando os efeitos que podem ser esperados e procedendo a avaliações.

Esta proposição aplica às políticas escolares reflexões críticas relativas à ideologia tecnocrática. Uma abordagem tecnocrática do ensino consistiria em crer que basta colocar bem o problema no paradigma das ciências da educação para saber o que é preciso fazer. Tal método esquece primeiramente que, para determinar as direções de um sistema educativo, é preciso escolher e então tomar uma decisão política. Os docentes devem, aliás, ser envolvidos nos processos decisórios, sob pena de vê-los finalmente abortar. A supor que essas opções sejam mais ou menos decididas, não se poderá esquecer, colocando em prática a política escolhida, que o terreno da educação é sempre mais complexo que a representação que se fez dele. Os modelos utilizados pelas ciências da educação não condizem jamais totalmente com o concreto (é assim, por exemplo, que alguns professores que ensinam a leitura podem às vezes ter sucesso, mesmo que, conforme a teoria, devessem fracassar; a prudência se impõe particularmente quando o "terreno" se afasta das hipóteses implícitas que presidiram à elaboração dos modelos – por exemplo, em escolas freqüentadas por alunos de uma outra cultura e não da nossa). Contudo, estas advertências não suprimem de modo algum o interesse que há em utilizar todas as potencialidades das ciências da educação para dirigir as mudanças da escola.

Não é mais pensável voltar hoje ao empirismo que prevalecia no século passado em matéria de reflexão pedagógica.

3.6. Necessidades em educação: o que é uma necessidade?

A noção de "necessidade" é muitas vezes utilizada em ciências da educação. Ela o é de maneira adequada quando se trata de determinar, num quadro específico, o que é considerado como necessário para um objetivo. Contudo, em muitas outras situações, é uma noção ideológica legitimadora, encobrindo desejos pessoais ou projetos políticos.

Importa distinguir o efeito ideológico da noção de "necessidade" se é utilizada de modo relativo ou absoluto. Dizer "tenho necessidade de me alimentar para viver" é bem diferente de dizer "tenho necessidade de me alimentar".

No uso corrente, a noção de "necessidade" é uma noção legitimadora. Dizer que alguém tem "necessidade" de alguma coisa é uma maneira de legitimar medidas para obtê-la.[3] Contudo, muitos, quando consideram a noção de "necessidade", supõem que se pode pretender dar, a propósito das "necessidades", simples descrições. Como quando se diz: "Nós constatamos tal necessidade". Ora, se se pode constatar um pedido, não acontece a mesma coisa para uma necessidade. A descrição de uma "necessidade" comporta sempre um julgamento

---

[3] A linguagem corrente tem uma deliciosa expressão que marca bem o aspecto legitimador da noção de necessidade: "tal aluno pediu para sair porque tinha uma necessidade...". Notemos que a noção de "doença" funciona muitas vezes de modo semelhante: ela legitima, por exemplo, alguém a não trabalhar. Contudo, a considerar com atenção, alguém decide num dado momento comportar-se como doente. Mesmo nos casos em que essa opção parece inevitável, há alguns que continuam a não querer declarar-se "doentes", mesmo com o risco de trabalhar até a morte.

de valor. Por exemplo, dizer que os alunos têm necessidade de mais trabalhos em casa não é uma constatação, mas um julgamento que se faz, referindo-se a projetos e aos valores que eles sustentam. Neste sentido, não se descobre uma "necessidade", mas se decide; não é o resultado de uma constatação, mas de um julgamento.

Até as necessidades ditas "fundamentais" (como comer, beber, dormir...) não são necessidades no sentido absoluto do termo. Elas são relativas ao desejo ou à vontade de sobreviver (Gandhi não tinha necessidade de comer quando fazia a greve de fome). No sentido absoluto do termo, nada é uma necessidade no sentido absoluto e estrito: não se tem necessidade de alguma coisa a não ser em relação a um objetivo que se quer atingir.

Para falar de necessidade, é preciso então querer aquilo para o que a necessidade é um meio. Por exemplo, a proposição "tenho necessidade de óculos" poderia tornar-se mais clara, substituindo-a por exemplo por "para ler – o que eu quero fazer – acho que me é necessário ter óculos". Esta explicação indica que, falando dessa necessidade, se subentendem duas decisões. A primeira é a de querer ler. Sem esta decisão, a necessidade desaparece. (Do mesmo modo, sem a decisão de querer sobreviver, a necessidade de comer desaparece, como desaparece a necessidade afetiva se não se tem um ideal de equilíbrio na vida.) Para que se fale de uma necessidade, é preciso antes escolher objetivos: é esta escolha que a noção de necessidade disfarça muitas vezes ideologicamente. Por exemplo, legitima-se muitas vezes uma reivindicação em termos de necessidade para evitar confessar – para si ou para outros – o que se quer.[4] A segunda decisão

---

[4] Por exemplo, no domínio escolar: que opções mascara a proposição "Tenho necessidade de mais tempo para dar meu curso"? Sem dúvida mascara a decisão de um curso de certa qualidade e a decisão de aceitar como correta a análise que diz que mais tempo é necessário para este efeito.

disfarçada é a de confiar numa análise que pretende determinar um meio como necessário em relação a um fim. Julga-se, por exemplo, que o meio "óculos" é a única maneira de chegar a ler no computador. Do mesmo modo, dizer que se tem necessidade de comer para sobreviver implica a confiança numa análise (biológica, por exemplo) que indica que é preciso comer para sobreviver.[5]

Em resumo, dizer que se constatou uma necessidade é uma maneira de esconder duas decisões, uma relativa a uma finalidade, sem a qual a necessidade desapareceria, e a outra relativa à confiança numa análise que indica o que é julgado necessário para essa finalidade. Por exemplo, dizer que "os alunos têm necessidade de que se seja mais severo com eles" supõe que se tenham escolhido alguns objetivos educativos de uma parte e que se julgue correta a análise que afirma que severidade é a única maneira de atingi-los. Uma análise em termo de "necessidades" então corre o risco sempre de mascarar as opções subjacentes.[6]

O que se pode, então, dizer das "necessidades" de indivíduos ou de grupos, ou de uma sociedade, em matéria de educação? Falando estritamente, não se trata de "necessidade", mas de proposições que alguns agentes sociais fazem a outros. Se se diz que os jovens têm "necessidade" de mais matemática, isso significa simplesmente que, em certo quadro de análise da situação, alguns julgam (e talvez com razão) que seria preciso ensinar-lhes mais matemática. A determinação do que se chamam as "necessidades" em matéria de educação não surge então de uma "descrição",

---

[5] Nisto a maioria das pessoas está de acordo, esquecendo-se de que alguém se pode alimentar sem comer, por exemplo, graças a um tubo de alimentação parenteral.

[6] É próprio de uma análise tecnocrática pretender que se possam *constatar* as necessidades. Mascaram-se assim ao mesmo tempo as decisões em matéria de objetivos e em matéria de análise.

mas de um julgamento em matéria de finalidade, de ordem sociopolítica, eventualmente precedido de um debate ou de uma negociação. Pretender determinar "cientificamente" necessidades é próprio de uma ideologia tecnocrática que pretende utilizar as ciências para evitar o debate de sociedade. (O que não impede, evidentemente, que análises científicas alimentem o debate, colocando em evidência algumas de suas implicações.)

Então, quando é tomada de maneira absoluta, a noção de "necessidade" é essencialmente ideológica. Ela não o é do mesmo modo quando é empregada de maneira relativa. Por exemplo, se digo que, para sobreviver, tenho "necessidade" de me alimentar, isso pode ter um sentido preciso que atinge o julgamento descritivo ou factual. É neste quadro que as contribuições das análises científicas são essenciais. Sem por isso esquecer que a representação dada pelas ciências do que é possível depende também dos paradigmas próprios das disciplinas científicas, e não é então de uma objetividade absoluta mas relativa.

Nos meios educativos, utiliza-se muitas vezes a noção de "necessidade" sem se dar conta dos projetos ou dos pressupostos éticos ou sociopolíticos subjacentes. Muitas vezes, isso quase não tem importância. Se disser que todos nós temos necessidade de um pouco de ternura, esta proposição será considerada como espontânea. Ou ainda quando se afirma, em nossa sociedade, que os jovens têm necessidade de aprender a ler, a escrever ou a calcular. Mas se digo que os jovens têm necessidade de um pouco mais de disciplina ou mesmo de matemática, este uso da noção de "necessidade" merece um exame crítico. Pode também ser útil distinguir as "necessidades" dos "pedidos". As primeiras são muitas vezes apresentadas de uma maneira absoluta (como quando se diz que "tal necessidade é real" ou "existe"). Os segundos têm a vantagem de dever ser, lingüisticamente, ligados a "pedintes". Por exemplo, não é de modo algum a mesma coisa dizer que há necessidade de mais disciplina na escola e dizer que uma federação patronal pede que se reforce a disciplina na escola.

Em resumo: eu creio que seria desejável, em matéria de educação, falar menos de "necessidades" a encontrar e mais de objetivos que agentes precisos julgam desejáveis (ou eventualmente de pedidos aos quais alguns querem atender). Desta maneira, será revalorizado o lugar dos sujeitos na educação: os educadores que têm seus projetos ou outras pessoas ou grupos que fazem pedidos: alunos, pais, industriais, sindicatos etc.

3.7. Resultados científicos e posições éticas

Uma posição é muitas vezes chamada de "resultado científico" quando é aceita e padronizada na comunidade científica, quando é fiável por ter sido testada num debate aberto. Ao contrário, "ser científico" não é um argumento aceito nas comunidades científicas. Sempre é preciso mostrar em que a representação que se defende faz uma diferença na prática; uma posição ética exprime o que se está preparado para fazer (ou decidido a não fazer) em vista de construir um mundo a respeito do qual se sonharia poder dizer: "É verdadeiramente isso que eu quero".

Há dois séculos, as questões de conhecimento e de ética eram muitas vezes muito misturadas. Depois, sob a pressão do cientismo, começou-se a distinguir conhecimentos considerados como puras verdades diante de proposições éticas relativamente discutíveis. Facilmente se admitia que as ciências davam a verdade, ao passo que o ético era condicionado pelas ciências. Desde então, é cada vez mais reconhecido que uma representação científica não é em si mais "verdadeira" que uma outra. Dito de outro modo, afirmar que alguma coisa é científica não é um argumento científico. Os docentes que tinham uma resposta fácil para a questão de saber o que deviam ensinar (o que era científico) descobrem que escolher uma representação é sempre arriscado. Por exemplo, escolher uma representação da doença unicamente baseada no que é orgânico tem suas vantagens e seus inconvenientes.

Diante dessas questões, pode ser útil precisar o que se entende por "resultado científico". Grosso modo, pode-se dizer que um resultado científico é uma representação de uma situação que passou pelo crivo da crítica das comunidades científicas. Assim, falar de um resultado científico em astrofísica (ou em história) é dizer que uma representação da vida de uma estrela (ou de um episódio do passado) é adequada em relação a certo número de projetos definidos pela disciplina implicada. O que faz a força das ciências é a discussão crítica que permite afirmar que tal ou tal representação é pertinente. O que o professor ou a professora faz é "transmitir" o uso dessas representações aos alunos. Além do aspecto crítico das ciências, pode-se notar seu caráter padronizado: há, na base das ciências, uma adesão a uma maneira padronizada de abordar questões. Por exemplo, a análise literária ou a demonstração geométrica são maneiras-padrão de abordar certas questões. Sem a padronização, pode tratar-se de uma representação pessoal muito pertinente, mas não se tem um resultado científico. Para compreender a função da padronização, pode-se referir à linguagem: para fazer-se compreender, não é preciso apenas se referir ao uso pessoal dos sons, mas é necessário utilizar a língua tal qual foi padronizada. Para resumir, um resultado científico é uma representação padronizada e confiável (porque testada) de uma situação conceituada num problema padronizado.

De modo semelhante, uma posição ética é uma representação padronizada do que se considera como desejável. Deste ponto de vista, a ética e as ciências se baseiam numa distinção entre o que se supõe adquirido por representações pertinentes e o que se decide escolher.

Capítulo 6

O pluralismo, sua pertinência e suas ambigüidades

1. O pluralismo é uma ideologia particular

O pluralismo não é a ausência de ideologia, mas uma ideologia particular. Ele está ligado à sociedade moderna, contratual e individualista, na qual os indivíduos se reúnem em torno de valores e de projetos particulares sem se interrogar sobre suas legitimações e motivações últimas. Pode ser útil distinguir entre o "pluralismo interno de uma instituição" e o pluralismo de instituições, às vezes chamado de "pluralismo externo". Em nossa sociedade ocidental, existe um amplo consenso em torno de um pluralismo que valoriza a criatividade, a importância de cada indivíduo, o direito de cada um à expressão pessoal, à interioridade, à necessidade do desenvolvimento pessoal, à dimensão comunitária, ao trabalho, à exatidão, à consciência, à liberdade, à participação, à gestão dos conflitos pelo direito, ao respeito dos direitos do homem etc.

Esta proposição resume alguns temas que serão retomados no capítulo. Haverá, então, algumas recuperações entre seu comentário e os das proposições que seguem. Este capítulo aborda a questão global do pluralismo como invenção cultural.[1] Considera-

---

[1] Fala-se de uma invenção para designar novas maneiras de viver junto que são imaginadas, num dado momento, numa cultura. A democracia ou o contrato de trabalho, por exemplo, são também invenções culturais.

se, então, o pluralismo no plano de fundo de outras sociedades – anteriores ou contemporâneas – que, por diversas razões, não toleram senão poucas diferenças. Em nossa sociedade ocidental contemporânea, ao contrário, o sistema social tolera instituições que provêm de ideologias ou de religiões diferentes (pluralismo externo, cujo exemplo mais clássico é a pluralidade de redes escolares em países como a Bélgica, a França, a Holanda ou os Estados Unidos) e também instituições onde se encontram indivíduos que invocam a seu favor ideologias diferentes ("pluralismo interno", como as empresas industriais e a maior parte dos clubes esportivos). Neste capítulo, essencialmente se interessará pelo pluralismo interno das instituições, o pluralismo escolar externo sendo praticamente admitido desde o século XVIII (mesmo se gerar "guerras escolares" periódicas).

A concepção popular do pluralismo consiste em dizer que uma instituição é pluralista quando todas as posições são aceitas nela. Tais instituições não existem e não poderiam existir (pois uma instituição sempre se constrói sobre projetos que são valorizados de uma maneira ou de outra). Para se dar conta de que existem instituições pluralistas (como empresas, organizações esportivas, movimentos de jovens e mesmo famílias), é preciso, então, encontrar uma teoria mais elaborada do pluralismo.

Pode-se considerar o pluralismo como uma invenção cultural ligada a sociedades em que pessoas que têm visões diferentes do mundo conseguiram aprender a trabalhar juntas em projetos precisos. Poder-se-ia dar como paradigma da noção de pluralismo o aprendizado que fizeram os mercadores de Veneza, por exemplo, da possibilidade de comercializar com muçulmanos.

Pode-se achar que a invenção cultural do pluralismo consiste em fazer uma distinção entre dois níveis de valorização na ação. Falar-se-á, de uma parte, dos valores entendendo com isso comportamentos ou atitudes precisos julgados desejáveis. De outra, será falado das ideologias que legitimam ultimamente esses valores. Por exemplo, pode-se falar do valor da honestidade e das razões últimas (religiosas ou filosóficas, por exemplo) desta honestidade. Para trabalhar junto, a ideologia pluralista estima que basta pôr-se de acordo sobre um projeto e um número de valores, mas não necessariamente legitimá-los pela mesma ideologia última. É assim que instituições pluralistas podem ser construídas sobre valores e projetos aceitos que reúnem pessoas que as legitimam diferentemente (por exemplo, para uma sociedade de transporte de ônibus, os projetos serão o transporte na ótica de certa rentabilidade, os valores serão a exatidão, a sobriedade ao volante, a honestidade etc. E, por outro lado, essa sociedade não se preocupará de modo algum em saber se seus empregados baseiam esses valores em razões religiosas, morais ou simplesmente por interesse financeiro).

Na economia moderna, o pluralismo se implantou pouco a pouco. Hoje, as pessoas não sentem mais a necessidade de partilhar as mesmas crenças para trabalharem juntas. Muitos casais ou famílias se tornaram pluralistas: toleram crenças diversas, com a condição de que haja, contudo, valores e projetos partilhados.

O pluralismo assim definido evidentemente não basta para determinar quais serão os valores de uma instituição pluralista. Por exemplo, uma instituição pluralista pode valorizar enormemente a procura do sentido e uma outra, não. Constata-se, contudo, que há na sociedade ocidental um consenso suficiente sobre um conjunto de valores e que estes podem, segundo alguns, permitir instituições educativas pluralistas.

Mesmo que pluralismo seja, em princípio, aberto a tipos de valores muito variados, ele veicula praticamente sempre a valorização e o respeito da diversidade. Em outros termos, praticamente todos os grupos pluralistas dão um grande valor à capacidade que têm os seres humanos de viverem juntos harmoniosamente, malgrado diferenças (e isto, em oposição aos diversos sectarismos que acompanham às vezes ideologias religiosas ou filosóficas). Contudo, esta valorização do respeito de cada uma e de cada um pode estar baseada em legitimações muito diferentes. Outros valores parecem, aliás, também estar na base da maior parte dos projetos educativos que se constatam em nossa sociedade ocidental. Um número desses valores é citado na proposição. Muitos julgam que em torno desses valores pode-se construir uma educação comum. Em torno de outros valores (por exemplo, o cuidado dos mais desprovidos ou o perdão), há um debate mais amplo – mas os desacordos não seguem necessariamente as linhas de opção religiosa.

2. O pluralismo, invenção sociocultural

2.1. Invenção cultural do pluralismo

Um pluralismo que aceitasse não importa que proposições ou valores seria ilusório. Toda estrutura institucional define-se pelos limites que põe; às vezes não se pode deixar de excluir. O pluralismo não é "aceitar não importa o quê", é uma invenção cultural da sociedade burguesa, para permitir uma convivialidade entre pessoas que têm visões do mundo muito diferentes.

A definição popular mais freqüente de uma instituição pluralista é: "uma instituição em que não importa quais valores ou proposições seriam aceitos". De fato, não existe instituição alguma que aceite não importa o quê. Por exemplo, uma sociedade de ônibus não aceitará que um motorista esteja embriagado ao volante e menos ainda que ele valorize tal comportamento. E, contudo, sabe-se que isso não é o que se pretende ao dizer que essa sociedade de ônibus é pluralista. Do mesmo modo, não se encontrará nenhuma escola na Bélgica para valorizar a inexatidão em ciências, muito menos se encontrará alguma para dizer que não é importante saber ler e escrever.

Uma instituição se define por um projeto, e este acarreta toda uma série de valores. A escola primária no Ocidente, por exemplo, define-se ao menos (mesmo se não unicamente) pelo aprendizado da leitura, da escrita, do cálculo, de certa disciplina, pelo ensino de coisas e por um número de atitudes e comportamentos julgados por alguns "úteis" em nossa sociedade. Ela pode também incluir outros objetivos, como a procura de sentido ou a valorização de uma moral de livre exame ou da ética veiculada pela comunidade científica etc. Contudo, o que é claro é que não há instituição sem objetivos ou projetos. E que estes marcam um limite em relação ao que será aceito ou tolerado. Uma instituição implica sempre a definição de certos limites. Para se organizar, sempre se exclui alguma coisa. Isto continua sendo verdade mesmo se, em muitos, fica o sonho de um universo em que não haveria exclusão alguma, em que tudo seria sempre aceito. Mas a sociedade de ônibus excluirá os motoristas ébrios, ao passo que a escola excluirá os que acham que $2 + 2 = 5$ é equivalente a $2 + 2 = 4$.

Às vezes, tenta-se escapar dessa regra de vida que mostra que a exclusão faz parte da existência. Por exemplo, apelando para uma instância legitimadora última que diria o que se deve excluir: assim se evitaria comprometer-se pessoal ou coletivamente num processo de exclusão. Em nossa sociedade, em todo caso com relação à escola, há principalmente dois tipos de instâncias legitimadoras deste gênero. Para alguns, a verdade religiosa seria de um status tal que legitimaria automaticamente exclusões; para outros, seria a cientificidade que permitiria excluir alguns comportamentos ou atitudes. E, finalmente, nos dois casos, faz apelo a uma instância supostamente universal que resolveria o problema das diversidades indicando as "boas" escolhas. Podem-se encontrar, entre as filosofias contemporâneas, várias abordagens que criticam este desejo de uma instância que evitaria assim se confrontar com os conflitos e assumir as opções particulares que se fazem. Assim Nietzsche estigmatiza os comportamentos que se referem a instâncias legitimadoras, como a religião, a ciência, a moral ou a razão, a ponto de suprimir a afirmação dos compromissos que se assumem. Do mesmo modo, as psicologias das profundezas insistem na importância da "Lei" que indica a impossibilidade de não fazer opções.

Então, parece que, ao ser estrito, não se possa jamais pretender "aceitar tudo". Contudo, depois de vários séculos no Ocidente, um valor nasceu: o da tolerância. Muitos acham importante não rejeitar os que não pensam como nós. E, especialmente, as guerras de religião são, para a imensa maioria dos ocidentais, uma aberração. Este projeto de viver com pessoas que pensam ou que crêem diferentemente sem dúvida nasceu nas sociedades mercantis. Vistos seus deslocamentos, os comerciantes deram-se conta de que os outros (os muçulmanos para os mercadores de Veneza, por exemplo) não eram nem melhores nem piores que eles. Sem cair num relativismo total, eles começaram a apreciar as atitudes das pessoas que têm uma outra religião. Faltava-lhes encontrar um modelo cultural para pensar essa nova atitude que adotaram pouco a pouco. Foi assim que introduziram a distinção entre os valores e sua legitimação última. Em outros termos, o cristão se colocava a apreciar o não-cristão, não mais em termos unicamente de sua religião, mas em função de valores como sua honestidade, sua delicadeza, sua preocupação com a justiça etc. Pouco a pouco, uma cultura pluralista se impôs na Europa como cultura dominante: o importante, nas relações humanas, não era mais ter a mesma religião, mas partilhar um número de valores e de atitudes, quaisquer que fossem suas legitimações. Quando se diz, por exemplo, que "o importante é o amor", fala-se de a tal cultura.

2.2. Pluralismo de fato ou pluralismo pensado

Numa sociedade onde existe um pluralismo de fato cada vez mais amplo, pode-se escolher uma escola que vive um pluralismo pensado ou um pluralismo de fato, escondido por trás de uma falsa unanimidade.

Nossa sociedade é, de fato, cada vez mais pluralista. O mesmo acontece com as famílias (é, por exemplo, cada vez mais raro que pais coloquem um filho na rua se não partilha mais os valores, os comportamentos, as ideologias ou a religião familiares). Em escolas católicas, uma boa parte dos alunos não partilha a fé católica. Um bom número de pais pouco se interessa pelo aspecto religioso da escola católica (o secretariado nacional do ensino católico belga reconheceu isso e tomou posição há mais de vinte anos num documento sobre a especificidade do ensino católico; ele reafirmou essa posição de pluralismo em seu documento sobre a missão da escola cristã). E, entre os docentes e educadores, uma parte não partilha (ou não mais) a fé ou a prática católicas. O que é verdade para as escolas poderia dizer-se também dos movimentos de jovens que se referem à religião.

De fato, então, a maior parte das escolas católicas é pluralista. De direito, tal pluralismo é, aliás, bem admitido. Um número de estabelecimentos de ensino católico leva em conta sua política, por exemplo deixando aos alunos a escolha entre fazer um "retiro" ou uma outra experiência, ou oferecendo diferentes tipos de cursos de religião. Em alguns casos, na Bélgica e na França, serão oferecidos cursos de religião islâmica aos alunos que se referirem a essa religião. Mas limites bastante importantes são muitas vezes postos em tal pluralismo. Por exemplo, na Bélgica, não se encontra praticamente nenhum estabelecimento católico para aceitar, de fato, a existência de um curso de moral que, ao lado do curso de religião, seria pensado de uma maneira autônoma em relação à religião (e, malgrado a tradição católica, desde Santo Tomás e sua época, para aceitar facilmente a autonomia relativa de uma reflexão filosófica e moral). Poucos estabelecimentos católicos oferecem a seus alunos não-crentes a possibilidade de educação para uma experiência espiritual vivida fora de um quadro cristão ou mesmo de um quadro religioso (como se, fora das religiões, não houvesse experiência espiritual ou como se todos os "não-crentes em uma religião" fossem automática e puramente materialistas). E, não só na escola como em outros lugares, não se encontram muitas celebrações rituais que possam ser vividas a fundo, de maneira partilhada, por cristãos e não-cristãos. Contudo, a tendência – ao menos oficial, pois a prática é diferente – é de acentuar o respeito de todas as consciências e da diversidade das práticas.[2]

Em resumo, se existe nas escolas católicas um pluralismo de fato, a "doutrina" pensada do pluralismo está ainda à procura de si mesma. Talvez por medo de perder uma parte de sua identidade, no mundo católico, muitas escolas e alguns movimentos de jovens carecem de uma "doutrina" em relação ao pluralismo. Ora, tal "doutrina" poderia ser elaborada, tanto no ponto de vista filosófico como teológico. Na falta dessa doutrina, tem-se a impressão de que a hipótese de base dessas instituições tem algo de falso quando parecem supor que seu caráter católico não causa problema.

2.3. O pluralismo e as opções ideológicas

É possível criar numerosos tipos de escolas pluralistas, cada uma se diferenciando das outras pelos valores e projetos que veicula.

---

[2] Cf. o Documento do Secretariado do Ensino Católico Belga Francófono: *Mission de l'école chrétienne* e a proposição 2.7. no capítulo 3.

Se uma instituição pluralista repousa sobre valores e projetos partilhados, é preciso fazer opções. O pluralismo, como tal, valoriza sem dúvida certa tolerância, mas não resolve outras questões. Por exemplo, uma escola adota sempre uma política em relação à formação social que vai dar a seus alunos. Essa política implica opções de valores. Uma escola pluralista pode, por exemplo, promover a formação de alunos elitistas, ao passo que uma outra escola pluralista poderia valorizar a integração das diferentes classes sociais e a solidariedade. Uma outra ainda poderia fazer da procura de uma carreira o valor central da escola ou ainda valorizar o cuidado dos mais pobres e dos oprimidos. Algumas escolas pluralistas valorizarão a procura do sentido da existência, ao passo que outras escolherão uma política educativa mais pragmática. A proposição 3.8. neste capítulo mostrará como uma associação laica faz sua escolha de valor para construir uma escola pluralista: mesmo se se quer basear uma escola pluralista sobre um conjunto de valores geralmente admitidos em nossa sociedade (cf. proposição 1 deste capítulo), resta fazer numerosas opções. Contrariamente, então, ao que alguns crêem, uma opção pelo pluralismo escolar não suprimiria de modo algum o debate por valores a promover; a opção tornaria esse debate mais necessário (Para aprofundar, cf. Vallery, 1983).

2.4. Opção de projeto de sociedade

A existência de escolas pluralistas não resolveria, por si mesma, os problemas sociopolíticos ligados ao ensino. O pluralismo poderia permitir promover uma política escolar que ultrapasse as divisões sociorreligiosas, mas poderia também provocar separações entre classes sociais que vivem valores diferentes, mesmo se esses valores estivessem baseados num pluralismo filosófico-religioso. Não seria impossível que, sob a etiqueta de pluralismo, se vissem aparecer escolas elitistas, xenófobas ou racistas.

Em torno da noção de escola pluralista (como em torno da escola oficial) cristalizaram-se esperanças de uma sociedade mais harmoniosa em que a escola reuniria, numa espécie de grande família, a totalidade dos jovens. Era o sonho de uma escola para todos. Na base desse sonho, de um modo ou de outro, pode-se encontrar a idéia de que uma sociedade pode basear-se no mesmo conjunto de valores e de projetos. Muitas vezes, aliás, esta unanimidade se faria em nome de uma racionalidade ou de uma ciência universais, como eram apregoadas no fim do século XVIII. Hoje, tal unanimidade, com o centralismo estatal que isso impõe quase necessariamente, parecia para a maior parte de nossos contemporâneos como tendo um mofo de totalitarismo. Nas negociações sociopolíticas de nossa sociedade, importa, então, refletir sobre a maneira como a introdução do pluralismo interno pode influenciar as relações de forças e os interesses sociais.

Um sistema de escolas pluralistas não seria, por exemplo, necessariamente mais social ou mais democrático que as escolas atuais. Assim, poder-se-ia imaginar, especialmente no contexto de uma sociedade neoliberal, uma escola pluralista elitista, aceitavelmente xenófoba ou racista, dirigida por grupos de pais em que todos "participariam"... com a condição de fazer parte pouco a pouco do mesmo meio social. Mesmo a escola pluralista, "gerida pela comunidade que ela serve" e cuja orientação ideológica seria definida pela comunidade escolar, não suprime o risco de ver um sistema escolar tornar-se praticamente a propriedade de uma minoria privilegiada. O aparecimento de um sistema escolar pluralista permitiria sem dúvida eliminar certas tensões filosóficas que velam interesses sociais, mas ela não conciliará, contudo, esses interesses. Quando se leva a questão do pluralismo a sério, dá-se conta de que, longe de suprimir o debate sociopolítico, ela o retoma. Ela coloca especialmente a questão da opção entre uma escola de tipo neoliberal, que serve principalmente os interesses de seus clientes, e uma escola que visa certo bem da comunidade ou certo bem comum.

2.5. Pluralismo, Estado e estatização

Escola pluralista não significa necessariamente escola estatizada. A questão da função do Estado continua, portanto, sendo importante em relação às políticas escolares. A escola não é, com efeito, uma instituição que não custa nada à comunidade. Muitos julgam que o Estado deve, neste quadro, desempenhar uma função ao mesmo tempo de arbitragem e de agente.

Em alguns países (especialmente na Bélgica), a idéia de uma escola pluralista e de uma liberdade total de ensino evoca a supressão das redes escolares atuais para dar lugar a uma rede única, estatizada e centralizada. Em si, contudo, um sistema escolar pluralista pode ser muito descentralizado. Não é necessário que sejam os poderes públicos e menos ainda o Estado que decidam os projetos e os valores que constituiriam as diferentes instituições escolares. Ao contrário, a perspectiva que desenvolvemos aqui permitiria, em princípio, uma grande variedade de tipos de escolas pluralistas. Mesmo que, muitas vezes, os projetos de escolas pluralistas estivessem ligados a ideologias socialistas que dão ao Estado uma grande função, esta política não é inerente à própria noção de pluralismo (aliás, a idéia de um socialismo centralizado perdeu muito de sua atração nos últimos anos).

Resta, contudo, saber que função dar ao Estado na determinação das políticas escolares. Alguns propõem que o Estado ou os poderes públicos se desinteressem da escola e que ela dependa só das famílias ou de suas associações. Tal perspectiva, por mais atraente que seja à primeira vista, chegaria finalmente a uma perspectiva neoliberal sobre a escola. Nada prova que essa perspectiva atinja diversas necessidades que revelam análises particulares. Assim, algumas análises sugerem a importância, em níveis nacional ou regional, de uma suficiente aculturação científica e tecnológica das populações. É possível responder a essa necessidade sem uma política escolar? O mesmo acontece diante das numerosas questões que levantam a educação das populações. O problema da escola como problema político parece difícil de evitar. E a adoção de toda política implica uma limitação das liberdades individuais. Por outro lado, numa sociedade cheia de desigualdades, querendo demais defender todas as liberdades, acaba-se por não promover senão a de uma minoria e por suprimir a das outras: entre o forte e o fraco, a liberdade oprime, ao passo que a lei liberta.

3. O pluralismo e a procura de sentido

3.1. Viver junto na diversidade

Um ensino pluralista não significa um ensino sem raiz: todo ensino se situa num terreno sociocultural particular. Não se trata, então, de um ensino em que "tudo seria equivalente", mas sim de um ensino que valoriza um "viver junto", no respeito das diversidades.

Há estranhas idéias sobre o pluralismo. Assim, certa pessoa acreditava ter encontrado um argumento definitivo a seu desfavor: "Como pode considerar um pluralismo correto na medida em que é impossível saber como cada ponto de vista filosófico ou religioso terá seu débito em tal sistema!". E essa pessoa considera todas as disputas que surgiriam do fato de que nenhuma parte julgaria ter recebido sua cota adequada de tempo de palavra ou de estudo. A isso se poderia responder que, entre pessoas de boa vontade, pode-se chegar a acordos. Assim, numa família, à mesa, a partilha das partes entre cada um não provoca necessariamente disputas intermináveis.

Não é questão, numa escola pluralista, de ensinar todas as religiões nem todos os pontos de vista filosóficos. Tal pluralidade abstrata é impraticável e quase não teria sentido. Numa escola pluralista, sem dúvida se dará uma importância maior a pontos de vista representados numa comunidade escolar ou na sociedade ambiente. Se há numa classe crianças muçulmanas com uma maioria de cristãs, compreender-se-á que o ensino cuide de dar ao ponto de vista islâmico sua possibilidade de expressão. A construção de um pluralismo não se faz, então, diante de uma diversidade abstrata de pontos de vista, mas diante das diversas posições que se podem encontrar concretamente no universo daqueles que se trata de formar (sem esquecer de valorizar eventualmente pontos de vista "completamente diferentes" dos que os jovens encontram habitualmente, para que possam não se fechar em seu pequeno universo).

Essas considerações permitem abordar a questão do pluralismo na educação dos pequeninos. Muitos dizem, com efeito, que, se o pluralismo pode ser adotado para a educação dos jovens adultos ou mesmo dos adolescentes, ele corre o risco de ser destruído entre os pequeninos não lhes dando nenhuma raiz. Conforme esta posição, uma educação pluralista deve, então, esperar certa idade.

Para abordar essa questão, é importante precisar o tipo de segurança e de raízes que se julgam necessárias para a educação. A resposta evocada no parágrafo precedente parece pressupor que é necessário que os educadores estejam de acordo em tudo, sem o que a criança ficará desorientada. Mas outros mudam os termos do problema e sugerem que todo acordo é antes de tudo irrealista (nenhum casal pode pretender estar de acordo em tudo) e pode ser prejudicial (a diversidade das posições dos educadores não ajudará a criança a reconhecer que um dia ela também pode ter sua posição pessoal?). O importante, dizem outros, é que os pais estejam de acordo em certo número de coisas de sorte que a criança possa perceber que os adultos dão um sentido à existência. Um meio educativo que pretendesse, sob pretexto de tolerância, que tudo é equivalente, poderia não ser bastante estruturante para a criança. Mas, como vai indicar a proposição seguinte, há pluralismos que não veiculam esse tipo de "tolerância" relativista.

3.2. A ambigüidade da tolerância

A virtude de tolerância (pela qual se respeitam os outros e seus direitos) deve ser distinguida da ideologia da tolerância (segundo a qual todas as posições éticas ou filosóficas são equivalentes e a qual não vê sentido em promover tais objetivos mais que outros). Assim, a virtude de tolerância não se opõe a uma luta pela justiça.

Primeiramente a "virtude de tolerância" deve ser distinguida das "ideologias da tolerância" (como, anteriormente, distinguimos a prática do serviço de sua ideologia). "Ser tolerante" pode ser definido como uma "virtude", isto é, como um tipo de resposta à situação das diversidades humanas: isso implica um respeito do outro e a recusa de querer depressa demais suprimir essas diferenças. A tolerância foi percebida como um valor diante dos sofrimentos provocados por diversas "guerras de religiões". Assim descrita, a noção de tolerância não resolve a questão de saber em que momento se julgará que a diversidade vai longe demais e que, antes de aceitá-la simplesmente, se optará por entrar em conflito.

Assim, em nossa sociedade ocidental, facilmente se julgará que seria intolerante a pessoa que não aceitasse que as crianças de uma família sejam obrigadas a ir dormir um pouco mais cedo que suas próprias crianças. Por outro lado, se, numa família, uma criança é espancada até a morte, a maioria julgará que é ir longe demais ao se desinteressar sob o pretexto de tolerância.

É assim que se prefere falar de "ideologias da tolerância" quando se pretende legitimar pela tolerância a recusa de tomar posição. Essas ideologias da tolerância são contudo bastante populares em nossa sociedade individualista. Facilmente se diz:"Um faz isso, o outro faz o oposto: sejamos tolerantes; aceitemos tudo". Em outros termos: "Todo o mundo é bonito; todo o mundo é gentil". Por isso, deixa-se a grande sociedade a ela mesma para se voltar para si mesmo e para os que partilham nossas opções.[3] Em oposição às ideologias da tolerância, há atitudes que valorizam a tomada de posição e às vezes até mesmo o conflito, quando dele pode sair algo de positivo. Essas atitudes são compatíveis com a virtude de tolerância, isto é, a atitude que recusa supervalorizar as diferenças e os conflitos. Para favorecer a tolerância em atitudes conflituosas, importa recordar que é impossível situar-se totalmente acima do conflito: assim, se penso que minha atitude pode acarretar conseqüências positivas, importa ser consciente de que não é necessariamente o ponto de vista de meu "inimigo". Numa perspectiva semelhante, pode-se notar que a virtude de tolerância pode ser compatível com uma luta pela justiça; mas isso não significa que se possa pretender que sua idéia da justiça seja a única válida.

---

[3] Essas posições são facilmente aceitas, contanto que não se seja esmagado. Neste ponto, as ideologias da tolerância mostram sua futilidade.

3.3. Lugar da procura do sentido

Em nossa sociedade, uma escola pluralista deve decidir se valorizará a procura do sentido global da vida e se manterá a tensão entre valores e suas fontes ou se se limitará a promover interesses setorizados.

Uma objeção muitas vezes formulada contra uma educação pluralista é a incapacidade que teria de verdadeiramente levantar questões fundamentais em relação ao sentido da existência. Alguns imaginam uma educação como uma espécie de mercado em que se apresentariam aos jovens diversas posições, dizendo-lhes que, finalmente, eles poderão escolher. No limite, pareceria dizer que todas essas opções são equivalentes: um se interessaria pela música, outro pela matemática, um outro pela religião, um outro pela justiça, outro pelo desenvolvimento do terceiro mundo. Uma multidão de interesses seria possível, entre os quais cada indivíduo decidiria em última instância: toda pessoa que quisesse intervir nessas opções seria taxada de intolerante.

Esse pluralismo privilegiaria o valor da opção individual e daria pouca importância ao valor da reflexão sobre o sentido de nossos compromissos. Seria uma opção de valor. Uma outra opção é possível: dar importância à reflexão sobre o sentido de nossas opções. Se uma escola escolhe essa orientação, ela suscitará um questionamento sobre o sentido da história humana e sobre as significações que estão em jogo em cada uma de nossas opções particulares. Sem por isso pretender necessariamente posição sobre as legitimações últimas, uma educação pode insistir no fato de que cada um se compromete num dado momento e arrisca sua existência nessas opções (Para aprofundar, cf. Vallery, 1983).

3.4. O positivo nos conflitos

Numa perspectiva pluralista, o conflito não é geralmente percebido como um valor em si; o que é valorizado é a possibilidade de viver os conflitos e negociá-los. É também possível valorizar o perdão no seio dos conflitos e dos choques que necessariamente provocam.

Não há vida sem conflito. Não se pode tomar posição e dizer "eu" sem saber que isso nos oporá a outros. Ainda mais, num conflito, pode-se perceber melhor a particularidade de sua posição e aprender muito, tanto sobre as opções que se quer tomar quanto sobre uma condição humana em que a diversidade e o conflito nos lembram nossa finitude. Pode-se, então, ver as situações de conflitos como situações privilegiadas de onde um bem pode surgir. Sabe-se que, muitas vezes, é em conseqüência de conflitos que mudanças positivas são introduzidas nas sociedades ou nas relações interpessoais. Isto é particularmente aplicável aos conflitos inerentes a toda educação.

Isso não quer dizer que o conflito em si vá ser valorizado. O que ele tem de interessante é ser sinal de que nunca podemos reduzir completamente os outros à idéia que fazemos deles.

A partir do momento em que se reconhece todo o positivo nas situações conflituosas a respeito das quais ninguém pode pretender estar totalmente certo ou errado, é possível abrir uma nova reflexão sobre o valor do perdão. O perdão não deve necessariamente ser visto como a atitude de alguém que teria razão e que perdoaria a quem não tem; ele pode ser visto como o reconhecimento dos sofrimentos que nos causamos uns aos outros em todas as nossas relações e, sobretudo, em nossos conflitos e como a decisão de aceitar o outro ou os outros e de amá-los sem reduzi-los à visão que temos dele quando estamos em conflito. Nesta perspectiva, o perdão não significa necessariamente a solução do conflito ou uma reconciliação: é uma maneira de estar com os outros em tais situações.[4]

3.5. O lugar das tradições

> Para alguns, as tradições são sinais de obscurantismo; para outros, elas são algo de vivo, dão testemunho do passado e permitem abrir-se ao futuro. Um ensino pluralista que estivesse baseado unicamente nos interesses individuais, sem dar um lugar às tradições éticas ou religiosas (como o livre exame ou religiões etc.), corre o risco de não prover os jovens do "capital social" representado pela coesão de grupos que visam um "viver junto" válido para as comunidades humanas.

Esta proposição atinge considerações da proposição 3.1. deste capítulo sobre as raízes necessárias para a educação. Educar é sempre introduzir em certas tradições, limitadas, sem dúvida, mas que se julgam interessantes para transmitir. A própria educação científica não consiste em outra coisa senão na transmissão de certa tradição de pensamento, geralmente veiculada por uma disciplina científica. O individualismo total não é, sem dúvida, concebível de uma maneira coerente: uma pessoa é ser humano numa sociedade, com os outros e pelos outros. Entrar na comunidade humana é entrar também nas questões éticas que aí se põem, nas buscas de sentido que aí se fazem, e é participar também de celebrações rituais que exprimem as tensões e as alegrias da existência. Uma educação que não comportasse tal iniciação nas tradições éticas, religiosas e rituais, poderia, então, ser considerada

---

[4] O perdão é sem dúvida um valor a respeito do qual há profundos desacordos em nossa sociedade.

mutilada. Pode-se aliás se perguntar se, formando indivíduos sem raízes, ela continuaria eficaz em relação aos próprios interesses desses indivíduos (cf. proposição 2.12 do capítulo 4).

Como, em nossa sociedade, existe uma pluralidade de tradições solidamente estabelecidas, pode-se perguntar se não poderia ser um objetivo educacional visar a não-saída dos jovens de um sistema de educação em nossos países industrializados sem ter um sólido conhecimento das quatro grandes tradições que presidiram ao progresso da civilização ocidental: o cristianismo, o judaísmo, o islamismo e a tradição laica do livre exame.

3.6. Religião e diversidade de crenças, de políticas e de símbolos*

Alguns católicos podem achar que, numa sociedade pluralista, uma escola pluralista apresenta a visão de um Deus que respeita as diversidades humanas melhor do que uma escola unicamente católica. Pode existir, entre os cristãos, uma diversidade teológica em relação à sua visão de Deus e do pluralismo, do mesmo modo que uma diversidade política em relação à oportunidade de uma escola pluralista.

Talvez o debate entre os católicos em relação ao pluralismo apresente diversidades teológicas profundas, ligadas a atitudes diante da existência e dos outros. Finalmente, além dos argumentos, as posições dos cristãos diante da escola pluralista poderiam estar ligadas à sua representação de Deus.

Para alguns, Deus é um ser que, em sua relação com os humanos, tem como cuidado principal que estes o conheçam e o amem. Para esses cristãos, o objetivo primeiro de uma escola é fazer conhecer a Deus, mesmo que este fim deva passar para o segundo plano outros objetivos, como a justiça e a felicidade dos seres humanos.

Para outros, o Deus revelado por Jesus é diferente: seu cuidado primeiro é a felicidade dos seres humanos, a justiça do Reino. Deus quereria antes que todos tenham a vida e a tenham em abundância. E esse Deus pode sentir-se à vontade numa sociedade pluralista, pois a última coisa que Ele quereria é que sua pessoa dividisse as pessoas de boa vontade. Como o exprimia J. Vallery (em *Un peu de sens...* Bruxelles: Éditions Jeunes en Mouvement/CJC, 1983), se se crê neste Deus, "num Deus apaixonado até o fim pelos outros, um Deus libertado da necessidade de se crer nele", a atitude diante do ensino é completamente outra. Com este Deus revelado em Jesus – "um Deus que não teria outro poder senão o do amor, que seria confrontado como nós com as injustiças de todos os tipos, que veria, como muitos profetas, abrir-se diante dele o caminho de sofrimentos, de cruz e de morte" – alguns cristãos olham antes este mundo onde é preciso instaurar o Reino desse Deus e sua justiça. E é isto que se torna para eles o objetivo primeiro da escola. O cuidado primeiro não é mais transmitir aos jovens a crença em Deus, mas talvez fazê-los partilhar a mesma esperança deste Deus que crê que vale a pena arriscar sua vida pelo mundo. E não é impossível que alguns jovens cheguem a dizer: "Um Deus assim, valeria a pena caminhar com Ele alguns passos, comprometer com Ele conversação e vida; isso não me surpreenderia, em todo caso, que eu creia nele, que Ele creia em mim e que isso me ilumine um pouco".

3.7. *Uma educação laica na Bélgica... e uma pedagogia jesuíta*

O projeto educativo proposto pela liga de ensino belga (movimento pela escola laica) mostra como, numa perspectiva pluralista, um movimento laico propõe valores que podem reunir um vasto consenso. Poder-se-á compará-lo com um texto publicado num livro que tenta definir referências para a tradição pedagógica dos jesuítas.[5]

O texto que segue, proposto pela organização belga que promove a escola laica, permite dar-se conta de que uma educação que se quer pluralista faz necessariamente opções de valores (o que, recordemos, não me parece de modo algum um mal, mas um bem, mesmo que isso cause problemas de opção e de políticas ideológicas). Ele mostra também a que ponto acordos podem ser grandes em relação aos valores propostos. Parece, com efeito, que cristãos poderiam aceitar a totalidade do projeto proposto, com a condição talvez de que se substitua em 2.4 a palavra "dogma" por "dogmatismo" (a palavra "dogma" tem, de fato, para os católicos, um sentido técnico preciso que facilmente se pode degenerar em "dogmatismo", podendo contudo ser dele distinguido); e sem dúvida muitos leigos poderiam aceitar tal modificação, pois eles se opõem mais ao dogmatismo do que a uma concepção do dogma de um teólogo aberto (como K. Rahner, por exemplo).

Notemos contudo que, se muitos cristãos se reconheceriam neste projeto educativo, outros o julgariam incompleto para seu gosto. Mas o desejo de ter um outro projeto educativo pode provir de diversas razões, das quais algumas seriam totalmente compatíveis com uma opção pluralista. Assim, alguns poderiam, numa veia bem especificamente cristã, querer acrescentar aos valores propostos os do perdão. Ou, ainda, para concretizar o sentido da solidariedade e da justiça social, falar da atenção aos

---

[5] Anexo 1 do livro "Colégios e institutos jesuítas hoje" (Inspeção principal dos colégios e institutos jesuítas belgas francófonos, março de 2002).

mais desprovidos em vez de se prender na noção mais geral da promoção de cada indivíduo. Mas não-cristãos poderiam também promover esses valores, como cristãos poderiam não lhes dar – na prática, senão em teoria – muita importância.

Eis, então, o texto do projeto mencionado que, aliás, se encontra com o decreto da Comunidade Francesa da Bélgica (a parte francófona da Bélgica federalizada) sobre a "neutralidade ativa" no ensino:[6]

---

[6] Este decreto, votado em 1994, promove uma atitude diferente da laicidade do ensino público francês que considera que a expressão de diferenças culturais ou filosóficas deve ser limitada ao espaço privado e não se pode manifestar na escola. Tomando resolutamente distância em relação a uma neutralidade insípida sem procura de sentido, ele reconhece ao aluno o direito à "liberdade de procurar, de receber e de difundir informações e idéias por todo meio de opção do aluno e do estudante, com a única condição de que sejam salvaguardados os direitos do homem, a reputação de outrem, a segurança nacional, a ordem pública, a saúde e a moralidade públicas, e que seja respeitado o regimento interior do estabelecimento". Este direito compreende "a liberdade de manifestar sua religião ou suas convicções e a liberdade de associação e de reunião".

Quanto ao pessoal do ensino, ele "fornece aos alunos os elementos de informação que contribuem para o desenvolvimento livre e gradual de sua personalidade e que lhes permitem compreender as opções diferentes ou divergentes que constituem a opinião". Ele "trata as questões que atingem a vida interior, as crenças, as convicções políticas ou filosóficas, as opções religiosas do homem, em termos que não podem lesar as opiniões e os sentimentos de algum dos alunos". Ainda mais, o pessoal "vele para que sob sua autoridade não se desenvolva nem o proselitismo religioso ou filosófico nem a militância política organizada por ou para os alunos". Esta imagem se afasta, então, radicalmente da caricatura da escola sem Deus ou sem valores. O pluralismo que aí é proposto não se recusa de modo algum a uma reflexão sobre o sentido da existência e sobre os valores.

Projeto Educativo Elaborado pela Liga do Ensino

Um Projeto Educativo para...

1. Que sociedade?
1.1. Uma sociedade democrática, a serviço do Homem, que respeita escolhas de cada um no respeito do outro, que recusa todo processo de marginalização e realiza a participação na tomada de decisão.
1.2. Uma sociedade aberta a todos sem distinção, não fechada, intercultural, que favorece a comunicação e prega o diálogo.
1.3. Uma sociedade solidária, que se ocupa do e se preocupa com o humano, geradora de projetos fundados na complementaridade das tarefas e das funções, que favorece a cooperação entre as pessoas e os grupos.
1.4. Uma sociedade estimuladora, que visa a promoção de todos os seus membros e se enriquece com as diferenças de cada um, que favorece a iniciativa e a tomada de responsabilidade.

2. Que homem? Que mulher?
2.1. Um ser livre, responsável, autônomo e solidário.
2.2. Que respeita as particularidades e as opções de cada um, aberto à mudança, que será capaz de se questionar e de fazer concessões. Ele contribuirá para o desenvolvimento dos outros realizando-se plenamente.
2.3. Ao mesmo tempo, detentor de conhecimentos e de competências, será apto para atualizá-los constantemente e para colocá-los a serviço da coletividade.
2.4. Cidadão com todos os direitos, comprometido com a realização de um projeto de sociedade, livre de todo

doutrinamento e de todo dogma, visará a promoção do Homem.

3. Que escola?
3.1. Uma escola pública, consciente de sua missão e de seu valor, organizada, ao mesmo tempo produto da democracia e produtora de democracia.
3.2. Uma escola pluralista porque desejada por uma sociedade que garante a liberdade das consciências.
3.3. Uma escola engajada porque, respeitando as opiniões de cada um, favorece o diálogo, organiza o debate e permite a cada um tirar proveito da confrontação.
3.4. Uma escola que realiza a justiça social pela promoção de cada indivíduo no maior respeito das opções, das particularidades, das disponibilidades e do grau de engajamento de cada um.
3.5. Uma escola verdadeiramente livre, isto é, que recusa todo doutrinamento e combate todo dogmatismo.
3.6. Uma escola em desenvolvimento, que participa sem reserva da ação de educação global e permanente e contribui para a integração máxima de cada um.
3.7. Uma escola responsável que:
    – assegura uma formação sólida, conhecimentos sólidos, um apoio permanente;
    – prepara o cidadão para assumir eficazmente suas responsabilidades profissionais e sociais;
    – permite a cada um ser e se tornar, realizar-se pelo desenvolvimento máximo de suas potencialidades.
3.8. Uma escola paciente, que leva em conta os ritmos e as aquisições de cada um e sabe esperar e facilitar as maturações necessárias a todo aprendizado.

4. Que ação?

A ação de uma escola desejada por e para a sociedade só pode ser voluntária, consciente, pertinente, engajada e eficiente.

4.1. Uma ação que realiza a justiça social pela recusa de toda seleção que transforma as diferenças em diversidades.

4.2. Uma ação que considera cada aluno pelo respeito das concepções filosóficas e ideológicas e pelo reconhecimento das opções culturais de cada um.

4.3. Uma ação que favorece o diálogo, organiza o debate e se enriquece com a confrontação dos pontos de vista:
   – pelo reconhecimento do direito à diferença;
   – pela prática de um pluralismo real e pelo exercício de uma neutralidade ativa;
   – pela participação de todos os parceiros sociais da educação.

4.4. Uma ação que aceita as demandas de cada um e as necessidades da sociedade:
   – pela promoção de uma formação completa, objetiva e global;
   – pela resolução de problemas reais, acessíveis ao entendimento dos alunos e que responde às suas aspirações e interesses;
   – pela organização de conhecimentos atualizados e disponíveis;
   – por aprendizados e aquisições transferíveis a situações novas.

4.5. Uma ação que considera o aluno como principal artífice de seu próprio desenvolvimento:
   – pela prática da autoformação e da participação;
   – por uma igual valorização de todas as competências: práticas, teóricas, concretas, abstratas, manuais, intelectuais;
   – pelo despertar e pela manutenção do desejo de aprender, do prazer de saber e da satisfação de agir.

4.6. Uma ação aberta para o mundo, em ligação direta com as realidades técnicas, econômicas, sociais, políticas, culturais, filosóficas:
- pelo recurso permanente à experiência de vida de cada um;
- pelo conhecimento do meio ambiente;
- pela procura constante de técnicas de desempenho, de conteúdos pertinentes, de métodos eficazes;
- pelo estudo dos mecanismos que regem o funcionamento das organizações humanas;
- pelo despertar e pelo desenvolvimento em cada aluno de qualidades de caráter e de comportamento;
- pela prática permanente de situações favoráveis ao aprendizado da democracia.

Eis, agora, em contraste,
ALGUMAS MÁXIMAS DE PEDAGOGIA JESUÍTA

As máximas pedagógicas que seguem são inspiradas nos exercícios espirituais de Inácio de Loyola, fundador da ordem dos jesuítas. Os princípios inacianos foram, enquanto possível, traduzidos em termos contemporâneos.

1. O ser humano é capaz de discernir por si mesmo seu caminho numa sociedade plural em mutação; convém então ter uma confiança profunda nas pessoas, na humanidade e no mundo.
2. O ser humano discerne seu caminho, colocando-se à escuta do que sente e refletindo sobre o que vive e sobre seus compromissos.
3. O educador não deve impor seus pontos de vista à pessoa

em formação, mas antes indicar as opções possíveis. Ele não tem de decidir no lugar da pessoa em formação.

4. O ser humano é chamado a construir uma história na solidariedade, o que funda um humanismo que leva a sério o que fazem as pessoas. Os que têm talentos que podem contribuir para mudar a sociedade.

5. O ser humano é chamado a olhar e a analisar tudo o que se passa no mundo que o rodeia. Daí uma atitude *a priori* aberta às ciências.

6. O ser humano se acha confrontado com uma história em que o mal existe (e em que cada um é sempre um pouco cúmplice dele). É impossível não tomar posição. É necessário escolher suas solidariedades e situar-se em relação à construção de um mundo mais justo.

7. Sem uma ação eficaz e rigorosa que toma meios adequados em vista do objetivo visado e que se apóia numa análise sólida, as boas intenções e as belas espiritualidades ficam vazias.

8. O mundo inteiro é o lugar onde se joga e se desvela o sentido.

9. Não é a quantidade de matérias estudadas que forma, mas antes o que se tocou em profundidade e o que se "saboreou" por dentro.

10. É preciso respeitar o ritmo de cada um.

11. A escuta, a doçura e a análise da experiência de vida são mais profundas que a dureza.

12. Importa guardar uma grande liberdade de espírito diante dos resultados de uma reflexão, evitando os prejulgamentos e escutando o ponto de vista dos outros.

13. Importa supor, até prova em contrário, que cada pessoa tem uma percepção legítima da realidade e que ela procura o bem. Trata-se, então, de ter um olhar positivo e um pressuposto favorável sobre cada uma e cada um, estando aberto ao que pensam os outros.

3.8. Tolerância, valores, educação, conflitos

O debate sobre a tolerância e a intolerância em educação é complicado pelo amálgama freqüente entre análises descritivas e julgamentos de valores. Esse debate poderia ser abordado pelo viés da construção de uma ética dos conflitos.

Quase não há pessoa alguma, em nossa sociedade, que gosta de ouvir dizer que é intolerante. Por outro lado, quase não há pessoas preparadas para aceitar qualquer coisa: cada um decide num momento os limites do que irá tolerar. Então, dirão alguns, todo mundo, num dado momento, é de certa maneira intolerante. Estes raciocínios deixam muitas vezes um mal-estar que se pode dissipar distinguindo o discurso analítico e os julgamentos de valor.

Quando alguém não tolera alguma coisa de um outro alguém (por exemplo, quando um professor não tolera uma cópia cheia de erros de ortografia ou se ele pune alguém que cometeu uma fraude), é correto, no nível descritivo, dizer que esta pessoa é intolerante. Mas isso não significa, por isso, que se faz um julgamento de valor negativo a esse respeito. A dificuldade provém de que, muitas vezes, o termo "intolerante" veicula ao mesmo tempo uma conotação descritiva (essa pessoa, em tal situação, recusa tolerar um comportamento) e uma conotação ética (reprova-se a intolerância). Se se diz, então, de alguém: "em tal de suas reações, ele se mostra intolerante", importa se perguntar se é preciso interpretar a proposição num sentido analítico (descritivo) ou normativo (julgamento de valor). Do mesmo modo, pode-se às vezes, no nível descritivo, falar de tolerância e emitir um julgamento de valor negativo (por exemplo, eu julgo geral e moralmente negativa a tolerância dos comportamentos que violam os direitos humanos; eu estou pronto para ser não-tolerante diante daqueles que esmagam os fracos ou daqueles que querem eliminar a autonomia dos outros – e tanto pior para os que chamam isso de "intolerância").

O inconveniente vem de que, muitas vezes, se amalgamam os discursos descritivos e éticos. Então, sente-se mal à vontade e, por exemplo, evita-se descrever as intolerâncias para não julgá-las negativamente. Parece-me, então, interessante recusar este amálgama (o que vale, nós o vimos, para outras noções também, como a de "manipulação" e muitas outras noções).[7]

Eu proporia, então, que no nível analítico se fale de intolerância cada vez que se recusa a uma outra parte certa liberdade ou facilidade de ação. Quando no nível ético, importa dizer que uma reflexão é posta para debater comportamentos tolerantes ou intolerantes que se aceitam ou se recusam. O debate ético parte geralmente de experiências em que certas tolerâncias e intolerâncias parecem "escandalosas". A tolerância, por exemplo, da tortura pode ser, para muitos, o ponto de partida de uma reflexão que inicia a construção de uma ética. A intolerância, diante de alguém que tem uma outra opinião, pode também ser uma experiência fundadora de uma reflexão ética.

Na análise, percebe-se que o discurso ético relativo à tolerância tem sentido quando há mais que simplesmente uma pluralidade de pontos de vista, mas antes pluralidade de conflitos. Quando, por exemplo, um educador está em conflito com um

---

[7] A distinção do nível descritivo e avaliativo é particularmente difícil quando a própria língua procede do amálgama. Assim é com o termo "chantagem", que evoca ao mesmo tempo uma descrição e um julgamento de valor. Sem dúvida, seria mais interessante, quando se quer ficar no nível da descrição, falar de ultimato e reservar o termo chantagem para qualificar um ultimato que, segundo sua ética, o locutor julga imoral (cf. proposição 1.2 no capítulo 1).

jovem, a questão da tolerância se põe. O mesmo ocorre quando a diversidade das opiniões implica um conflito. Então se poderia propor que a ética da tolerância é uma ética dos conflitos. Por exemplo, uma ética dos conflitos (e talvez então uma ética da tolerância) pode pôr a questão do respeito que se quer outorgar a seu inimigo, a questão dos limites nos meios, da autonomia que se quer ultimamente para o outro etc. Uma ética dos conflitos pode também valorizar a resolução dos conflitos pela discussão, antes de utilizar meios mais violentos.

Em nossas sociedades pluralistas, uma ética dos conflitos possíveis com os que não partilham nossas opiniões e nossas opções desenvolveu-se cada vez mais. É sem dúvida isso que se pode chamar uma moral da tolerância.

3.9. Escolas e missionários do saber

> Alguns docentes são como os missionários de outrora: as concepções de partida dos alunos são como ídolos que precisam ser queimados a fim de adorar a única e verdadeira verdade científica (o verdadeiro deus?). Eles não suportam que possa haver várias representações válidas de uma situação.

É bastante comum que um docente – sobretudo o de ciências – considere seus alunos como tendo uma visão errônea do mundo. E este docente fará tudo para que o aluno abandone seus erros e adira à verdade científica. Assim, se um garoto numa estação de ski proclama que a água se apresenta sob quatro formas (gelo, líquido, vapor e neve), seu professor de física lhe fará compreender que a visão correta é de ver só três estados. Ainda mais, a perspectiva de exame tem como conseqüência fazer aceitar as afirmações como verdadeiras ou falsas quando elas poderiam ser simultaneamente verdadeiras (por exemplo, segundo certo ponto de vista, pode haver três ou quatro estados da água, sem esquecer que ela pode às vezes estar num estado "pastoso").

Pretendendo constantemente apresentar aos alunos afirmações verdadeiras, os docentes evitam a relatividade de toda afirmação: uma proposição, com efeito, vê seu status modificado segundo o contexto.

É assim que se podem comparar as atitudes dos professores às de alguns missionários que vinham denunciar os falsos deuses para propor que as pessoas aderissem ao único Deus verdadeiro. Sua tarefa consiste em "provar" que as crenças de seus interlocutores são falsas preconcepções e em introduzir novas crenças, já que elas sim seriam verdadeiras. É assim que um professor de física que aborda o tema da queda dos corpos terá como postura muitas vezes a de fazer os alunos abandonarem suas "falsas" idéias para substituí-las por A "verdade" (científica, evidentemente!).

A atitude de um missionário contemporâneo será geralmente diferente: o que ele quer fazer é partilhar suas representações da religião e da história humana sem por isso eliminar outras perspectivas. Desta maneira, é possível imaginar uma partilha de conhecimentos que valorizaria diferentes pontos de vista, por exemplo, o do garoto de Chamonix* e o de seu professor de física.

Os docentes deverão, então, escolher: ou pretenderão ensinar a única verdade ou aceitarão uma pluralidade de pontos de vista. A rejeição da escola por alguns jovens não é talvez tão diferente da rejeição do catolicismo pelos índios Maias que "colonizam as igrejas católicas" para delas fazerem santuários de seus deuses.

---

* N.T.: Estação de ski.

3.10. Os discursos OHERIC e popperiano

Duas leituras ao menos da prática de uma disciplina são imagináveis. Uma vive sob a bandeira da justificação das posições que se retêm num esquema indutivo: olha-se, induz-se um modelo cujo fundamento será verificado por experiências; um segundo passo parte de certa representação da situação. Esta representação será desestabilizada por testes teóricos e experimentais, de sorte que os pesquisadores serão incitados a criar uma nova, mais adaptada ao que se pesquisa.

Quando se fala de ensinar o método científico, há um qüiproquó. De fato, a descrição de um método é um relato que retoma os aspectos que parecem mais importantes aos que relatam o que fazem. Um discurso sobre um método se assemelha à narração de um acontecimento. É uma vista parcial que só diz o que parece importante. Assim, um artigo científico não é senão um dos múltiplos relatos possíveis dos passos dos pesquisadores. Do mesmo modo, há uma infinidade de relatos válidos de uma discussão. Por isso é talvez inadequado pretender dizer o que é o método científico. Com efeito, há sempre várias maneiras de contar a história.

Na prática, há em nossa cultura dois modos privilegiados de contar o que fazem os pesquisadores, isto é, de conceituar seus passos científicos. O primeiro considera que se parte de observações; destas se tiram hipóteses que se verificarão por experiências. Aquelas que deverão dar resultados deverão ser interpretadas para concluir OHERIC: Observação, Hipótese, Experiência, Resultado, Interpretação, Conclusão. Este esquema OHERIC dá conta de uma maneira freqüentemente adequada dos passos científicos. Assim, para detectar uma pane de carro, pode-se considerar que se observe o motor, que se faça a hipótese de que o problema vem da vela, que se faça a experiência, que consiste em pôr uma vela nova, a fim de que o resultado seja o de fazer funcionar o motor, o que se interpreta como um sucesso, permitindo a conclusão de que a pane provinha da vela. Pode-se assim achar que o esquema OHERIC mostrou seu valor.

Mas existe um outro esquema do epistemólogo K. Popper. Seu relato começa pela constatação de que já se tem certa interpretação do que se procura no momento de observar. Para ele, o pensamento crítico se desenvolve por uma série de testes que tendem a questionar a visão inicial. Depois disso, os pesquisadores chegam a querer propor uma representação da situação que não tenha os mesmos limites que a representação inicial. Eles a adotam então provisoriamente. E o círculo pode recomeçar: representação, testes, novas representações...

Os dois tipos de relatos podem convir para os mesmos passos. Com efeito, quando OHERIC diz que se observa, Popper pode lembrar-lhe que a observação se faz sempre sobre o fundo de uma primeira representação e assim por diante...

Parece então que os mesmos acontecimentos podem ser lidos conforme o esquema poperiano ou conforme o OHERIC. Contudo, em certas circunstâncias, achar-se-á mais adequado utilizar a linguagem OHERIC e em outras, a linguagem popperiana. Vê-se aí que toda uma série de discussões relativas aos métodos científicos é sem fundamento ou que essas discussões não são distintas senão em função do que os pesquisadores acham importante dizer.

A propósito de testes, já que se aborda esta questão, é muitas vezes interessante distinguir entre os testes teóricos e os testes experimentais. Os primeiros consistem em confrontar a representação que se testa com resultados teóricos suficientemente estabelecidos para que se possa confiar; os testes experimentais consistem em confrontar o que se testa com os resultados de experiências. Pode-se, então, concluir que é errôneo dizer de uma maneira absoluta que as ciências são experimentais. De fato, os pesquisadores passam muitas vezes mais tempo examinando os limites das abordagens do que fazendo experiências.

Para sintetizar, poder-se-ia propor uma nova definição (resumo de teorias) do trabalho de pesquisa. Ele tenderia a produzir representações adequadas de uma situação, representações que seriam confiáveis por terem sido solidamente testadas em certos contextos.

O que se acaba de esboçar para as ciências naturais pode ser estendido a outros domínios; por exemplo, pode-se dizer que uma teoria da cidade é o resultado de observações seguidas de proposições de hipóteses... segundo o esquema OHERIC. Mas também se pode examinar a situação fazendo observar que se parte de uma primeira idéia do que é uma cidade para modificá-la, à medida que se confronta com o terreno.

3.11. Uma política pluralista e citadina de "celebrações"

> A empresa escolar parece fortemente centrada no cognitivo ou na eficácia (as competências), mas muito pouco no simbólico (a maneira de celebrar os diversos momentos da existência). Contudo, é possível formar os alunos para celebrar sua experiência de vida individual e coletiva, num plano de fundo de pluralismo.

A instituição escolar sempre se acha em tensão entre suas funções educativas e suas funções de instrução. Ainda mais, ela tende a se limitar ao cognitivo. Assim, uma celebração religiosa não tem mais seu lugar numa escola laica e aparece muitas vezes como um cabelo na sopa num ensino confessional, que teve de se confrontar com o pluralismo. Daí a tendência a mandar para fora da escola todo tipo de celebração e de procura de sentido. Contudo, dá-se conta também de que parece importante – de que é importante – marcar um acontecimento, por exemplo, em fim de ano escolar ou se um aluno vem a falecer...

Daí se põe uma questão: que lugar oferecer na educação escolar ao aprendizado da festa ou da celebração de um acontecimento? É possível, no quadro da escola, marcar o sentido simbólico de um acontecimento? Facilmente se aceitará que a instituição escolar se ocupe da educação artística ou esportiva dos alunos, mas a lembrança de uma religião recrutadora leva a desconfiar de toda celebração de acontecimentos.

Contudo, não seria útil que se ensine na escola como celebrar um acontecimento e, para isso, que seja capaz de mobilizar toda uma série de ritos e de símbolos? Estas celebrações deveriam, sem dúvida, numa sociedade como a nossa, ser pluralistas – isto é, sorver nas riquezas simbólicas de várias tradições. Para ser concreto, não se poderia afirmar (projeto político no sentido amplo do termo) que importa iniciar o ano escolar com uma celebração compatível com as convicções de todos os que vão trabalhar juntamente durante o ano?

Em resumo, parece haver um futuro para o ensino da competência "poder celebrar acontecimentos num quadro pluralista".

3.12. Os desafios para a escola do século XXI

A escola será neoliberal ou a serviço da justiça? Será tecnocrática, e a razão limitada à racionalidade instrumental? O sujeito será, sobretudo, técnico ou também político? A formação será puramente técnica ou também epistemológica? Dar-se-á um lugar às tecnologias como construções tecnosociais? Ensinar-se-á a negociar com as pessoas, as instituições, as ciências e as coisas? Os docentes se tornarão técnicos da didática ou serão também educadores? A escola será aberta às questões de sentido? Para quem se forma e que lugar se dará ao sujeito autônomo? Que equilíbrio haverá entre a padronização e a criatividade? Que política escolar que não seja um centralismo educativo burocrático? Acumular-se-ão matérias ou se formará um ser autônomo?

Neoliberal ou a serviço da justiça? O objetivo das escolas é antes de tudo político (um estado em que os indivíduos e os grupos estarão "bem" em instituições justas) ou a escola se tornará cada vez mais uma empresa de serviços educativos em concorrência uns com os outros?

Será tecnocrática, isto é, dirigida por peritos que pretendem que suas ciências lhes permitam decretar o que convém fazer? Ou se deixará um lugar para um debate democrático sobre a função e a organização da escola?

Os docentes serão considerados como técnicos da instrução das disciplinas ou antes como indivíduos que, no quadro de uma instituição, se dirigem a outros seres humanos que têm seus projetos e suas visões para sua existência?

A fomação dos docentes estará centrada nas disciplinas escolares e, eventualmente, no modo de ensiná-las ou será ampliada de modo a que eles compreendam os contextos e as origens das disciplinas? Aprenderão a maneira com que os conhecimentos são construídos (a epistemologia e a história de seus conhecimentos)? Serão formados para decodificar os debates políticos e ideológicos relativos à escola ou se deixará que fiquem num analfabetismo social e político? A didática será cada vez mais tecnocrática pretendendo enunciar o projeto pedagógico ou será, ao contrário, uma ajuda para um debate político em torno do projeto pedagógico que se quer promover?

Os alunos receberão uma formação nas tecnologias, o que implica uma compreensão da maneira com que elas organizam nossa existência individual, familiar e social? Ou se deixará que utilizem as técnicas à maneira de prescrições e de receitas, não deixando praticamente nenhum lugar para uma zona de autonomia para negociar com elas? Em outros termos, que tipo de alfabetização científica e técnica lhes será dada? Como também se ensinará "o bom uso dos especialistas" (isto é, a maneira de consultá-los embora guardando sua autonomia)? Os alunos aprenderão que uma tecnologia não se "descobre", mas se inventa e se constrói socialmente?

A escola aprenderá a negociar com as pessoas, as instituições, as técnicas, os modelos científicos, de maneria a encontrar compromissos válidos para a ação ou o modelo dominante será o de uma submissão cega... a menos que, ao contrário, se soçobre, numa ausência de toda negociação?

As questões de sentido serão bem-vindas no meio escolar ou se quererá ficar na instrução de conhecimentos e de técnicas, eventualmente em torno de uma visão econômica da sociedade?

Que equilíbrio se encontrará entre a padronização dos conhecimentos e das competências e a espontaneidade de alunos autônomos que procuram seu sistema de expressão? É evidente na linguagem que, se ela não é padronizada, não se pode fazer compreender, mas, se demasiadamente padronizada, ela se torna trivial. Numa sociedade em que uns valorizam a expressão pessoal espontânea, ao passo que outros apregoam uma padronização total, um equilíbrio deveria ser encontrado pela escola.

No nível da organização societária da escola, será preciso situar-se entre um centralismo terrivelmente mal recebido em nossos dias e um respeito da liberdade individual que corre o risco de acarretar grandes diversidades. A racionalização depende sempre de uma visão centralizadora, ao passo que a aceitação da autonomia local total corre o risco de acarretar custos dificilmente toleráveis.

Enfim, último desafio que mencionaremos, a escola se centrará numa acumulação de conhecimentos ou numa formação a aprender? É o velho debate entre a cabeça bem-feita e a cabeça bem cheia. Sabe-se que uma cabeça vazia jamais é bem-feita, mas que uma cabeça empaturrada de conhecimentos pode não valer mais.

3.13. Ensinar numa sociedade multicultural

Nossa sociedade, mais que muitas outras, pode ser chamada de multicultural. Como, em tal situação, reconhecer a relatividade dos condicionamentos culturais sem cair num relativismo total? Como educar jovens que estão em relação com vários sistemas culturais? Que formação dar aos imigrados? Que lugar dar à cultura operária?

Há algumas dezenas de anos, nossas sociedades industrializadas eram monoculturais, baseadas em conceitos judeu-cristãos. Mesmo os ideais da laicidade podiam ser vistos como um ramo do mesmo tronco cultural. Hoje, depois da chegada de várias vagas de imigrações, torna-se evidente que não é mais o caso. Há especialmente, na maioria dos países ocidentais, uma minoria muçulmana que procura seu lugar ao sol. Ainda mais, a unicidade da verdade é cada vez mais questionada. O slogan de Blaise Pascal que diz que o que é verdade de um lado dos montes não o é necessariamente do outro é mais adequado que nunca. Mas a idéia segundo a qual as ciências poderiam deter uma verdade universal é questionada. Cada vez mais nota-se que toda representação de uma situação está ligada a um projeto e a um contexto que determinam o que se selecionará. Daí nasce a noção de relativismo: toda afirmação deveria ser pensada em relação ao que lhe dá sentido. No nível do pensamento ético, isso equivale muitas vezes a dizer que todas as posições morais são equivalentes. No nível do pensamento teórico, isso remete à relatividade dos pontos de vista.

E, contudo, há um sentido em distinguir dois tipos de relativismos. De uma parte o que afirma a relação entre as representações (as encenações) e os projetos (o que implica uma correlação entre os discursos científico e ideológico) e, de outra parte, o que afirma que todos os discursos são equivalentes. Isso se esclarece pela minha comparação das teorias e das tecnologias. Com efeito, as tecnologias jamais são adequadas em absoluto, mas, sempre em função do que se quer que elas realizem. Do mesmo modo, as representações não são "verdadeiras" em absoluto, mas, também elas, em função do que se quer que esclareçam. Os engenheiros não são relativistas que pensariam que todas as tecnologias valem a mesma coisa. Mas eles são relativistas neste sentido de que aceitam que as tecnologias devem sempre ser pensadas em seu contexto. É assim que um docente pode muito bem ser relativista num sentido (toda representação está ligada a contextos e projetos) e não num outro (as representações não são equivalentes). A instrução escolar tem sua pertinência de sua relação ao concreto e não tem de pretender uma verdade absoluta. Isso não significa de modo algum que se negue o valor deste ensino. E ligar uma representação a um projeto não significa um utilitarismo vulgar: até a filosofia e a teologia estão ligadas a projetos.

É assim que os professores de hoje se acham confrontados com a delicada missão de ensinar aos jovens que há uma posição pertinente entre o absoluto de certos extremistas religiosos ou racionalistas e o relativismo desencantado que diz que todas as representações são equivalentes ou que as acantoam numa tecnicidade puramente prática.

Contudo, diante de uma pluralidade cultural, religiosa, epistemológica ou social, importa conhecer a cultura de que se alimentam os outros. É por isso que seria preciso que a escola ensine os jovens a compreender as grandes culturas ou religiões presentes em seu país: entre outras, o cristianismo, o islamismo, o judaísmo, as tradições da laicidade.

3.14. Os sistemas escolares na Europa e em outros lugares

Os sistemas escolares europeus tentam dar um equilíbrio entre várias forças sociais: o mundo econômico, os mundos religiosos, a opção de pluralismo e de laicidade. Isso produziu, no nível institucional, sistemas e organizações complexos.

No Ocidente, viu-se durante os dois últimos séculos desenvolver-se uma tensão entre as Igrejas e os Estados em relação à escolaridade. Partindo de uma situação em que praticamente toda a educação era deixada aos religiosos, dirigiu-se para diversos tipos de laicidades e de separações da Igreja e do Estado. Quase por toda parte, tornou-se intolerável deixar às religiões o domínio sobre a escola. Mas as soluções são variadas. Assim, nos Estados Unidos, a separação das Igrejas e do Estado se acomoda com um grande espaço da religião na vida pública. O que é recusado é um lugar preponderante para uma religião. As Igrejas aprenderam que os subsídios do Estado não podiam jamais servir para a promoção de uma denominação religiosa. O que não impede que alguns grupos religiosos tentem sem cessar – e às vezes com sucesso – promover sua posição na democracia americana. Na França, a laicidade é sobretudo pensada em função de uma escola em que o debate sobre as religiões é excluído. Daí a recusa do porte do véu, considerado como uma intrusão do Islã no domínio escolar. Na comunidade francesa da Bélgica, a laicidade se exprime por um dever de reserva entre os docentes, mas não exclui um debate sobre o sentido e a religião, enquanto é o caso dos alunos e não dos docentes. Ainda mais, a tradição belga do compromisso parece evitar envenenar certas questões, como a do véu, na esperança de que se apaziguarão por si mesmas à medida que as novas minorias se sentirão respeitadas e bem acolhidas.

Mas, além das questões relativas às religiões, a escola é confrontada com outras questões culturais. Trata-se de dar um lugar à cultura operária muitas vezes massacrada pelos valores burgueses que dominam o espaço escolar. Ainda mais, a escola procura ainda hoje como educar o quarto mundo, lugar onde se encontram os abandonados por conta da cultura industrial.

Epílogo

À maneira do profeta de Khalil Gibran

Então, diz um professor: "Falai-nos do ensino".

E o profeta diz:
Ninguém pode revelar-nos coisa alguma, a não ser o que já repousa meio adormecido na aurora de nosso conhecimento.

O mestre caminha à sombra do templo, entre seus discípulos, não de sua sabedoria, mas antes de sua fé e de seu amor.

Se ele é verdadeiramente sábio, não nos convida a entrar na casa de sua sabedoria, mas nos conduz ao limiar de nosso próprio espírito e de nosso próprio coração.

O físico pode falar-nos de sua compreensão do mundo, mas ele não nos ensina senão quando nos permite falar dele também.

O músico pode cantar para nós a melodia do universo ou de uma vida humana, mas não pode dar-nos o ouvido que capta o ritmo nem a voz que lhe faz eco.

Pois o olhar de uma pessoa não empresta suas asas a uma outra, apesar de vermos em conjunto.

Assim, cada um de nós se mantém só – mas não necessariamente isolado – em sua compreensão da terra e seu encontro com as últimas realidades (ou a morte)...

Apêndice

Plano para um curso e questões para encetar a reflexão

Abaixo se encontrará o plano para um seminário que compreende uma dezena de sessões de duas horas. Para cada uma, primeiramente se acha um resumo do objetivo perseguido. Propõem-se também algumas questões e alguns temas que podem fazer deslanchar o intercâmbio e a reflexão sobre o tema da sessão. Essas questões não supõem uma análise prévia em profundidade e são às vezes propositadamente "ingênuas".

Sessão 1: Introdução

1. *Resumo das posições tomadas pelo autor*: Ensinar não é simplesmente formar alunos. É necessariamente estar comprometido com um sistema submetido a muitas coações sociohistóricas, econômicas, políticas e culturais. Longe de atingir toda visão pessoal do docente, o conhecimento e a análise das diferentes coações, bem como de seus limites pessoais, ajudam-no a discernir os lugares onde se poderão realizar sua liberdade e/ou seu desejo de mudança. Temas da sessão: relações longas (e curtas); as ciências como produção de "representações".

2. *Questões para iniciar:* Vocês julgam correto falar de ensino como de uma "vocação"? Um docente pode realizar seu projeto educativo segundo seus desejos? Quais são os limites que ele (ela) encontra? Quais são os grupos sociais que perseguem seus interesses por meio da organizaçao **da escola? Como** definir a escola e a educação? Em que o ensino **é ou não um ofício** como os outros? Como professores, vocês se **situam como educ**adores ou como instrutores de uma disciplina?

Sessão 2: Transmissão de valores

1. *Resumo do assunto:* Tomada de consciência de que um docente transmite sempre — e muitas vezes inconscientemente — outra coisa e não simplesmente o conteúdo de seus cursos. A ação dos professores é sempre "agressiva". A opção e as normas claramente tomadas pelos docentes podem permitir aos jovens aceder à autonomia, mais que uma forma de "deixar fazer". A referência a normas puramente abstratas ou de moral convencional pode ser uma maneira de o docente evitar comprometer sua própria responsabilidade. Tema da sessão: docentes como intrusos e agressores; desejo de influenciar; desejos e interesses; ideologias dominantes; ideologia do serviço; deixar fazer ou autoritarismo; manipulação e sua ética; ideologia da imediatidade; desejar-querer-fazer.

2. *Questões para iniciar:* Quando ensinam (ou quando se imaginam ensinando), julgam ter vontade de influenciar seus alunos? Querem influenciar seus alunos? Podem não influenciar seus alunos? Em que as três questões precedentes são diferentes? Que diferença há entre um bom pedagogo e um "bom manipulador"? Que sentido teria a atitude de um professor que diz que não quer de modo algum influenciar seus alunos? Para que um professor

é pago? O que legitima, na opinião de vocês, que se influenciem os alunos? A partir de que idade vocês acham que é preciso levar em conta a autonomia dos alunos?

Sessão 3: Relações docentes/estudantes

1. *Resumo do assunto*: As relações docentes/estudantes são ambíguas e conflituosas. Conflituosas, porque levar os jovens à autonomia, abri-los a novos interesses, não se faz sem conflitos, rupturas, nem sofrimentos. Isso se vê mais particularmente em caso de oposição, de recusa, de "preguiça". Relações ambíguas de outra parte, porque professores e estudantes vivem uma relação cujo componente afetivo é importante e experimentam – muitas vezes sem confessá-lo – uma necessidade de amar e de ser amado. A relação pedagógica pode ser dual ou triangular, está feita de parceria no estudo, parece ser um fator de equilíbrio. Na mesma linha, a avaliação será eficaz e mais bem-aceita se faz apelo a critérios precisos de competência e não à atitude global do estudante. Temas da sessão: segurança e conflitos na relação pedagógica; ideologia do desenvolvimento pessoal; relação triangular e dual.

2. *Questões para iniciar*: Como definem espontaneamente a preguiça? Pensam que é possível ou (freqüente) chegar à idade adulta sem ter conflitos com seus educadores? O que é tornar-se autônomo? Isso pode acontecer sem conflito? Aceitariam que um aluno os tuteasse? Como compreendem a frase: "um docente ensina aos alunos as coisas que conhece"? Que tipo de bloqueio afetivo um docente pode ter diante de seus alunos, diante de sua autoridade, diante da matéria que ensina? Acontece de um(a) professor(a) se apaixonar por um aluno(a)? Que fariam se isso acontecesse com vocês?

Sessão 4: Perspectiva histórica

1. *Resumo do assunto*: Abordagem das diferentes causas sociais da criação e da evolução da instituição-escola, no sentido "moderno" do termo. Análise das implicações de uma necessária tensão entre um desejo de estabilidade institucional e as exigências de uma adaptação à evolução cada vez mais rápida da sociedade civil. Distinção entre a instituição-escola e as funções que ela desempenhou e/ou deverá assumir no futuro. Ambigüidades resultantes da coexistência de concepções individualistas e societárias da escola e, neste último caso, dos modelos liberal-tecnocrático e "ecologista-convivial". Temas da sessão: vida privada e vida profissional.

2. *Questões para iniciar*: Quais são as características da escola depois da Revolução Francesa? Quais transformações da sociedade condicionaram o aparecimento da escola moderna? Que semelhanças e diferenças existem entre uma escola e uma fábrica? Entre o sistema escolar e as Igrejas? Quais são, na opinião de vocês, os objetivos que deveria ter o sistema escolar? Quais são as funções sociais que a escolarização desempenha? Quais eram os objetivos da escolarização no século XIX? Quando, por que e para que a instrução se tornou obrigatória? Como reagem à questão "A escola deve antes de tudo servir aos alunos ou à sociedade?"? O que se quer dizer quando se fala de "escola única"?

Sessão 5: O "renovado" e a crise atual

1. *Resumo do assunto*: Intenções dos promotores do renovado. Nascimento e extensão do renovado. Divergência de sua evolução em relação ao projeto inicial: o renovado teria seguido, de fato,

o modelo de gestão das grandes empresas contemporâneas? O debate atual sobre as funções da escola. Temas da sessão: as significações da abordagem por competências; finalidade: adaptar ou emancipar; finalidade: criatividde ou padronização; competências ou conteúdos; procura de sentido; duas visões das competências (para o empregador e para o sujeito); sociedade civil e Estado.

2. *Questões para iniciar:* O que acontecia na sociedade nos anos sessenta, quando a reforma do "ensino renovado" (ou a "reforma Haby") foi pensada? Em que as modificações na escola nesta época podem estar ligadas às das empresas? Que diferenças há entre o estado da economia em 1965, em 1980, em 1990? E entre o estado da escola nas mesmas datas? Como eram vividas, na fábrica e na escola, as relações hierárquicas em 1955 e em 1970? Quais são as forças sociais que atacaram o ensino renovado e por quê? Por que houve greves no ensino nestes últimos anos?

Sessão 6: Campo social da educação

1. *Resumo do assunto:* Tomada de consciência das estruturas e instâncias societárias que fazem com que o ensino não possa reduzir-se à relação docente/estudante: ligação entre saber e poder, sistema escolar favorável aos privilegiados, exigências administrativas e econômicas etc. Possuir uma grade de análise dessas situações. Tomar consciência das opções possíveis, de suas implicações, da maneira de administrá-las, levando em conta interesses contraditórios, tensões e conflitos, sem comprometer por isso o desenvolvimento dos indivíduos envolvidos. Temas da sessão: transmissão de conhecimento e transmissõ de poder; reprodução do sistema social; ensino obrigatório; escolha das políticas escolares; lugares de trabalho, de habitação, de instrução; escola

como filtro; os jovens como conservadores; reprodução de classes sociais ou de grupos profissionais; pedagogia de esquerda ou de direita; escola neoliberal ou de serviço público; crise dos docentes; violência na escola; crescimento econômico e ideologia escolar; promoção individual ou coletiva; modelar a noção de preguiça; capital humano e capital social; escola e opção de solidariedade; instituições e funções; o nível escolar cai?; fazer um programa: ato político, produção da escola, escola única.

2. *Questões para iniciar:* Que classes sociais são mais favorecidas pelo sistema escolar? Há uma ligação entre o sistema escolar e a promoção social? Na escola, há grupos com interesses diferentes, até mesmo divergentes? O que os pais e os alunos pedem em prioridade à escola? O que colocam sob o termo "política escolar"? Pode-se ver uma ligação entre "transmissão de conhecimentos" e "transmissão de poder"? Que pensariam de alguém que dissesse que a escola deve promover os interesses de todos? A escola deve preparar para um emprego? Vocês vêem uma ambigüidade na proposição "A escola deve promover a promoção social"?

Sessão 7: Tecnocracia e ciências da educação

1. *Resumo do assunto:* O que são as ciências da educação, como elas nasceram. Suas vantagens (superação do empirismo), suas ligações com as ideologias, seus limites. Temas da sessão: ideologias tecnocráticas; finalidade do ensino das ciências; capital humano e capital social; ideologias no paradigma das ciências da educação; ilhota de conhecimentos.

2. *Questões para iniciar:* É possível que as ciências da educação indiquem qual é o melhor sistema escolar? É possível ter uma

ciência da educação ou o ensino é unicamente uma arte? Pode-se ter uma política "científica" em matéria de educação? O que isso quereria dizer? Como os programas escolares são decididos? Quais são os critérios últimos para decidir sobre um programa de ciências ou de história? Que contribuição as ciências da educação podem dar para o estabelecimento de um currículo escolar?

Sessão 8: Conteúdo de projeto – pluralismo

1. *Resumo do assunto*: Perceber como se pode definir o pluralismo ao mesmo tempo por uma definição formal e por uma definição concreta. Ver como o pluralismo de fato difere de um pluralismo pensado. Examinar sobre quais valores e projetos as escolas pluralistas poderiam ser fundadas. O debate em torno do pluralismo em países como a Bélgica ou a França. Temas da sessão: pluralismo cristão; pluralismo e estatização; pluralismo e opção de valores; pluralismo e ética da saúde?; ideologia da tolerância (e virtude tolerância); universal transversal; interdisciplinaridade e transdisciplinaridade; pluridisciplinaridade e interdisciplinaridade; humanismo e seus pressupostos; escola cristã *a priori* ou *a posteriori*; doutrinas e evoluções doutrinais; pluralismo e valorização do sentido; escolas cristãs *a priori* e *a posteriori*; humanismo cristão e humanismo agnóstico; avaliação formativa e certificativa.

2. *Questões para iniciar*: Como definem uma instituição pluralista? Uma instituição pluralista aceita não importa que visão do mundo? Se não aceita tudo, quem decide o que será rejeitado e como? A quais problemas de sociedade as instituições pluralistas tentam responder? Pode-se conciliar um ensino pluralista e a estabilidade necessária para a educação de um jovem? Pode-se conciliar uma educação cristã e um meio pluralista? Que repre-

sentação de Deus podem ter católicos que aceitam um ensino pluralista? Quando se escolhe o pluralismo, isso quer dizer que não é mais necessário fazer opções de valores na educação?

Sessão 9: Ideologia no ensino das ciências (e alhures)

1. *Resumo do assunto*: Os lugares da ideologia nos cursos e manuais de ciências. Maneira de utilizar uma grade de análise da ideologia. Os quatro tipos de linguagem ligados à ação pedagógica mostram o caráter multidisciplinar e "político" da elaboração dos diferentes programas. Sem formação para a análise, os docentes têm tendência a ser culturalmente resistentes à mudança. Aprendizagem para a "reescritura" de textos de ensino científico. Temas da sessão: ideologia e curso científico; ideologia do inato e do adquirido; valores e ideologias; finalidade: entrar no mundo científico ou explorar seu mundo; hábito religioso da ideologia; ideologia do conteúdo completado pela pedagogia; ideologias de "aprende-se sozinho" ou "em grupo"; necessidades e ideologia das necessidades.

2. *Questões para iniciar*: Um curso de ciências pode influenciar os valores que os alunos adotarão? Decidir um programa de ciências é uma decisão que provém das ciências? Um curso de ciência pode ser ideológico? Justifiquem sua resposta. Lembram-se de um momento de um curso de ciências em que tiveram a impressão de ser influenciados no nível dos valores? Há razões de sociedade na introdução das "matemáticas modernas" no ensino primário? Onde os alunos manifestam mais espírito crítico: no curso de ciências ou no curso de religião ou de moral? Há ideologia num curso de economia? De história?

De francês? Quando se transmitem valores num curso, sempre se faz conscientemente? Um professor deveria saber quando transmite valores?

Sessão 10: Escolas católicas

1. *Resumo do assunto*: Algumas constatações. A profissão docente é uma daquelas em que a vida privada não existe sem incidência na vida profissional. Daí a possibilidade de conflitos individuais e/ou com os mantenedores da instituição. Bom número de escolas católicas são, de fato, marcadas tanto pela pertença a uma classe social quanto por seu caráter religioso. Em relação aos objetivos das instituições católicas, o conflito se refere às vezes à tensão entre os que insistem, sobretudo, na doutrina e na moral católicas e os que privilegiam principalmente a mensagem evangélica de perdão, de libertação e de compaixão. Temas da sessão: escolas cristãs; diversidade do sentido de "evangelização".

2. *Questões para iniciar*. É bom ou nefasto ter escolas ligadas a uma religião? Quais são as características das escolas católicas que vocês conhecem? Como acham que uma escola católica deveria ser? É normal que, numa escola católica, se coloque um docente na rua se este não crê mais? Se for divorciado? Se for publicamente conhecido como homossexual? Se pensam no Evangelho, como crêem que ele poderia influenciar uma escola?

Bibliografia

BIBLIOGRAFIA SUCINTA

A curta bibliografia que se segue se contenta em apontar as obras que desenvolvem diretamente os temas apresentados nesta obra e cujas análises foram feitas.

BAUDELOT C. & ESTABLET R., *Le niveau monte. Réjutation d'une vieille idée concernant la prétendue décadence de nos écoles*, Paris, Seuil, 1989 (abreviação: BE).

CHARLOT B., *L'école en mutation*, Paris, Payot, 1987 (abreviação: BC).

CRAHAY M., *L'école peut-elle être juste et efficace?*, Bruxelles, De Boeck, 2000 (abreviação: CM).

DENYER M., FURNÉMONT J., POULAIN R., VANLOUBBEECK G., *Les compétences, où en est-on?*, Bruxelles, De Boeck, 2004.

FOUREZ G., *Pour une éthique de l'enseignement des sciences*, Bruxelles, Éd.Vie Ouvriere – Lyon, Chronique Sociale, 1985 (abreviação: EES).

FOUREZ G. et al., *Pluralismes et libertés d'enseignement*, Namur, Presses Universitaires de Namur, 1987 (abreviação: PLE).

FOUREZ G., *Apprivoiser l'épistémologie*, Bruxelles, De Boeck, 2003.

HOUSSAYE J., *Les valeurs à l'école. L'éducation aux temps de la sécularisation*, Paris, Presses Universitaires de France, 1992.

MAROY C., *L'enseignement secondaire et ses enseignants*, Bruxelles, De Boeck, 2002.

TILMAN F. & GROOTAERS D., *Les chemins de la pédagogie. Guide des idées sur l'éducation et l'apprentissage*, Bruxelles, Éd. Vie Ouvrière - Lyon, Chronique Sociale, 1994.

VAN HAECHT A., *L'école à l'épreuve de la sociologie*, Bruxelles, De Boeck, 1990.

SELEÇÃO BIBLIOGRÁFICA

BARBIER J., *Savoirs théoriques et savoirs d'action*, Paris, Presses Universitaires de France, 1996.

BASTENIER A., "La liberté d'enseignement, un droit constitutionnel à réinterroger" in La revue Nouvelle, 1998.

BAUDELOT CH. & ESTABLET R., *Le niveau monte, Réfutation d'une vieille idée concernant la prétendue décadence de nos écoles*, Paris, Seuil, 1989.

BELLAH R., MADSEN W. & SULLIVAN R., *The habits of the Heart. Individualism and Commitment in American life*, Berkeley, University of California Press, 1985.

BILLEROT J., *Idéologie du savoir*, Tournai, Casterman, 1979.

BOUDON R., *L'inégalité des chances. La mobilité sociale dans les sociétés industrielles*, Paris, Armand Colin, 1973.

BOURDIEU P. & PASSERON J.C, *La reproduction*, Paris, Édition de Minuit, 1970.

CHARLOT B., *Violences à l'école, État des savoirs*, Paris, Armand Colin, 1997.

CHARLOT B., *L'école en mutation*, Paris, Payot, 1987.

CHARLOT, B. & FIGEAT M., *Histoire de la formation des ouvriers. 1789-1984*, Paris, Minerve, 1985.

CHEZA M., *Pour une société plus juste. Outils d'analyse et d'animation*, Paris/Bruxelles, Lumen Vitae, 2003.

CLAUSSE A., *Philosophie et méthodologie d'un enseignement rénové*, Liege, G. Thone, 1978.

COLEMAN, J. S. & AL., *Equality of Educational Opportunity*, Washington D.C., U.S. Department of Health, Education & Welfare, 1966.

Collectif, *Enjeux scolaires, enjeux sociaux. Acte du colloques* "École et Société", Seuil, Paris, 1986.

Conseil Général de l'Enseignement Catholique, *Mission de l'école chrétienne*, Bruxelles, C.G.E.C., 1995.

COQ G., *Démocratie, Religion, Éducation*, Paris, Marne, 1993.

CRAHAY M., *L'école peut-elle être juste et efficace? De l'égalité des chances à l'égalité des acquis*, Bruxelles, De Boeck, 2000.

CRAHAY M., *Peut-on lutter contre l'échec scolaire?*, Bruxelles, De Boeck, 2003.

CRAHAY M., *Une école de qualité pour tous,* Bruxelles, Labor, 1997.

DE GROOF J., *Droit à l'instruction et liberté d'enseignement*, Bruxelles, Éd. du CEPESS, 1984.

DE LANDSHEERE G., *La recherche expérimentale en éducation*, Paris-Genève, Unesco-Delachaux & Niestlé, 1982.

DEFRANCE B., *La violence à l'école*, Paris, Syros/Alternatives, 1994.

DELOOZ P., "Peut-on donner un conte nu positif au pluralisme scolaire?" in *La Revue Nouvelle*, Bruxelles, setembro de 1972.

DEROUET J.-L., *L'établissement scolaire. Autonomie locale et service public*, Paris, ESF/INRP, 1997.

DEVELAY M, *Donner du sens à l'école*, Paris, ESF, 1996.

DUBET F. & ALLANDE J.-L., *École, familles: le malentendu*, Paris, Textuel, 1997.

FOUREZ G., "Mission chrétienne de l'école et pluralisme" in *La Revue Nouvelle*, março de 1998.

FOUREZ G., MAINGAIN A. & DUFOUR B., *Approches didactiques de l'interdisciplinarité*, Bruxelles, De Boeck, 2002.

FOUREZ G., "L'école en perspective historique" in *Enjeux* n° 11, Facultés Universitaires de Namur, janeiro de 1987.

FOUREZ G., *La construction des Sciences*, 3ª ed., Bruxelles, De Boeck, 1996.

FOUREZ G., *Pour une éthique de l'enseignement des sciences*, Lyon, Chronique sociale, & Bruxelles, Éd.Vie Ouvrière, 1985.

FREIRE P., *Pédagogie des opprimés*, Paris, Maspéro, 1977.

GAUCHET M.: "L'école à l'école d'elle-même, Contraintes et contradictions de l'individualisme démocratique" in *Le Débat*, n° 37, Gallimard, Paris, novembro de 1985, p. 34-86.

GORDON T., *Parents efficaces*, Paris, Fayolle, 1978.

HERVIEU-LIEGER D., *Catholicisme. La fin d'un monde*, Paris, Bayard, 2003.

HIERNAUX, J.P. MOREAU, A NIZET, J. & FINN, A., *Une école pour nous?*, Bruxelles, Labor, 1982.

HOUSSAYE J., *Les valeurs à l'école. L'éducation aux temps de la sécularisation*, Paris, Presses Universitaires de France, 1992.

IBARRA A. & MORMANN Th., "Theories as Representations" in *Representations of scientific rationality*, vol. 61, Pozman, Pozman studies in the Philosophy of the Sciences, 1997, p 59-87.

JOHSUA S., *L'école entre crise et refondation*, Paris, La Dispute, 1999.

JONNAERT P., VANDER BORGHT C. et al., *Créer des conditions d'apprentissage. Un cadre de référence socioconstructiviste pour une formation didactique des enseignants*, Bruxelles, De Boeck, 1999.

LAROCHELLE M. & DESAUTELS J., "L'îlot de rationalité. De quoi s'agit-il?" in *Courrier du Cethes*, N

LECLERCQ-PAULISSEN, "Le socialisme et l'école - 1885-1985" in *Du parti ouvrier belge au parti socialiste*, Bruxelles, 1985, p. 281-305.

Les "Profs" in *Économie & Humanisme*, n° 247, Paris, Mai/Jun de 1979, p. 2-34 (conjunto de artigos sobre a situação dos professores).

LIPOVETSKI G., *L'ère du vide. Essai sur l'individualisme contemporain*, Paris, Gallimard, 1983.

MATHY PH., *Donner du sens aux cours de sciences. Outils pour la formation éthique et épistémologique des enseignants*, Bruxelles, De Boeck, 1997.

MEIRIEU PH. & GUIRAUD M., *L'école ou La guerre civile*, Paris, Plon 1997.

MORIN E., *La tête bien faite*, Paris, Seuil, 1999.

MULKAY P., "La relation Enseignant-Étudiant" in FOUREZ G. et al., *Écoles et choix de société*, Namur, Wesmael, 1978.

NIZET J. & HIERNAUX J.-P., *Violence et ennui*, Paris, Presses Universitaires de France, 1984.

NONAKA I. & TAKEUCHI H., *La connaissance créatrice, La dynamique de l'entreprise apprenante*, Bruxelles, De Boeck, 1997.

P.R.L., Enseignement, option libérale - document préparatoire, Bruxelles, 1984.

PASSERON J.C., "Pédagogie et pouvoir" in Paris, *Encyclopédia Universalis*, 1972, vol. XII, 677-679.

PERETTI, A. de, *Liberté et relations humaines. L'inspiration non directive*, Paris, Éditions de l'Épi, 1966.

PERRENOUD P., *Construire des compétences des l'école*, Paris, ESF, 1998.

PERRENOUD PH., *La pédagogie à l'école des différences*, Paris, ESF, 1995.

PRÉAUX J., "Église et Enseignement" in *Colloque du Xe anniversaire de l'Institut d'Histoire du Christianisme de l'Université Libre de Bruxelles*, Bruxelles, Éditions de l'Université Libre de Bruxelles, 1977.

PRÉAUX J., "Conceptions divergentes de la laïcité" in *Reseaux. Revue interdisciplinaire de philosophie morale et politique*, Mons, Le Ciephum, 1984.

PRÉAUX J., "L'école après crise. Tous intellectuels" in *Contradictions*, Bruxelles, n° 57, 1989.

PRÉAUX J., "L'enseignement rénové" in *Revue nouvelle*, número especial, Bruxelles, setembro, 74.

REY B., *Les compétences transversales en question*, Paris, ESF, 1996.

REY B. & STASZEWSKI M., *Enseigner l'histoire aux adolescents. Démarches socioconstructivistes*, Bruxelles, De Boeck, 2004.

ROEGIERS X., *L'école et l'évaluation, Des situations pour évaluer les compétences des éleves*, Bruxelles, De Boeck, 2004.

ROEGIERS X., *Une pédagogie de l'intégration. Compétences et intégration des acquis dans l'enseignement*, Bruxelles, De Boeck, 2000.

ROTH W. M. & BARTON A.C., *Rethinking Scientific Literacy*, New York–London, Routledge, 2004.

Secrétariat de l'Enseignement Catholique français, *Des écoles chrétiennes. Propositions de recherche de vérité*, Paris, 1975 (também in *Revue Forum*, n° 16, 17 & 20, Bruxelles, 1976)

SNYDERS G., *Où vont les pédagogies non directives?*, Paris, Presses Universitaires de France, 1975.

SNYDERS G., *Pédagogie progressiste*, Paris, Presses Universitaires de France, 1981.

THILL G., *Le dialogue des savoirs. Les réseaux associatifs, outils de croisements entre la science et la vie*, Paris, Charles Léopold Mayer/Luc Pire, 2001.

TILMAN F. & GROOTAERS D., *Les chemins de la pédagogie. Guide des idées sur l'éducation et l'apprentissage*, Bruxelles, Éd. Vie Ouvrière & Lyon, Chronique Sociale, 1994.

VAN HAECHT A., "Réformes scolaires et pédagogiques: valeurs laïques et valeurs religieuses" in *Valeurs laïques, valeurs religieuses. Spécificités anciennes, spécificités nouvelles*, Bruxelles, Éditions de l'Université Libre de Bruxelles, 1985, p. 71-82.

VAN HAECHT A., *L'enseignement rénové, de l'origine à l'éclipse*, Bruxelles, Éd. de l'Université Libre de Bruxelles, 1985.

VANDENBERGHE V., *Un enseignement à réguler, des filières à revaloriser. État des lieux et utopie*, Bruxelles, Labor, 2002.

VERHAEGHE J.-C., WOLFS J.-L., SIMON X. & COMPÈRE D., *Pratiquer l'épistémologie. Un manuel d'initiation pour les maîtres et formateurs*, Bruxelles, De Boeck, 2004.

VON GLASERSFELD E., *L'approche constructiviste: vers une théorie des Représentations*, CIRADE/UQAM, Montréal, 21 de novembro de 1986.

VYGOTSKI L., *Pensée et langage*, Paris, La Dispute, 1997.

WAAUB P., *L'école: bonne à tout faire? Éléments pour une culture professionnelle des enseignants*, Labor, Bruxelles, 2001.

ZARIFIAN P., *Objectif compétence*, Reuil-Malmaison, Liaisons, 1999.

Índice remissivo

A

acaso – 44, 140
adequado – 20, 128, 134, 143, 283, 288
administração – 67, 102, 154
alteridade – 41, 43, 71
angústia – 52, 67, 72
aprendizado – 10, 21, 45, 59, 60, 62, 91, 115, 134, 137, 144, 150, 151, 154, 160, 161, 163, 168, 191, 196, 222, 252, 255, 274, 275, 276, 285
aprendizagem – 11, 53, 228, 229-232, 242, 302
arrazoamento – 226, 227
autonomia – 164
autoritarismo – 37, 39, 64, 65, 71, 199, 296
autoridade – 188
avaliação – 163, 175, 186, 202, 234, 235-238, 297

B

bem comum – 11, 64, 65, 93, 106, 120, 122, 145-147, 149, 150, 261
burocracia – 74, 93, 106, 152, 176

C

capital humano – 201, 300
capital social – 201, 268, 300
carreira – 7, 11, 17, 167, 169, 195, 196, 233, 259
católico – 120
celebração – 284, 285
certificação – 191, 236
cristão – 103
cidadão – 157, 194, 274
ciência – 5, 19, 23, 37, 38, 40, 43, 71, 179, 188, 213, 216, 219, 231, 236, 237, 239, 256, 260, 301, 302
cognitivo – 284
comissão – 112

comunidade – 6, 25, 80, 107, 109-111, 115, 117, 123, 127, 128, 131, 147, 148, 182, 204, 223, 229, 231, 241, 248, 255, 260, 261, 263, 268, 290
competência – 22, 66, 70, 93, 94, 145, 186, 187, 188, 209, 227, 231, 234-236, 285, 297
compromisso – 33, 38, 44-46, 89, 90, 143, 234, 291
conceito – 33, 157, 187, 209, 218, 220, 221, 227, 228
confiança – 6, 41, 42, 125, 162, 170, 171, 246, 276
consciência – 18, 19, 24, 34, 40, 60, 62, 105, 119, 120, 123, 127, 128, 170, 193, 235, 251, 296, 299
coação – 233
convivialidade – 130, 254
criatividade – 68, 89-91, 124, 125, 186, 200, 208, 251, 286
crise – 18, 55, 57, 60, 61, 96, 151-153, 164, 166, 167, 169-172, 175, 177, 180, 184, 189, 195, 201, 205-207, 300
cultura – 25, 26, 33, 34, 50, 58, 81, 87, 114, 119, 130, 137, 148, 152, 163, 165, 167, 180, 195, 198, 203, 204, 207, 208, 221, 235, 238, 243, 251, 256, 282, 288-291

D

debate – 22, 29, 85, 87, 130, 131, 136, 146, 151, 152, 166, 168, 205, 206, 220, 221, 240-242, 247, 248, 254, 259, 261, 269, 274, 275, 278, 279, 286, 288, 290, 299, 301
desfavorecido – 79
desafio – 130, 231, 288
dependência – 70, 72
desejo – 296
desempenho – 174, 203, 204, 235-237
determinismo – 19, 81, 83
disciplina – 34, 51, 52, 54, 60, 113, 131, 135, 136, 165, 179, 186-188, 191, 208, 215, 218, 230-235, 240, 242, 247-249, 255, 268, 282, 296
diversidade – 48, 118, 161, 253, 258, 262-264, 269, 280, 303
doutrinal – 127
direito ao trabalho – 104

E

escala social – 88
ecologia – 58, 54, 216
educação – 239-242
educação nacional – 163, 206
elitismo – 97
emancipação – 89, 90, 135

empírico – 239, 242
emprego – 70, 77, 84, 88, 89, 91, 93, 113, 114, 136, 152, 161, 167, 168, 173, 206, 300
empresa – 11, 66, 77, 78, 110, 134, 168, 186, 187, 193, 284, 286
epistemologia – 224
erro – 17, 238
esperança – 72, 115, 270
estado – 120, 181, 261, 290
estratégia – 46, 64, 65, 108, 135, 148, 150, 151, 159, 177, 184, 190
estrutura – 57, 68, 217, 218, 226, 232, 239, 254
ética – 27-34, 38, 39, 50, 54, 76, 78, 85, 86, 96-98, 103, 104, 111, 113, 118, 127, 130, 149, 165, 219, 231, 243, 248, 255, 278, 296, 301
evangelizar – 129
Evangelho – 110

F
confiável – 249
filtragem – 81
finalidade – 15, 24, 35, 169, 199, 225, 246, 247, 299, 300, 302

G
gestão – 188

H
hierarquia – 172, 208, 221
histórica – 10, 11, 42, 105, 106, 133, 298
humanismo – 301

I
ideal – 6, 22, 30, 36, 54, 56, 103, 130, 174, 175, 245
ideologia – 58, 197, 296, 301, 302
Igreja – 120, 124, 133, 181, 193, 290
ilhota de conhecimentos – 210
individualismo – 5, 58, 73, 82, 83, 118, 123, 147, 195, 199, 200, 205, 268
individualista – 10, 11, 13, 64, 143, 150, 170, 196, 199, 200, 206, 251, 265
inteligência – 124, 158, 185, 220
intenção – 26, 32, 112
interdisciplinaridade – 154, 179, 209, 301

interesse — 21, 31, 33, 35, 44, 46, 48, 54, 63, 67, 85, 135, 147, 151, 154, 162, 171, 179, 190, 219, 221, 229, 238, 243, 253
interioridade — 123, 251

J
judaísmo — 269, 290

L
linguagem — 22, 64, 102, 114, 119, 158, 215, 228, 240, 244, 249, 283, 287, 302
legitimar — 9, 16, 37, 60, 93, 94, 102, 103, 213, 221, 241, 244, 265
liberalismo — 65, 146, 150, 207
lugar de trabalho — 161, 205

M
mal — 32, 38, 41, 42, 72, 73, 78, 126, 271, 277
manipulação — 296
mercantilização — 6, 183,
matéria — 20, 50, 52, 53, 59, 62, 71, 120, 121, 133, 168, 219, 244, 246-248, 301

maturidade — 50, 51, 184
meio ambiente — 24, 34, 60
merecer — 29, 98, 211, 237
ministério — 17, 163, 191
missionário — 281
mobilização — 241
mobilidade social — 10, 75, 167, 191, 192
modelo — 23, 37-44, 69, 134, 143, 151, 162, 226, 256, 282, 287, 299
moral — 12, 37-40, 47, 49, 50, 62, 71, 104, 109-111, 118, 122, 128, 165, 214, 225, 226, 255-258, 296, 302, 303
morte — 35, 36, 72, 73, 244, 265, 270
meio — 37, 44, 66, 114, 124, 138, 185, 221, 260, 264, 287, 301
mudança — 15, 18, 120, 142, 143, 152, 173, 180, 182, 202, 273, 295, 302

N
não-diretividade — 33
necessidade — 47, 52, 72, 76, 133, 138, 231, 233, 244-248, 251, 253, 262, 270, 297
neoliberal — 50, 58
neutralidade — 33, 58, 60, 237, 272

norma — 38-40, 162, 226, 234
noção — 18, 22, 26, 33, 46, 50, 64, 85, 94, 106, 120, 124, 144, 149, 150, 155, 157, 204, 221, 225, 226, 227, 244, 245, 247, 252, 260, 264, 272, 288, 300

O

objetivo — 15, 17, 18, 25, 40, 44, 102, 107, 135, 145, 147, 149, 150, 159, 161, 174, 236, 244, 269, 277, 286
objetividade — 33, 67, 213, 215, 216, 223, 236, 237, 240, 247
opção — 98, 111, 259, 271
orientação — 110, 113, 160, 185, 238, 260, 266

P

padronização — 89, 91, 135, 249, 286, 287, 299
paz — 56, 66, 67, 72-74
paradigma — 60, 130, 131, 137, 150, 151, 205, 218, 229, 232, 239, 240, 243, 252, 300
perdão — 103, 110, 125, 254, 267, 268, 271, 303

pais — 29, 40, 42, 55, 212
participação — 64, 65, 126, 176, 251, 273, 275
paternalismo — 104, 106
pessimismo — 72
pluralismo — 105, 115, 120, 123, 127, 165, 205, 214, 251-267, 269, 271-273, 275, 277, 279, 281-291, 301, 302
poder — 106
pressão — 80, 192, 248
prioridade — 64, 65, 87, 88, 145-147, 169, 177, 195, 231, 300
problema — 30, 47-49, 59, 81, 93, 96, 104, 106, 107, 163, 166, 167, 170, 175, 178, 186, 206, 209, 215, 234, 243, 249, 255, 258, 262, 264, 282
produção — 300
profissão — 16, 18, 20, 33, 35, 84, 96, 104, 173, 177, 200-202, 303
progressista — 64, 170, 182
projeto — 17, 20, 23, 27, 34-36, 43, 48, 58, 89, 92, 96, 108, 115, 125, 128, 135, 152, 169, 184, 196, 199, 205, 207, 209, 210, 218, 224, 228, 232, 253, 256, 259, 270, 273, 286, 296, 298, 301
promoção — 78, 300

psicanálise – 10, 54
psicologia – 51, 186, 188, 228, 231, 232, 239, 240

R
raiz – 262, 263
racismo – 74
razão – 28, 37, 56, 59, 70, 125, 134, 138, 152, 168, 173, 181, 186-188, 207, 226, 237, 239, 241, 246, 256, 267, 285
racional – 5, 8, 41, 174, 182, 227, 240, 241
recusa – 38, 52, 64, 125, 198, 264, 273-275, 290, 297
relação triangular – 297
relativismo – 183, 225, 256, 288, 289
relatividade – 11, 225, 281, 288, 289
repouso – 72
representação – 24
reprodução – 65, 299
resistência – 165, 208, 222, 235
responsabilidade – 17, 37-39, 121, 125, 143, 144, 273, 296
resultado – 42, 47, 59, 68, 70, 184, 187, 207, 224, 227, 245, 245, 248, 249, 282-284
resumir – 227, 249
revolução – 140

S
saber – 75
segurança – 138, 297
sentido – 6, 14-16, 30, 32-36, 44, 48-51, 53, 58, 64, 84, 95, 96, 110-112, 115, 117, 121, 123, 128, 129, 130, 154, 167, 169, 178-180, 197, 199, 205, 206, 209, 213, 217, 220, 224, 232, 236, 245, 247, 253, 255, 259, 262, 264, 266, 268, 271, 272, 277, 284, 285, 288, 290, 298, 299, 301, 303
serenidade – 10, 45, 67, 72, 73
serviço público – 6, 11, 134, 145-148, 150, 173, 183, 207, 300
sexismo – 14, 74
simbólico – 76, 199, 284, 285
sindicato – 127
sistema econômico – 11, 65, 66, 77, 83, 165, 186, 187
situação – 6, 18, 19, 22, 25, 31, 33, 40, 42, 49, 53, 78, 85, 89, 94, 113, 115, 126, 141, 143, 172, 181, 182, 196, 200-203, 209, 223, 224, 236, 238, 246, 249, 264, 278, 280, 282-284, 288, 290

social – 10, 20, 35, 55, 101, 113, 114, 136, 146-149, 159, 162, 164, 165, 170-177, 196, 197, 199, 201-207, 217, 225, 228, 231-236, 259, 260, 268, 271, 274, 286, 289, 299, 300, 303
sociedade civil – 181, 299
sociologia – 194, 224, 229, 231, 239
sofrimento – 41, 42
solução – 46, 106, 170

T
técnica – 90-93, 130, 133, 159, 165, 179, 185, 197, 209, 228, 229, 285, 287
tecnocracia – 188
tensão – 202, 207, 266, 284, 290, 298, 303
teste – 158, 238
ternura – 72, 111, 125, 247
terrorismo – 74
tolerância – 12, 13, 93, 256, 259, 264, 265, 278-280, 301
tradição – 72, 128, 133, 169, 207, 258, 268-271, 291
transdisciplinaridade – 209, 301
trabalho – 8, 11, 16, 45, 47, 50, 68, 85, 90, 103, 104, 116, 117, 125, 134-137, 153, 161-169, 172, 174, 189, 192, 195, 196, 205, 206, 208, 216, 229, 251, 299

transmissão – 15, 50, 56, 63, 75, 77, 134, 138-141, 162, 191, 235, 268, 296, 299, 300
transferência – 225, 227
transversalidade – 227

U
unanimidade – 13, 127, 168, 176, 257, 260
unificação – 191, 192
universalismo – 225
universidade – 7, 13, 79-82, 84, 140, 184, 185, 189, 204, 218, 230
utopia – 17, 207

V
valor – 13, 33, 44, 86, 95, 103, 117, 150, 155, 161, 169, 196, 218, 225, 226, 237, 253, 256, 259, 264-268, 274, 278, 279, 283, 289
vida privada – 298
violência – 128, 180, 183, 226, 300
viver junto – 199

X
xenófoba – 260

Índice

Prefácio 5

Introdução 15
1. A escola como reprodução social 15
2. A ideologia da vocação ao ensino 16
3. A ameia de liberdade do ensino 17
4. O ensino: relação pessoal e/ou institucional 20
5. O que chamar de representações? 22
6. Conhecimentos representativos versus –23
   conhecimentos não-representativos
7. Representação de quê? Do mundo? Da "realidade"?
   Dos possíveis? 24
8. Representação e instruções 25

1. A relação interpessoal 27
1. Desejo de influenciar 27
   1.1. Situar-se diante de seu desejo 27
   1.2. A inelutável manipulação e sua ética 33
   1.3. O poder do docente e sua finalidade 35
   1.4. Um modelo conflituoso da relação educadora ... 37
   1.5. Para a autonomia do educando 40
   1.6. As rupturas necessárias 41
2. Relações conflituosas 43
   2.1. O docente como agressor 43
   2.2. Conflitos e segurança 44
   2.3. Representações da preguiça 46

3. Relação afetiva 50
  3.1. Ensinar e amar 50
  3.2. Relações duais ou triangulares 52

2. As escolas e o poder social 55
1. Escola e classes dominantes 55
  1.1. Ensino e estratificações sociais 55
  1.2. Ensino e reprodução ideológica 57
  1.3. Ideologia tecnocrática 58
  1.4. A escola, meio "artificial"? 60
  1.5. Analisar as ideologias veiculadas pelos cursos 62
  1.6. Pedagogias de esquerda ou de direita? 64
  1.7. Reprodução das famílias ou dos grupos profissionais ...65
2. A escola e a classe como meio social 67
  2.1. A classe, lugar de conflitos 67
  2.2. Dimensão política da educação 68
  2.3. A competitividade na escola 69
  2.4. A autoridade, status ou função? 70
  2.5. Confrontação com o mal e raízes afetivas 72
  2.6. Ultrapassar a ideologia das relações privadas 73
  2.7. Escolas e opção de solidariedade 74
3. Transmissão de conhecimentos e mobilidade social 75
  3.1. A transmissão de conhecimentos como transmissão de poderes 75
  3.2. O que a escola produz? 77
  3.3. Promoção individual ou coletiva 78
  3.4. A escola, filtro social 81
  3.5. Elitismos: análises e juízos éticos 84
  3.6. As ideologias do desenvolvimento pessoal 87
  3.7. Escola, agente de adaptação ou de emancipação 89
  3.8. A tecnociência e a produção de inadaptados 91
  3.9. O ensino especial 92

3.10. A ideologia do serviço 93
3.11. As perdas de sentido 95
3.12. Elitismo ou correção das desigualdades 97

3. Os ensinos ideologicamente engajados, um fenômeno de sociedade 101
1. O lugar social das escolas ideologicamente engajadas 101
   1.1. As escolas católicas, escolas de classes? 101
   1.2. O hábito religioso da ideologia 102
   1.3. Ensino, vida privada e vida profissional 104
2. A escola como lugar de escolha 106
   2.1. Escolher uma política escolar de estabelecimento 106
   2.2. Escola cristã *a priori* ou *a posteriori* 109
   2.3. Diversas leituras do Evangelho 110
   2.4. Um exemplo de opção por um ensino católico 111
   2.5. As opções educativas da Igreja católica 120
   2.6. O humanismo cristão 124
   2.7. Evolução doutrinal no ensino católico 127
   2.8. A ambigüidade do termo "evangelizar" 129
   2.9. Referências e busca de sentido 129
   2.10. Distinguir técnica, ética e política e discernir a função dos paradigmas na construção de um sentido 130

4. A instituição-escola e as políticas da escola 133
1. A escola em perspectiva histórica 133
   1.1. Nascimento histórico da escola 133
   1.2. As estratégias da escola obrigatória 135
   1.3. Separação dos lugares de trabalho e de habitação 137
   1.4. Distinguir "função" e "instituições", "função" e "instrumento" 138
   1.5. As instituições: necessárias, mas esclerosantes 141
   1.6. Responsabilidade coletiva pela educação 143

1.7. Escola neoliberal ou instituições de serviço público.
   Prioridade à liberdade, ao bem comum ou à igualdade 145
1.8. Estratégias individualistas ou societárias 150
1.9. Aprender a analisar a crise da escola 151
1.10. O nível cai? 155
1.11. Estratégias diferenciadas segundo os lugares 159
1.12. Autonomia relativa da escola no século XIX 164
1.13. Desestabilização da escola nos anos 1960 166
1.14. Docentes em crise? 170
1.15. A escola, uma instituição sobrecarregada 177
1.16. Entre os conhecimentos e as competências 178
1.17. A violência na escola 180
1.18. Escola, Estado, Igreja, sociedade civil 181
1.19. Os bodes expiatórios do sistema escolar 183
2. O "renovado" e a crise atual 184
   2.1. As estratégias personalistas e democratas se encontram
        para tecnocratizar? 184
   2.2. Os "golden sixties" 189
   2.3. Estratégias sociais diante da renovação 190
   2.4. Funções históricas da escola 191
   2.5. Escola, Igreja da sociedade civil; religião civil 193
   2.6. As ideologias do desenvolvimento 194
   2.7. Os status do saber 195
   2.8. As noções da escola única 196
   2.9. Ideologia da imediatidade ou da mediação 197
   2.10. Qual é o centro: o aprendiz ou a sociedade? 199
   2.11. A desclericalização da profissão docente 200
   2.12. Capital humano, capital social 201
   2.13. Políticas do ensino 206
   2.14. Interdisciplinaridade 209
   2.15. As ilhotas de conhecimentos 210
   2.16. Algumas balizas do mundo escolar 210
   2.17. As ideologias da igualdade 211

5. Aprender a analisar 213
1. Da ilusão da objetividade total à análise das ideologias 213
   1.1. Ser consciente das ideologias veiculadas 213
   1.2. Analisar os manuais (mesmo os de ciências) 215
   1.3. As ideologias veiculadas nas instituições de formação
       dos docentes 217
   1.4. A produção de textos alternativos 219
   1.5. Debate ideológico a respeito do "inato" e do "adquirido" ... 220
   1.6. Competências negligenciadas 222
   1.7. Epistemologia com ou sem sujeito 223
   1.8. Epistemologia e ensino 224
   1.9. Relativismo desencantado versus relatividade dos
       discursos. Universalismo iterativo 225
   1.10. O arrazoamento pela razão 226
   1.11. A transversalidade *a priori* ou *a posteriori* 227
2. As linguagens diversas que falam das ações pedagógicas ... 228
   2.1. Quatro dimensões da ação pedagógica 228
   2.2. Ensinar: o que, quem, para que, para quem? 230
   2.3. Fazer um programa, ato político 232
   2.4. As resistências dos docentes às mudanças 235
   2.5. A avaliação na educação 235
   2.6. Avaliação e status do erro 238
3. Tecnocracia e ciências da educação 239
   3.1. As ciências da educação como tecnologias intelectuais ... 239
   3.2. A força das ciências da educação 240
   3.3. Ideologias nos paradigmas das ciências da educação ... 241
   3.4. A construção dos conceitos pedagógicos 242
   3.5. Ciências da educação, tecnocracia, direção da escola 243
   3.6. Necessidades em educação: o que é uma necessidade? ... 244
   3.7. Resultados científicos e posições éticas 248

6. O pluralismo, sua pertinência e suas ambigüidades 251
1. O pluralismo é uma ideologia particular 251
2. O pluralismo, invenção sociocultural 254
   2.1. Invenção cultural do pluralismo 254
   2.2. Pluralismo de fato ou pluralismo pensado 257
   2.3. O pluralismo e as opções ideológicas 258
   2.4. Opção de projeto de sociedade 259
   2.5. Pluralismo, Estado e estatização 261
3. O pluralismo e a procura de sentido 262
   3.1. Viver junto na diversidade 262
   3.2. A ambigüidade da tolerância 264
   3.3. Lugar da procura do sentido 266
   3.4. O positivo nos conflitos 267
   3.5. O lugar das tradições 268
   3.6. Religião e diversidade de crenças, de políticas e de símbolos 269
   3.7. Uma educação laica na Bélgica... e uma pedagogia jesuíta 270
   3.8. Tolerância, valores, educação, conflitos 278
   3.9. Escolas e missionários do saber 280
   3.10. Os discursos OHERIC e popperiano 282
   3.11. Uma política pluralista e citadina de "celebrações" 284
   3.12. Os desafios para a escola do século XXI 285
   3.13. Ensinar numa sociedade multicultural 288
   3.14. Os sistemas escolares na Europa e em outros lugares 290

Epílogo – À maneira do profeta de Khalil Gibran 293

Apêndice – Plano para um curso e questões para encetar a reflexão 295
  Sessão 1: Introdução 295
  Sessão 2: Transmissão de valores 296
  Sessão 3: Relações docentes/estudantes 297
  Sessão 4: Perspectiva histórica 298
  Sessão 5: O "renovado" e a crise atual 298
  Sessão 6: Campo social da educação 299
  Sessão 7: Tecnocracia e ciências da educação 300
  Sessão 8: Conteúdo de projeto – pluralismo 301
  Sessão 9: Ideologia no ensino das ciências (e alhures) 302
  Sessão 10: Escolas católicas 303

Bibliografia 305

Índice remissivo 313

Impressão e acabamento
GRÁFICA E EDITORA SANTUÁRIO
Em Sistema CTcP
Rua Pe. Claro Monteiro, 342
Fone 012 3104-2000 / Fax 012 3104-2036
12570-000 Aparecida-SP